El Evangelio según Roma

El Evangelio según Roma

Una comparación de la tradición católica con la Palabra de Dios

James G. McCarthy

PORTAVOZ

La misión de Editorial Portavoz consiste en proporcionar productos de calidad —con integridad y excelencia—, desde una perspectiva bíblica y confiable, que animen a las personas en su vida espiritual y servicio cristiano.

Título del original: *The Gospel According to Rome* por James G. McCarthy. © 1996 por James G. McCarthy y publicado por Harvest House Publishers, Eugene, Oregon 97402.

Traducción: Dante N. Rosso
Compaginación: Nicholas G. Richardson
Portada: Alan G. Hartman

EDITORIAL PORTAVOZ
Kregel Publications
P. O. Box 2607
Grand Rapids, Michigan 49501 EE. UU.

ISBN 0-8254-1461-X

3 4 5 6 7 edición / año 08 07 06 05 04

Printed in the United States of America
Impreso en los Estados Unidos de América

Lo que ex sacerdotes y monjas catolicorromanos dicen acerca de

El evangelio según Roma

Este libro debe considerarse lectura obligatoria para pastores, ganadores de almas y católicos que están buscando la verdad. Es un valioso recurso que provee una comparación clara de la verdad de las Escrituras con las doctrinas del catolicismo romano.

—Wilma Sullivan
Ex Hermana de Misericordia

El evangelio según Roma está escrito con mucha ternura, es bíblicamente sano, escrupulosamente justo e históricamente correcto. Este es un libro para todos los que aman genuinamente a los católicos romanos.

—Bartholomew F. Brewer
Ex sacerdote de los Carmelitas Descalzos

¡Ojalá hubiera leído este libro hace veinte años! Me hubiera dirigido a la Biblia como fuente de la verdad mediante la cual vivir. Me hubiera librado de las doctrinas y prácticas que ni me satisficieron ni me dieron vida.

—Robert Bush
Ex sacerdote jesuita

El evangelio según Roma presenta el catolicismo con imparcialidad y gran exactitud. El autor extrae de los documentos católicos actuales, incluyendo el nuevo *Catecismo de la Iglesia Católica*. Es alentador encontrar que no hay ni tergiversación ni ridículo, sino información cuidadosamente investigada. Este libro va a ser de gran utilidad tanto para los católicos como para los no católicos que están interesados en comparar el catolicismo con el cristianismo bíblico.

—Mary Kraus
Ex hermana franciscana

En 1983, como sacerdote católico, investigaba en vano en las librerías cristianas para encontrar algo escrito acerca de mi iglesia. Quería leer algo por alguien que conociera bien el catolicismo y que también conociera la Biblia. Desde esa fecha, he conocido a muchos otros que han hecho búsquedas similares sólo para terminar igualmente frustrados.

El libro que yo anhelaba está ahora en sus manos. Con compasión, cuidado y claridad, James McCarthy da un mensaje que debería haberse publicado hace mucho tiempo. *El evangelio según Roma* no sólo es claro y bien documentado, sino que en el mismo, el lector sentirá el pulso del catolicismo.

—Richard Bennett
Ex sacerdote dominico

Las doctrinas catolicorromanas cuidadosamente investigadas y organizadas que se presentan en este libro son exactamente las mismas que me enseñaron y que después yo enseñé a otros durante mis veinte años de preparación y práctica como sacerdote católico. La comparación de estos dogmas con la Palabra de Dios otorga a este excelente libro un valor especial. Lo recomiendo muchísimo a todos los que están interesados en lograr un entendimiento del catolicismo romano.

—Joseph Tremblay
Ex sacerdote de las Oblatas
de María Inmaculada

El evangelio según Roma presenta una vista panorámica así como un análisis incisivo del catolicismo romano. Habiendo servido nueve años como monja de convento, aprecio especialmente el mensaje de liberación de este libro. Mi deseo es que Dios lo use para su gloria.

—Rocío Pestaña Segovia
Ex monja franciscana

Referencias cruzadas al *Catecismo de la Iglesia Católica*

El evangelio según Roma hace referencia a los 2.865 párrafos enumerados del *Catecismo de la Iglesia Católica.* Por ejemplo, [26] indica que se puede encontrar en el *Catecismo* cierta información relacionada, en el párrafo 26. Un número sobrescrito y entre corchetes después de una cita identifica el origen de la cita como el *Catecismo.* Por ejemplo: «Empezamos nuestra confesión de fe diciendo…»[26]. Sugerimos que el lector consiga una copia del *Catecismo de la Iglesia Católica* y se refiera al mismo siempre que busque más explicaciones sobre la doctrina católica.

Contenido

Apéndices

Índices

Gráficos

Prefacio

Este libro ofrece un antídoto digno de confianza para una época de ignorancia espiritual. Tanto los católicos como los evangélicos apreciarán la forma clara y sistemática con que presenta la enseñanza catolicorromana. Las Escrituras pertinentes se han colocado al lado de las enseñanzas de la Iglesia Católica para que el lector haga la comparación.

Los apologistas católicos generalmente se quejan —y a menudo con razón— de que las referencias protestantes a las enseñanzas de la Iglesia Católica tienden a ser cáusticas, injustas o inexactas. Este libro evita cuidadosamente dichas faltas. Es una guía exhaustiva para conocer las creencias catolicorromanas, basada en fuentes católicas bien documentadas, objetivas y totalmente carente de rencor. Las enseñanzas católicas se examinan cuidadosamente a la luz de las Escrituras, algo que habla por sí mismo.

James McCarthy tiene el don de explicar con claridad los conceptos difíciles de entender. Su obra está organizada en un formato que el lector puede seguir con facilidad. Evita que sea demasiado técnico y hace que el libro sea especialmente de utilidad para el lector laico. Y por sobre todas las cosas, el autor escribe con un profundo amor hacia el Señor, hacia la verdad y hacia los católicos romanos. Esto se evidencia en todo el libro.

Ya sea que su antecedente fuere el catolicismo o el protestantismo, este libro aumentará su comprensión de las Escrituras y también de la doctrina catolicorromana. Lo mejor de esta obra es que enfoca la luz clara de las Escrituras sobre el angosto camino de la verdad.

—John MacArthur, Jr.
Pastor-Maestro
Grace Community Church
Sun Valley, California

Prólogo

EL ENFOQUE

¿POR QUÉ SE ESCRIBIÓ ESTE LIBRO?

Mi familia es católica, católicos irlandeses, desde hace tanto tiempo que no podría decir desde cuándo. Mis padres son oriundos de Isla Esmeralda, cada uno proveniente de familias religiosas devotas de ocho hijos. Tres de mis tíos estudiaron para el sacerdocio, y dos de mis tías para monjas.

Mis padres inmigraron por separado a los Estados Unidos después de la Segunda Guerra Mundial. Allí se conocieron, se casaron, y criaron ocho hijos. Todos fueron bautizados. Todos fueron confirmados.

Los domingos, la familia McCarthy llenaba todo un banco de la iglesia. Los días de semana estábamos representados virtualmente en todos los cursos de la escuela parroquial local. Como es natural, a esto le siguió la escuela secundaria. Y también los casamientos, generalmente oficiados por uno de los tíos que eran sacerdotes. Mi propia boda fue oficiada por cuatro sacerdotes: mis tres tíos y nuestro pastor local.

Doy gracia a Dios por la maravillosa familia que me ha dado. Agradezco la instrucción que recibí de maestros que realmente se preocupaban, especialmente las Hermanas de los Sagrados Nombres. Me inculcaron un conocimiento de Dios y la importancia de las prioridades espirituales. Sin embargo, a pesar de sus mejores esfuerzos, no llegué a conocer a Dios ni el camino de la salvación según la Biblia.

El momento crucial vino cuando un amigo me invitó a un estudio bíblico casero auspiciado por una pequeña iglesia cristiana. Allí me enteré de la obra consumada de Cristo y de que Dios nos ofrece la salvación gratuitamente. Después de estudiar la Biblia durante varios meses, confié en Cristo como mi Salvador.

Dos años después abandoné la Iglesia Católica Romana. Fue la decisión más dolorosa que tuve que tomar en mi vida. Pero cuando me convencí de que las enseñanzas de la Iglesia Católica no podían reconciliarse con el cristianismo según se enseña en el Nuevo Testamento, me di cuenta de que no tenía otra alternativa.

He escrito este libro porque tengo una deuda, una deuda de amor hacia mi familia y mis amigos católicos, y hacia los millones de católicos sinceros que ellos representan. Mi motivación al escribirlo es el mismo deseo que Pablo tenía para sus parientes:

> Hermanos, ciertamente el anhelo de mi corazón, y mi oración a Dios por Israel, es para salvación. Porque yo les doy testimonio de que tienen celo de Dios, pero no conforme a ciencia.
>
> —Romanos 10:1, 2

AL LECTOR CATÓLICO

¿Por qué debe el católico leer este libro? Porque contiene información importante de la Biblia acerca de la Iglesia Católica Romana que usted necesita saber. Cada semana durante la misa, a usted le piden que proclame con el sacerdote: «Creo en la Iglesia, que es una, santa, católica y apostólica» [811]. Como católico le han enseñado que sólo la Iglesia Católica Romana manifiesta estas cuatro marcas divinas [811-870]. La iglesia es *una* en que todos sus miembros se atienen a la misma fe, se someten a la autoridad del papa y los obispos, y participan en la misma liturgia y sacramentos [813-822]. Es *santa* en su llamado, objetivos, sacramentos, sacrificio y fruto [823-829]. Es *católica* en que se remonta en el tiempo hasta Cristo y en el espacio por toda la tierra [830-856]. Finalmente, la iglesia es *apostólica* porque fue fundada por los apóstoles, enseña lo que enseñaban los apóstoles, tiene los sucesores de los apóstoles como obispos, y tiene al sucesor del apóstol Pedro como papa [857-865]. Puesto que sólo la Iglesia Católica Romana manifiesta estas cuatro características, ella solamente es la verdadera iglesia instituida por Cristo. O así es como le han dicho, y, si usted es como la mayoría de los católicos, así lo ha creído.

Pero, ¿es este realmente el caso? ¿Ha investigado usted seriamente alguna vez las aseveraciones de la Iglesia Católica Romana? Antes de confiar su alma inmortal al cuidado de la iglesia, asegúrese de que puede contestar las siguientes preguntas:

- ¿Es el catolicismo romano la fe recibida de Cristo?
- ¿Se remonta realmente hasta el tiempo de Cristo la Iglesia Católica Romana?
- ¿Es legítima la afirmación de la Iglesia Católica de que tiene la enseñanza, el gobierno y la autoridad santificante de Pedro y los apóstoles?

- ¿Pueden los sacramentos de la iglesia hacer a una persona santa y aceptable a Dios?
- ¿Conduce al cielo la forma de salvación catolicorromana?

Este libro contesta estas preguntas documentando lo que la Iglesia Católica Romana enseña sobre cuestiones importantes relacionadas con la salvación, el culto, la devoción y la autoridad. Luego analiza estas doctrinas y demuestra por la Biblia por qué la Iglesia Católica Romana no es la iglesia única, santa, católica, apostólica fundada por Cristo.

Mi esperanza es que usted lea este libro con mucha devoción y considere con cuidado las pretensiones de su iglesia, sus doctrinas, y su propia relación con Dios.

AL LECTOR CRISTIANO NO CATÓLICO

Desde el Concilio Vaticano II, el liderazgo de la Iglesia Católica Romana se ha estado preocupando cada vez más por el conjunto cada vez mayor de creencias y prácticas religiosas que el clérigo y laicado católicos están aceptando. Para tratar de resolver el problema, en 1985, un sínodo extraordinario de obispos que se convocó en Roma propuso la creación de un solo catecismo, al que originalmente se referían como el *Catecismo universal*, para la Iglesia Católica Romana de todo el mundo [10]. El objetivo era proveer un compendio de las enseñanzas esenciales y básicas de la Iglesia Católica, y por medio del mismo ayudar a normalizar la enseñanza de la fe católica romana en el tercer milenio [11]. Escrito por una comisión bajo la dirección del Cardenal Joseph Ratzinger y aprobada por el papa Juan Pablo II en 1992, la Iglesia Católica publicó la traducción del libro en idioma castellano con el título de *Catecismo de la Iglesia Católica*.

Hoy, por primera vez en la historia moderna, los católicos y no católicos por igual tienen disponible en un sólo tomo una explicación oficial de la fe católica romana. Como consecuencia, la publicación del nuevo *Catecismo* presenta una oportunidad extraordinaria para entender el catolicismo romano y para compararlo con el cristianismo conforme se encuentra en la Biblia.

Para ayudar a cristianos no católicos como usted a lograr ese objetivo, he escrito *El evangelio según Roma*. En este libro he buscado la forma de organizar y simplificar las creencias y prácticas del catolicismo romano, recalcando esas doctrinas que yo creo que son las de mayor importancia para lectores como usted. El material se ha extraído del nuevo *Catecismo* y de las fuentes que se citan directamente. A lo largo de todo este libro también encontrará extensas referencias cruzadas al *Catecismo*.

Mi propósito al escribir es ayudarle a crecer en su comprensión, no sólo del catolicismo romano, sino también del pueblo católico y sus necesidades espirituales. En el Epílogo de este libro, titulado «La encrucijada», encontrará algunas sugerencias para ayudarle a comunicar el maravilloso evangelio de nuestro Señor Jesucristo a los católicos.

Además, de muchas maneras el catolicismo es una expresión adecuada de que «hay camino que al hombre le parece derecho; pero su fin es camino de muerte» (Pr. 14:12). Pienso que a lo largo de este estudio descubrirá que hay un poquito de catolicismo romano en cada uno de nosotros. Mi esperanza es que este libro le ayude a eliminar las ideas antibíblicas de su propia forma de pensar, a entender mejor la base de su propia relación con Dios, y a crecer en su amor y apreciación a Cristo, el único que nos ofrece una salvación plena y gratuita.

Finalmente, si usted es un ex católico, el estudiar las raíces doctrinales de su educación a la luz de las Escrituras debería ser una experiencia de liberación. El Señor Jesucristo prometió a sus discípulos: «Y conoceréis la verdad, y la verdad os hará libres» (Jn. 8:32).

LAS FUENTES DE REFERENCIA

Este libro es un análisis de las enseñanzas de la Iglesia Católica Romana. La norma de medida será la Biblia. La pregunta inmediata no será: «¿Quién tiene razón, el católico o el protestante?», sino: «¿Tiene razón el catolicismo romano cuando se mide por las Escrituras?»

Este libro se divide en cuatro secciones:

- Primera parte: La salvación
- Segunda parte: La misa
- Tercera parte: María
- Cuarta parte: La autoridad

Las introducciones para cada capítulo se han diseñado para que usted pueda saber lo que es ser católico. Por medio de ellas usted asistirá a varios sacramentos y será un observador silencioso de sucesos históricos que han plasmado a la Iglesia Católica Romana. Seguidamente se incluye una explicación de la enseñanza de la Iglesia Católica sobre uno de los temas doctrinales. La explicación se presenta de fuentes católicas romanas, sin crítica ni análisis, de forma que usted pueda entender la posición de la iglesia. Como podrá ver en estas secciones, algunas de las cosas que el catolicismo romano enseña sí tienen una base bíblica sólida.

Otras doctrinas católicas romanas son claramente no bíblicas. Estas serán el tema de la sección final de cada capítulo titulada «Una respuesta bíblica». En esas respuestas se examinan y se comparan con la verdad de la Biblia esos aspectos del catolicismo romano que tergiversan o contradicen la Sagrada Escritura. Al final de cada una de las cuatro secciones encontrará un resumen de dichos errores.

A pesar de que individualmente los católicos pueden variar ampliamente en su aprehensión y expresión de la fe católica romana, es importante recordar que sólo hay una fe católica romana oficial [172-175]. Por definición, dicha fe es las creencias y prácticas sostenidas por la Iglesia *Católica* Romana, la Iglesia *íntegra* o *general* [830]. Es la fe contenida en la Escritura y la Tradición conforme la interpretan los obispos católicos romanos bajo el liderazgo del papa, el obispo de Roma [76, 85-87, 182, 888-892, 2039].

Por consiguiente, el enfoque de *El evangelio según Roma* es el catolicismo principal y tradicional conforme lo enseñan los papas y obispos y conforme está registrado en los documentos oficiales de la Iglesia Católica. Se dará énfasis especial a la expresión moderna de dicha fe según se encuentra en el nuevo *Catecismo de la Iglesia Católica*, los documentos del *Concilio Vaticano II* y la liturgia corriente. En cuanto a los puntos importantes se proveen citas para que usted pueda juzgar el asunto por su propia cuenta. Dichos puntos se han seleccionado de las fuentes más autorizadas disponibles, comenzando con el nuevo *Catecismo*.

PRIMERA PARTE

LA SALVACIÓN

¿Cómo esperan los católicos romanos poder llegar al cielo? ¿Piensa el católico corriente que lo logrará? ¿Qué papel desempeñan los sacramentos en la obtención de la vida eterna? ¿Cuál es el propósito de la penitencia y el purgatorio?

La Primera parte examinará la forma catolicorromana de la salvación. Esta sección se ha estructurado sobre cinco creencias fundamentales de la fe católica romana.

- Los infantes reciben gracia mediante el sacramento del bautismo (Capítulo 1, *Justificación de infantes*).
- Los adultos convertidos al catolicismo reciben gracia mediante el sacramento del bautismo después de una preparación adecuada (Capítulo 2, *Justificación de adultos*).
- Los sacramentos y las buenas obras aumentan la gracia en el alma; la cooperación con la gracia preserva la gracia en el alma (Capítulo 3, *Aumento y conservación de la justificación*).
- La gracia se pierde mediante el pecado mortal, pero puede recuperarse mediante el sacramento de la penitencia (Capítulo 4, *Rejustificación*).
- La vida eterna se obtiene muriendo en estado de gracia (Capítulo 5, *Destino final*).

En esta sección usted percibirá también lo que es ser católico. Va a conocer a José Lorente y va a seguir su vida desde la infancia hasta el fallecimiento. Va a asistir a su bautismo y su primera comunión. Cuando caiga de la gracia en la adolescencia, estará con él en la cabina del confesionario cuando se le restaure de nuevo la gracia. Finalmente, estará con él como adulto maduro en las últimas horas de su vida.

También conocerá a Rosa, una convertida al catolicismo. De la vida de Rosa aprenderá lo que es convertirse en católico de adulto.

1

La justificación de infantes

José, a los 18 días de edad

«¿Qué nombre habéis dado a vuestro hijo?», preguntó el padre Fiorelli con una sonrisa.

«José», respondieron el señor y la señora Lorente.

Levantando una mano abierta y gesticulando hacia el niño dormido, el padre Fiorelli inquirió además: «¿Qué pedís a la Iglesia de Dios para José?»

«El bautismo y la vida eterna», fue la respuesta ensayada.

El padre Fiorelli, con sotana de colores festivos, hizo una pausa momentánea para observar la feliz familia que estaba ante él. Le gustaban los bautismos, especialmente cuando involucraban a familias que conocía, como los Lorente. El padre Fiorelli había bautizado a cada uno de los otros cuatro hijos y había experimentado gran placer en verlos crecer. Hoy iba a bautizar al nuevo hijo, José.

Abriendo una guía oficial titulada *El rito del bautismo para infantes en el ritual romano,*[1] el padre Fiorelli continuó diciendo: «Vosotros, padres, al pedir el bautismo para vuestro hijo, ¿sabéis que os obligáis a educarlo en la fe, para que este niño, guardando los mandamientos de Dios, ame al Señor y al prójimo como Cristo nos enseña en el Evangelio?»

«Sí, lo sabemos», respondieron los padres.

El sacerdote se dirigió a una tía y un tío que habían sido escogidos para que fuesen los padrinos y les preguntó: «Y vosotros, padrinos, ¿estáis dispuestos a ayudar a los padres en esta tarea?»

«Sí, estamos dispuestos», respondieron cumplidamente los padres.

A esto le siguió una lectura de las Escrituras del tercer capítulo del

Evangelio de Juan. Concluyó con las palabras de Jesús: «A menos que uno nazca del agua y del Espíritu, no puede entrar en el reino de Dios.»

Luego vino una oración de exorcismo. En ella, el padre Fiorelli solicitó a Dios que protegiera al niño de las potestades de las tinieblas y lo librara del pecado original. Luego ungió a José con aceite y guió a la familia hacia el bautisterio de la parroquia.

Una vez que todos se habían reunido alrededor de la fuente bautismal, el padre Fiorelli continuó el rito:

> Sabéis, hermanos, que Dios concede a los creyentes la abundancia de su vida por el sacramento del agua. Oremos unidos al Señor, para que, por el agua de esta fuente bautismal, derrame su gracia sobre este elegido.

Mirando hacia el cielo, el padre Fiorelli oró diciendo:

> Mira, ahora, el rostro de tu iglesia y abre para ella la fuente del bautismo. Que esta agua reciba, por el Espíritu Santo, la gracia de tu Unigénito, para que el hombre, creado a tu imagen y purificado de su antiguo pecado por el sacramento del bautismo, renazca a una nueva vida por el agua y el Espíritu Santo.

Tocando el agua, el sacerdote continuó:

> Te pedimos, Señor, por tu Hijo, que descienda sobre el agua de esta fuente el poder del Espíritu Santo, para que los sepultados con Cristo en su muerte, por el bautismo, resuciten con él a la vida. Por Jesucristo nuestro Señor.

El padre Fiorelli luego repasó con los Lorente y los padrinos sus responsabilidades de criar a José en la fe católica. Luego, después de una renunciación al pecado, el sacerdote les pidió que profesaran con él la fe católica: «¿Creéis en Dios, Padre todopoderoso, creador del cielo y de la tierra?»

«Sí, creo», respondió cada uno de los padres y padrinos.

«¿Creéis en Jesucristo, su único Hijo, nuestro Señor, que nació de santa María Virgen, murió, fue sepultado, resucitó de entre los muertos y está sentado a la derecha del Padre?»

«Sí, creo».

«¿Creéis en el Espíritu Santo, en la santa Iglesia Católica, en la comunión de los santos, en el perdón de los pecados, en la resurrección de los muertos y en la vida eterna?»

«Sí, creo».

«Ésta es nuestra fe. Ésta es la fe de la Iglesia, que nos gloriamos de profesar en Cristo Jesús, Señor nuestro.»

«Amén», fue la respuesta conjunta.

«¿Queréis, por tanto, que José sea bautizado en esta fe de la Iglesia, que todos juntos acabamos de profesar?»

«Sí, queremos», respondieron ellos.

El padre Fiorelli instruyó a los Lorente para que sostuviesen a José sobre la fuente bautismal. Entonces, a medida que el sacerdote vertía agua sobre la frente del niño, pronunció estas palabras: «José, yo te bautizo en el nombre del Padre y del Hijo y del Espíritu Santo».[2]

El padre Fiorelli luego instruyó a los Lorente que vistieran a José con la ropa bautismal que habían traído con ellos. Esta acción simbólica era para describir el nuevo estado santo del alma invisible de José. Mientras vestían al niño, el sacerdote continuó diciendo:

> «José, eres ya criatura nueva y te has vestido de Cristo. Esta vestidura blanca sea signo de la dignidad de cristiano. Ayudado por la palabra y el ejemplo de los tuyos, consérvala sin mancha hasta la vida eterna.»

Para simbolizar la fe viva que ahora estaba en el alma de José, encendieron una vela. A esto le siguió un cántico, la oración del *Padre Nuestro*, y una bendición formal que concluyó la ceremonia.

Más tarde, todos se reunieron de nuevo en la casa de los Lorente para celebrar el bautismo de José, su primer paso en el largo camino que conduce a la salvación Católica Romana.

EL PECADO ORIGINAL A TRAVÉS DE ADÁN

[385-421]

La Iglesia Católica Romana enseña que cada niño recién nacido debe ser bautizado para remediar la enfermedad espiritual mortal [403, 1250]. La Iglesia Católica sitúa el origen del problema en el jardín del Edén.

Cuando Adán y Eva comieron el fruto prohibido, cometieron el primer pecado humano, el *pecado original* [397-400, 416]. Por esta transgresión se hicieron objetos de la ira de Dios y sujetos al poder de Satanás y la muerte [1006, 1008, 1018].

El *pecado original* también se refiere a los efectos del pecado de Adán sobre sus descendientes [396-409, 417-419]. Todo niño recién nacido viene a este mundo con pecado original sobre su alma y como alienado de Dios [400-406, 416-417].

Limbo

Limbo es la clásica respuesta catolicorromana a la pregunta: ¿Qué les sucede a los infantes que mueren antes del bautismo? Tomás de Aquino, el más grande teólogo de la Iglesia Católica Romana, explicó que los infantes no merecen ir al infierno puesto que «de todos los pecados el pecado original es el menor, porque es el menos voluntario».[5] Sin embargo, según la teología católica romana, sin bautismo nadie puede ver a Dios. Por lo tanto, ¿adónde van los infantes que mueren sin bautismo?

Algunos de los teólogos de la Iglesia Católica han propuesto que debe haber un sitio para los infantes no bautizados en algún lugar entre el cielo y el infierno. Le llaman limbo, que significa literalmente *en*

La Iglesia Católica enseña que Dios envió a su Hijo para remediar este problema [389, 410-412, 599-630]:

> *A éste propuso Dios como propiciador por la fe en su sangre por nuestros pecados* [Ro. 3:25], *y no sólo por los nuestros, sino también por los de todo el mundo* [1 Jn. 2:2].
>
> —Concilio de Trento[3]

Sin embargo, esto no significa que toda persona se salva automáticamente:

> Mas, aun cuando Él *murió por todos* (2 Co. 5:15), no todos, sin embargo, reciben el beneficio de su muerte, sino sólo aquellos a quienes se comunica el mérito de su pasión.
>
> —Concilio de Trento[4]

JUSTIFICACIÓN MEDIANTE EL BAUTISMO

[403, 1213-1284, 1987-2020]

Según la Iglesia Católica Romana, un infante recibe los beneficios de la muerte de Cristo mediante el sacramento del bautismo [790, 977, 1214-1216, 1250-1252]:

> El santo bautismo es el fundamento de toda la vida cristiana, el pórtico de la vida en el espíritu y la puerta que abre el acceso a los otros sacramentos. Por el bautismo somos liberados del pecado y regenerados como hijos de Dios; llegamos a ser miembros de Cristo y somos

la frontera. Lo describen como un lugar de felicidad natural, pero un poco menos que el cielo, porque Dios no está allí.

En el catolicismo moderno, el limbo está, como se dice, «en el limbo». Eso no es ni un dogma oficial de la Iglesia Católica ni una creencia negada. Al considerar el destino de los infantes no bautizados, el catolicismo moderno generalmente confía sus almas a la misericordia de Dios y no hace mención del limbo. Este es el enfoque que se adopta en el nuevo *Catecismo* [1261, 1283]. No obstante, aún hoy, cuando un católico persiste en preguntar adónde van los infantes no bautizados cuando mueren, la respuesta que generalmente recibe es «al Limbo».

incorporados a la Iglesia y hechos copartícipes de su misión: «El bautismo es el sacramento del nuevo nacimiento por el agua y la palabra.»

—*Catecismo de la Iglesia Católica* [1213]

La Iglesia Católica enseña que mediante el bautismo un niño:

- Es rescatado del poder de Satanás.
- Es liberado del pecado original.
- Es hecho inocente y sin mancha ante Dios.
- Es nacido de nuevo.
- Recibe el don de la vida divina.
- Es hecho partícipe de la vida eterna.
- Es hecho templo del Espíritu Santo.
- Es hecho miembro del cuerpo de Cristo.
- Es recibido dentro de la Iglesia.
- Es comprometido a ser criado en la fe catolicorromana.

Durante el sacramento del bautismo, el sacerdote declara explícitamente cada uno de estos efectos [1234-1245, 1262]. Dos de ellos son particularmente importantes [1262, 1987].

La eliminación del pecado original

[977-978, 1250, 1263, 1279, 1673]

El catolicismo romano enseña que el bautismo elimina el pecado original, la culpa heredada de Adán. El sacerdote expresa esta creencia en la oración de exorcismo, diciendo: «Señor Dios todopoderoso... te suplicamos ahora por este niño… borra ahora en él la mancha del pecado original…»[6] La Iglesia Católica dice que un niño bautizado es inmaculado y sin culpa delante Dios. Si el niño muriera en ese momento, su entrada al cielo no se vería impedida.

La recepción de la gracia santificante

[374-384, 1265-1266, 1279, 1999, 2023-2024]

Según la teología catolicorromana, cuando Dios creó a Adán y a Eva les dio un don sobrenatural: la participación en la vida divina. Como resultado, ellos gozaban de comunión constante con Dios [376]. La Iglesia Católica llama a este don de vida divina *gracia santificante* o *gracia divinizante* [1999]. Hizo que Adán y Eva fuesen santos y justos delante Dios [375, 384]. Al menos, es decir, hasta que pecaron [379].

Cuando Adán y Eva desobedecieron a Dios perdieron la vida divina de sus almas, «la gracia de la santidad original»[399] [390, 399]. Murieron espiritualmente y se volvieron impíos y desagradables a la vista de Dios. Además, el pecado de ellos destinó a sus descendientes a heredar la condición caída. Por consiguiente, todo niño viene al mundo carente de la gracia santificante y en un estado de pecado original, siendo inclinado al mal y sujeto al sufrimiento y la muerte [400-406].

La Iglesia Católica Romana enseña que sólo el bautismo puede eliminar el pecado original y restaurar vida divina al alma [405]. El sacerdote declara esta creencia durante el rito cuando le pide a Dios que «… por el agua de esta fuente bautismal, derrame su gracia sobre este elegido.»[7] La Iglesia Católica describe este derramamiento de vida divina en el alma como la *infusión de la gracia santificante* [1266, 1996-1997, 1999, 2023]. *Infundir* significa *verter dentro.*

Mediante esta infusión, el alma del niño, que estaba espiritualmente muerta debido al pecado de Adán, vuelve a la vida [1213, 1228, 1239]. La participación íntima en la vida de Dios la establece la agencia del Espíritu Santo [1129, 1227, 1265, 1988]. El infante nace de nuevo espiritualmente, es adoptado como hijo de Dios, es incorporado a la Iglesia Católica Romana, y es traído a un *estado de gracia* [1267-1270, 1279, 1996-2004].

Según la Iglesia Católica Romana, con la infusión de la gracia santificante vienen los *dones del Espíritu Santo* y las *virtudes teológicas*, más notablemente la caridad [1812-1832]. Por consiguiente, la teología católica a menudo equipara estar en un estado de gracia con poseer caridad en el corazón o alma de la persona.

El término teológico que usa la Iglesia Católica para la transformación espiritual que produce el bautismo es *justificación* [1987-1995, 2019-2020]. El catolicismo romano define la justificación como

> ... de suerte que sea el paso de aquel estado en que el hombre nace hijo del primer Adán, al estado de gracia y de adopción de hijos de Dios por el segundo Adán, Jesucristo Salvador nuestro.
>
> —Concilio de Trento[8]

El bautismo justifica a un niño eliminando la culpa del pecado original e infundiendo dentro del alma la gracia santificante [654, 1987, 1999, 2019]. Por esta razón, los teólogos católicos también se refieren a la gracia santificante como *gracia justificante* [1266].

La Iglesia Católica enseña que Cristo «nos mereció la justificación por su pasión santísima en el madero de la cruz y satisfizo por nosotros a Dios Padre»[9] [1992, 2020]. Este «mismo mérito de Jesucristo» se aplica «tanto a los adultos como a los párvulos por el sacramento del bautismo, debidamente conferido en la forma de la Iglesia Católica».[10] Por lo tanto, el bautismo es la causa «coadyutoria»[11] de la justificación, el medio por el cual se aplicada al alma la gracia santificante [1227, 1239, 1254, 1987, 1992, 2020].

Sin embargo, el bautismo no libera al niño de las consecuencias temporales del pecado, como las debilidades de la naturaleza humana y una inclinación a pecar. Ni tampoco garantiza que el niño llegará a la vida eterna cuando sea adulto, puesto que el bautismo es sólo el primer paso en el plan catolicorromano de la salvación [405, 978, 977, 1254-1255, 1257, 1264, 1426].

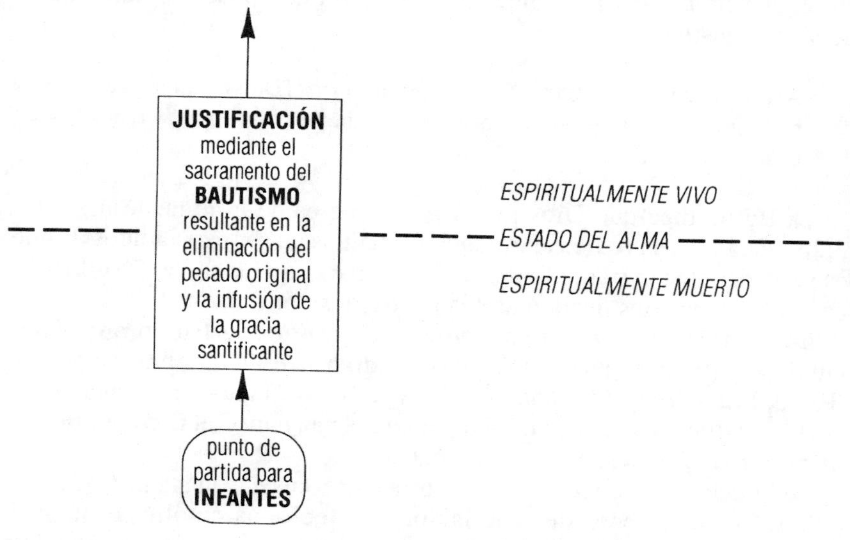

Figura 1.1
El bautismo de infantes

UNA RESPUESTA BÍBLICA

La Iglesia Católica Romana anualmente bautiza unos dieciséis millones de niños menores de siete años. La mayoría es de sólo unas cuantas semanas de edad. A medida que crecen, la Iglesia Católica les enseña a estos niños que el pecado original ha sido eliminado de sus almas y que la vida divina reside dentro de ellos. Por consiguiente, casi todos los católicos viven la vida confiados en que están bien con Dios y en el camino que conduce al cielo. Sin embargo, dicha confianza no está garantizada, porque las Escrituras enseñan que los pecadores perdidos son justificados por la fe, no por el bautismo.

LA JUSTIFICACIÓN BÍBLICA ES POR LA FE SOLAMENTE

La palabra del Nuevo Testamento para *justificación* viene de la raíz que significa *honesto*, *justo*, o *probo*. *Justificar* significa mostrar que se es honrado o *declarar que se está en un estado justo*.

Según la Biblia, la justificación es un acto divino: «Dios es el que justifica» (Ro. 8:33). La justificación bíblica es un acto de Dios en el cual Él declara que un indigno pecador es justo ante Él (Ro. 4:3).

La justificación bíblica es más que una absolución o perdón de los pecados. Incluye un reconocimiento positivo en el cual Dios acredita a la cuenta del pecador «la justicia de Dios» (Ro. 3:22). Desde ahí en adelante, Dios ve a la persona como «en Cristo» (Ef. 1:3-14).

La justificación se ha hecho posible por la muerte de Cristo. En la cruz, el Señor Jesús llevó nuestra culpa para que nosotros pudiéramos recibir su justicia:

> Al que no conoció pecado [Cristo], por nosotros [Dios] lo hizo pecado, para que nosotros fuésemos hechos justicia de Dios en él [Cristo] (2 Co. 5:21).

La Biblia dice que Dios justifica «al que es de la fe de Jesús» (Ro. 3:26). Cuando se predica el evangelio, algunos, al ser persuadidos de que es verdad, colocan su confianza en Cristo para que los salve. Dios justifica a estos creyentes declarándolos justos en su presencia.

La justificación *por la fe* es la enseñanza firme de las Escrituras: «Concluimos, pues, que el hombre es justificado por fe sin las obras de la ley» (Ro. 3:28); «Creyó Abraham a Dios, y le fue contado por justicia» (Ro. 4:3); «Justificados, pues, por la fe, tenemos paz para con Dios por medio de nuestro Señor Jesucristo» (Ro. 5:1).

La Iglesia Católica Romana, por otra parte, enseña que la justificación es por el sacramento del bautismo. Los teólogos católicos intentan mostrar una base bíblica para esta creencia citando Escrituras que hablan del bautismo en el mismo contexto que el nuevo nacimiento, el perdón o la salvación. Luego identifican el bautismo como la causa de dichos efectos.

Sin embargo, esos métodos indirectos nunca pueden negar la clara y explícita enseñanza de las Escrituras de que la justificación es por la fe.

El sacramento de la fe

A pesar de que la Iglesia Católica Romana insiste en que el bautismo es la «causa coadyutoria»[12] de la justificación, concuerda en que la Biblia enseña que la fe es necesaria para la justificación:

> Creer en Cristo Jesús y en Aquel que lo envió para salvarnos es necesario para obtener esa salvación.... «Sin la fe... es imposible agradar a Dios»... nadie es justificado sin ella....
>
> —*Catecismo de la Iglesia Católica*[161]

La Iglesia Católica se opone a la crítica de que la fe está ausente en la justificación de infantes explicando que el bautismo es «el sacramento de la fe» [1992] [161, 1236, 1253]. Se ofrecen una cantidad de explicaciones para demostrar cómo puede ser esto [1231, 1250-1255, 1282]:

- El infante entra en la vida de fe mediante el bautismo.
- La fe del sacerdote, de los padres y de los padrinos justifica al infante en el bautismo.
- El bautismo de un infante impotente expresa la necesidad de una gracia libre e inmerecida.
- Los padres estarían impidiendo una bendición esencial al hijo si no lo bautizaran poco después de haber nacido.
- La fe se relaciona con la comunidad de creyentes y depende de la misma. El bautismo de infantes representa esto, porque los padres prometen criar al niño en la fe católica.
- La fe no es una decisión individual sino un proceso. El bautismo provee fortaleza e iluminación para toda una vida de crecimiento en la fe.
- Los católicos renuevan su profesión de fe cristiana dos veces cada año como parte de la liturgia eucarística.

No obstante, ninguna de estas racionalizaciones aboca el problema radical: *El infante es incapaz de ejercitar la fe salvadora*. La idea de que los padres o el sacerdote pueden creer en favor del niño no es bíblica. Cada persona debe decidir por su propia cuenta (Jn. 1:12, 13). Los argumentos en defensa de que la fe es un proceso o que los católicos renuevan su profesión en la edad adulta no pueden probar que los infantes son justificados en el momento en que son bautizados.

Agua milagrosa

La Iglesia Católica Romana lo contradice diciendo que lo que es improcedente es que el infante carece de fe personal. Es la acción sacramental del rito del bautismo que elimina el pecado original e infunde gracia santificante. La realización apropiada del rito produce un resultado que es independiente de la indignidad del sacerdote o de la fe del niño [1127-1128, 1239].[13] Este concepto casi mágico del bautismo se expresa en el ritual mismo. El sacerdote invoca a Dios para que faculte al agua, diciendo: «Que esta agua reciba, por el Espíritu Santo, la gracia de tu Unigénito»[14] [1217-1218, 1238]. No hay ningún precedente bíblico para semejante oración.

El bautismo de emergencia es otra práctica que muestra el alegado poder milagroso de las aguas sacramentales. Puesto que la Iglesia Católica enseña que el bautismo es necesario para la salvación, hay que proteger al niño de la posibilidad de que muera antes de recibir dicho sacramento. La Iglesia Católica requiere que los católicos bauticen sin demora a cualquier infante en peligro de muerte. Para tales casos puede usarse un rito abreviado. Si no hay disponible un sacerdote ni un diácono, cualquier católico puede bautizar al niño moribundo [1256, 1284]. La Iglesia Católica aconseja que médicos, enfermeras y otros asistentes médicos o representantes sociales católicos estén preparados para realizar bautismos de emergencia.[15] Se ha sabido de médicos profesionales católicos que hasta han bautizado a niños nonatos en peligro de muerte, dentro del vientre de la madre, mediante el uso de una jeringa.

Si la justificación fuese por el bautismo...

¿Por qué Jesús no bautizó a nadie? (Jn. 4:2)

¿Por qué Jesús le dijo al ladrón arrepentido en la cruz, que nunca había sido bautizado: «De cierto te digo que hoy estarás conmigo en el paraíso»? (Lc. 23:43)

¿Por qué Cornelio y los que estaban con él recibieron el Espíritu Santo antes de ser bautizados (Hch. 10:44-48)?

¿Por qué dijo Pablo: «Pues no me envió Cristo a bautizar, sino a predicar el evangelio» (1 Co. 1:17)?

¿Por qué el bautismo se omite de tantos versículos que explican la salvación, como: «Porque no me avergüenzo del evangelio, porque es poder de Dios para salvación a todo aquel que cree» (Ro. 1:16)?

UNA ESPERANZA FALSA

Los sinceros motivos de padres católicos en hacer bautizar a sus niños no pueden cuestionarse. Sin embargo, la práctica es antibíblica. Los padres no pueden decidir por el hijo para que reciba el don de la salvación de

Dios y experimente el nuevo nacimiento. La Biblia enseña qu persona debe tomar su propia decisión personal:

> Mas a todos los que le recibieron, a los que creen en su nombre, les dio potestad de ser hechos hijos de Dios; los cuales no son engendrados de sangre, ni de voluntad de carne, ni de voluntad de varón, sino de Dios.
>
> —Juan 1:12, 13

El bautismo de infantes engaña a los católicos en lo que atañe a la verdadera condición y necesidad espiritual de ellos produciendo una esperanza falsa. Desde temprano en sus vidas, a los niños católicos les enseñan que el bautismo ha eliminado el pecado original y les ha infundido la gracia santificante. La Iglesia Católica hasta provee prueba tangible de que el sacramento ha sido ejecutado adecuadamente otorgando a cada niño un certificado de bautismo.

De esa forma, los católicos crecen convencidos de que ya tienen una relación correcta con Dios y que están en el camino que conduce al cielo. Pero dicha esperanza, como hemos visto, carece de apoyo bíblico. El certificado de bautismo no vale para nada a los ojos de Dios, porque la fe de ellos no está en el Salvador, sino en un sacramento y en el ministro de los sacramentos: la Iglesia Católica Romana.

NOTAS

1. El rito católico del bautismo está abreviado en esta introducción. Para el rito completo, véase *The Rites of the Catholic Church* (Nueva York: Pueblo Publishing Co., 1990), tomo 1, pp. 394-407.
2. La Iglesia Católica Romana sostiene que el bautismo puede conferirse «por inmersión o por derramamiento» de agua (Ley Canónica 854). La aspersión de agua sobre un infante ya no se considera apropiado.
3. Concilio de Trento, sesión 6, «Decreto sobre la justificación», capítulo 2.
4. *Ibid.*, capítulo 3.
5. Tomás de Aquino: *Summa Theologica*, traducida por Fathers of the English Dominican Province (Westminster, MD: Christian Classics, 1981), apéndice 1, pregunta 1, artículo 1.
6. *The Rites of the Catholic Church*..., tomo 1, p. 398.
7. *Ibid.*, p. 399.
8. Concilio de Trento, sesión 6, «Decreto sobre la justificación», capítulo 4.
9. *Ibid.*, capítulo 7.
10. Concilio de Trento, sesión 5, «Decreto sobre el pecado original», no. 3.
11. Concilio de Trento, sesión 6, «Decreto sobre la justificación», capítulo 7.
12. *Ibid.*
13. La teología catolicorromana se refiere a este principio con el término *ex opere operato*, queriendo decir *de la obra realizada*. Se considera en más detalle en el Capítulo 3, «Aumento y conservación de la justificación».

31

cada

atholic Church..., tomo 1, p. 400.
gation for Divine Worship, *Introduction to the Rite of*
ation (Washington, DC: United States Catholic Conference,

2

LA JUSTIFICACIÓN DE ADULTOS

Rosa, de 23 años de edad

Mientras esperaba que comenzara la cruzada evangelizadora, Rosa comenzó a dudar si debió haber ido. Originalmente no había sido idea suya ir. Había oído anunciar la cruzada por radio, pero nunca lo había pensado bien. Entonces fue cuando Katie, una amiga del trabajo, la invitó. Sintiéndose desprevenida y tratando de ser cortés, Rosa dijo que asistiría. Ahora, que se sentía muy fuera de lugar, deseaba no haber aceptado, pero era demasiado tarde para remediarlo.

Y así, sentada con Katie en la segunda grada del estadio de la ciudad, Rosa decidió sacar lo mejor del partido. De todos modos, esa podría ser la oportunidad que quería para conocer mejor a Katie. Rosa siempre había admirado la buena actitud de Katie en el trabajo y su reputación de cristiana seria. Quizás esa era la oportunidad de descubrir por qué ella era tan diferente.

Finalmente la cruzada dio comienzo. El coro cantó y un atleta contó la historia de cómo se había convertido en cristiano. Luego el evangelista comenzó a predicar.

Sólo entonces las dudas que albergaba por haber venido a la cruzada se desvanecieron. Jamás había oído nada tan cautivante ni convincente. Las lágrimas comenzaron a correr por sus mejillas. Trató de componerse, pero no pudo.

Después que el evangelista concluyó el mensaje invitó a todos los que quisieran recibir «el regalo gratuito de la salvación de Dios» a que bajaran hasta la plataforma en el centro del estadio. Rosa no entendía realmente de qué se trataba todo aquello, pero independientemente de lo que fuese, quería recibirlo. Su vida estaba vacía y llena de desilusiones.

A medida que el coro cantaba «Tal como soy», Rosa comenzó a bajar, determinada a arreglar las cosas con Dios. Mientras caminaba vio a Katie con la cabeza inclinada y orando en silencio.

Abajo, en el campo del estadio, frente a la plataforma, el evangelista repasó, para beneficio de Rosa y de los que estaban con ella, los detalles del camino de la salvación. Luego pidió que el grupo se uniera a él en oración.

Tan pronto como terminó la oración, una mujer joven con un brazo lleno de literatura se acercó a Rosa.

—Hola, trabajo con la cruzada. ¿Puedo dirigirla a uno de nuestros consejeros? —le preguntó.

No estoy segura —respondió Rosa.

—¿Tiene una iglesia?

—En realidad, no —contestó Rosa— toda mi familia es católica. Muy pocas veces hemos ido a misa y nunca me bautizaron. Pero me agradaría recibir ayuda. No estoy segura de mi situación con Dios.

—Voy a buscar a alguien que pueda aconsejarle —prometió la joven mientras se daba vuelta y con la vista escudriñaba la larga hilera de mesas colocadas a lo largo del perímetro del campo—. Debería hablar con ese consejero que viste suéter cuello de cisne —dijo señalando a un hombre sentado detrás de la mesa a unos veinte metros de distancia—. Venga conmigo, se lo voy a presentar.

Cuando llegaron, el hombre extendió su mano y las saludó.

—Hola, soy el padre Pablo Fernández de la Iglesia Santa María. Luego agregó: «¿Cómo se llama?»

Rosa titubeó. Los amargos recuerdos del catolicismo en Méjico la refrenaban. Pero luego pensó que el evangelista había prometido que la salvación podía ser suya ese mismo día. También pensó en Katie, que todavía estaba en las gradas. *Quiero el gozo que tiene Katie*, pensó Rosa para sus adentros. *Katie me trajo aquí. Puedo confiar en ella.*

Rosa alargó el brazo y tomó la mano del sacerdote, contestando: «Me llamo Rosa.»

El padre Pablo abrió los materiales de la cruzada y comenzó a explicarlos. Cuando terminó hizo que Rosa llenara una tarjeta.

—¡Rosa! —dijo el padre Pablo con entusiasmo al ver el domicilio en la tarjeta— usted vive cerca de mi parroquia. Venga a visitarme algún día y le hablaré más de esto. La iglesia tiene un programa nuevo diseñado para personas como usted.

El domingo siguiente, Rosa visitó la iglesia del padre Pablo. Después de la misa, él la inscribió en el «Rito de Iniciación Cristiana para Adultos», un programa de once meses de desarrollo espiritual y estudio. «Una vez que termine con éxito este curso —prometió el padre Pablo a Rosa— el siguiente Domingo de Pascua la bautizaré en la Iglesia Católica Romana.»

Rosa se sentía desilusionada. Había pensado que el sacerdote le iba a decir cómo ser salva. Toda la semana había estado cantando la estrofa del himno que había oído en la cruzada:

> Tal como soy, me acogerás;
> Perdón, alivio me darás,
> Pues tu promesa ya creí;
> Cordero de Dios, heme aquí.[1]

¡Ahora el sacerdote le estaba diciendo a Rosa que tendría que esperar casi un año! *Pero si este programa es lo que hace falta para prepararse para recibir el regalo de la salvación de Dios*, pensó Rosa para sus adentros, *lo voy a seguir.*

PASOS QUE CONDUCEN A LA JUSTIFICACIÓN DE ADULTOS
[1229-1233]

A diferencia de los niños recién nacidos que deben ser bautizados sin demora, los adultos que buscan justificación en la Iglesia Católica Romana deben someterse a una extensa preparación [1232]. Hay cuatro pasos involucrados: cooperación con la primera gracia actual, fe, buenas obras y el sacramento del bautismo.

La primera gracia actual
[153-155, 1989, 1993, 1998, 2000-2001, 2018, 2021-2022, 2024]

Según la teología catolicorromana, Dios es quien toma la iniciativa en la justificación de los adultos [1998]. La Iglesia Católica enseña que «… la justificación en los adultos tiene su origen en una gracia predispuesta de Dios mediante Jesucristo….»[2]

Cuando Dios extiende su mano para alcanzar a una persona, gratuitamente le otorga lo que la Iglesia Católica llama *primera gracia actual*. Es un auxilio que capacita a una persona para que busque a Dios y prepare, o disponga, su alma para el bautismo y la justificación. La Iglesia Católica la llama gracia actual porque su objetivo son *actos* de bondad.

Una vez que el pecador recibe la primera gracia actual, debe decidir si cederá o no a su influencia [1993, 2002]. Si durante el transcurso de su vida persiste en rechazar dicha gracia, morirá en un estado de pecado y sufrirá las consecuencias eternas. Por otra parte, si un pecador concuerda en cooperar con la primera gracia actual, comenzará a realizar *actos saludables*. Estas son acciones humanas realizadas bajo la influencia de la gracia que conducen a la justificación. La primera es fe.

La fe

[144-184]

Después de la instrucción adecuada, el adulto que se prepara para la justificación debe [161, 183]:

> … creyendo que es verdad lo que ha sido divinamente revelado y prometido y, en primer lugar, que Dios, por medio de su gracia, justifica al impío.
>
> —Concilio de Trento[3]

La Iglesia Católica Romana describe esta fe como fe *teológica* o *confesional* [1814]. Es la firme aceptación de las principales doctrinas que enseña la Iglesia Católica conforme se resumen en los credos. Convenir con dichos credos es la primera respuesta de cooperación con la gracia actual [155]. La segunda es buenas obras.

Las buenas obras

[1247-1249, 1815-1816, 2001-2002]

El catolicismo romano enseña que los adultos que son candidatos para el bautismo deben preparar sus almas mediante la realización de buenas obras [1247-1248]. El pecador que busca a Dios «es necesario que se prepare y disponga por el movimiento de su voluntad»,[4] Esta preparación se lleva a cabo mediante la fe y varios actos de virtud.[5]

El bautismo

[1214-1284]

El requisito final para la justificación del adulto es el bautismo [1254]. Como lo vimos en el capítulo anterior, la Iglesia Católica Romana enseña que el bautismo es la «causa coadyutoria»[6] de la justificación [1227, 1239]. Quita el pecado original e infunde gracia santificante al alma [1262-1266]. Según la Iglesia Católica, la cantidad de gracia santificante, la gracia que justifica, que el bautismo infunde dentro del alma, varía de una persona a otra dependiendo de la generosidad de Dios y de la preparación prebautismal de la persona.[7]

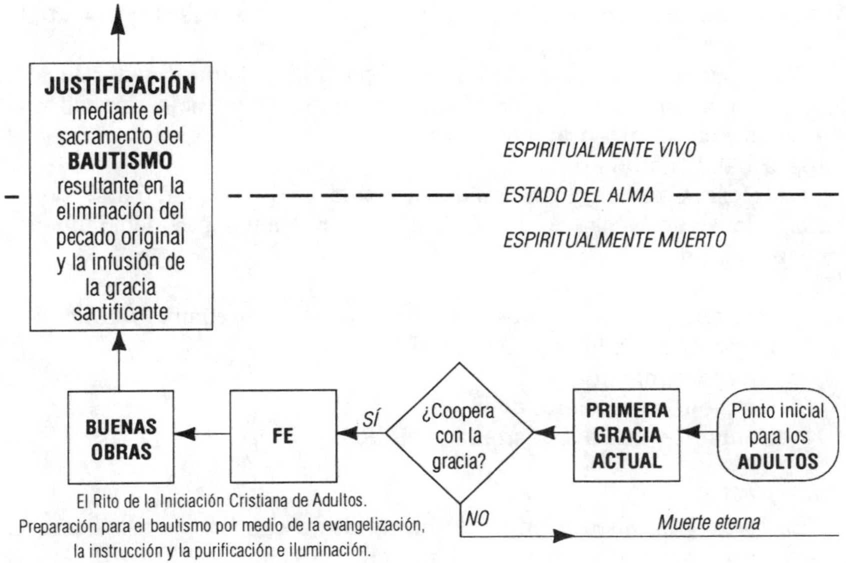

Figura 2.1
La justificación de adultos

EL RITO DE LA INICIACIÓN CRISTIANA DE ADULTOS

[1232-1233, 1247-1249, 1259]

Aunque el Concilio de Trento (1545-1563) definió la doctrina catolicorromana de la justificación, no estableció un curso de preparación específica para adultos que buscan ser justificados. En 1963, el Concilio Vaticano II corrigió esta deficiencia, ordenando la restauración de una antigua tradición por la cual los candidatos se preparaban para al bautismo [1232]. Conocido como *catecumenado*, el programa instruía a los candidatos, llamados *catecúmenos*, en los fundamentos de la fe y virtud [1230].

Al catecumenado moderno le llaman «Rito de Iniciación Cristiana de Adultos» (R.I.C.A.). Bajo las pautas más recientes, publicadas en 1983, los adultos se preparan para el bautismo siguiendo un proceso de tres fases de 1) evangelización, 2) instrucción, y 3) purificación e iluminación.[8]

Evangelización

A la primera fase la llaman más precisamente el *precatecumenado*. Es un tiempo de preguntas durante el cual la Iglesia Católica introduce personas interesadas a la religión católica romana. Los candidatos tienen la oportunidad de formular preguntas y luego decidir si desean convertirse al catolicismo romano.

Para ayudar a los candidatos en su preparación, el coordinador de programa asigna un patrocinador a cada candidato. El patrocinador asiste al candidato en su preparación y ayuda a la Iglesia Católica a evaluar el progreso del candidato.

La Iglesia Católica considera que los candidatos están preparados para pasar a la segunda fase del R.I.C.A. cuando pueden dar evidencia inicial en sus vidas de:

- Una comprensión de los fundamentos de la enseñanza católica
- La práctica de la vida espiritual
- Arrepentimiento
- Oración
- Comunión con la comunidad católica

Instrucción

La Iglesia Católica promueve formalmente candidatos idóneos a la fase de preparación instructiva en una ceremonia llamada «Rito de Aceptación al Orden de Catecúmenos». Este rito comienza, apropiadamente, fuera de la entrada a la iglesia. Después de saludar a los candidatos, el sacerdote oficiante los exhorta a caminar en la luz de Dios, diciendo:

> Por este camino de la fe, Cristo os conducirá, mediante la caridad, hasta la vida eterna. Por tanto, ¿estáis preparados para entrar en ese camino?[9]

Cada candidato responde: «Sí, estoy preparado.»

Después de este compromiso, los patrocinadores hacen la señal de la cruz en la frente de cada candidato. Mediante este acto, los candidatos son admitidos en el catecumenado y el celebrante ora diciendo:

> Padre de bondad, escucha benignamente nuestras oraciones, y a estos catecúmenos... a quienes hemos marcado con la señal de la cruz de Cristo, protégelos con su fuerza, para que, prosiguiendo el camino de su iniciación salvadora, puedan llegar, por la observancia de tus mandamientos, a la gloria de la regeneración bautismal. Por Jesucristo nuestro Señor.[10]

El celebrante entonces invita a los catecúmenos y a sus padrinos a entrar en la iglesia. Una vez adentro, el ritual continúa con oraciones y ritos opcionales de exorcismo, la renunciación al culto falso, el otorgamiento de un nuevo nombre y la presentación de una cruz.

Esto comienza la segunda fase en la preparación para la justificación católica. El propósito de esta fase es el crecimiento:

> El catecumenado es un período extenso durante el cual se da a los candidatos una formación y guía pastoral adecuadas, dirigida a adiestrarlos en la vida cristiana. De esta forma, se hace que las disposiciones manifiestas en la aceptación de ellos al catecumenado logren su madurez.
>
> —*Ritos de la Iglesia Católica*[11]

El catecumenado es un período de instrucción formal en las doctrinas y prácticas de la religión catolicorromana. Los maestros explican cómo vivir una vida moral. Específicamente:

> … los catecúmenos aprenden a acudir más prestamente a Dios en oración, a dar testimonio de la fe, y en todas las cosas mantener sus esperanzas fijadas en Cristo, siguiendo la inspiración sobrenatural en sus hechos, y practicando el amor al prójimo, aun a costo de la abnegación.
>
> —*Ritos de la Iglesia Católica*[12]

El tiempo que se requiere para esta transformación varía de un candidato a otro:

> El catecumenado se prolongará por todo el tiempo necesario para que puedan madurar la conversión y la fe, incluso por varios años. En efecto, con la práctica de toda la vida cristiana, con la enseñanza debidamente orientada y con las celebraciones del catecumenado, los catecúmenos se inician debidamente en los misterios de la salvación y en el ejercicio de la vida evangélica, y son introducidos así en la vida de fe, de liturgia y de caridad del pueblo de Dios.[13]

Una vez que están preparados, los catecúmenos son presentados a un obispo para *elección*. En esta ceremonia:

> La Iglesia, oído el testimonio de los padrinos y catequistas y después de que los catecúmenos han reafirmado su voluntad, juzga su estado de preparación y determina si pueden acercarse a los sacramentos pascuales.[14]

Durante este rito, los padrinos deben testificar sobre el mérito de los candidatos. El obispo pregunta a los patrocinadores:

> Teniendo a Dios de testigo, ¿consideráis que estos candidatos merecen ser admitidos a los sacramentos de la iniciación cristiana?

> Estos catecúmenos ¿han escuchado fielmente la palabra de Dios que anuncia la Iglesia?
> ¿Han comenzado a vivir conforme la palabra recibida?
> ¿Han tomado parte en la comunión fraterna y en la oración?[15]

Ante la afirmación, el obispo anuncia a los catecúmenos:

> N. y N., habéis sido elegidos para recibir los sacramentos de la iniciación cristiana en la próxima vigilia pascual.[16]

Desde ese momento en adelante, la Iglesia Católica se refiere a los candidatos como los *elegidos.*

Purificación e iluminación

La tercera y final fase en la preparación para el bautismo es de purificación, reflexión e iluminación espirituales. Esto involucra tres *exámenes* :

> La finalidad de los exámenes, que se complementan con los exorcismos, es principalmente espiritual: purificar las mentes y los corazones, fortalecer contra las tentaciones, rectificar la intención y mover la voluntad, para que los catecúmenos se unan más íntimamente con Cristo y prosigan con mayor diligencia su entrega de amor a Dios.[17]

Este período de purificación generalmente se lleva a cabo durante la cuaresma, los cuarenta días que preceden a la Pascua de Resurrección, lo cual se considera una etapa de oración y penitencia para toda la Iglesia Católica. El sábado de gloria, el día antes de la Pascua de Resurrección, la Iglesia Católica aconseja que los escogidos pasen el día en oración, reflexión y ayuno en espera del bautismo. Un sacerdote guía a los escogidos en la recitación del Credo de los Apóstoles o de Nicea, y del Padre Nuestro, como una expresión fe.

Finalmente llega el Domingo de Resurrección. Los catecúmenos han terminado con éxito su larga preparación y están apropiadamente dispuestos para la justificación [1247]. Un sacerdote los bautiza en un rito similar al de los infantes. Inmediatamente después siguen los sacramentos de la Santa Eucaristía y confirmación [1233, 1275].

UNA RESPUESTA BÍBLICA

La Iglesia Católica Romana prepara todos los años casi dos millones de adultos y niños de siete o más años de edad para la justificación bautismal. No obstante, lo trágico de esto es que en vez de guiar a estas personas a confiar sólo en Cristo para la salvación, la Iglesia Católica los aleja del camino. Usando el «Rito de la Iniciación Cristiana de Adultos», el catolicismo romano enseña a la gente a acercarse a Dios mediante la propia justicia y las buenas obras personales. Esto está en contradicción directa con la Biblia, la cual enseña que:

- Dios justifica por gracia, no por obras.
- Dios justifica a los impíos, no a los justos.

DIOS JUSTIFICA POR GRACIA, NO POR OBRAS

A pesar de la enseñanza de las Escrituras de que Dios justifica a los pecadores «gratuitamente por su gracia» (Ro. 3:24), la Iglesia Católica Romana dice que los candidatos que buscan justificación deben realizar buenas obras [1248-1249]. Al mismo tiempo, la Iglesia Católica sostiene que la justificación catolicorromana es un don gratuito, y ofrece dos razones:

Primero, explica la Iglesia Católica, las buenas obras realizadas en preparación para la justificación se hacen bajo la influencia de la gracia actual [1989, 1998].[18] Por lo tanto, las obras mismas son obras de gracia [2001].

La segunda razón, según la Iglesia Católica, es que la justificación no puede ganarse [1308, 1992, 1996, 1999, 2003, 2010, 2027]:

> … y se dice somos justificados gratuitamente, porque nada de aquello que precede a la justificación, sea la fe, sean las obras, merece la gracia misma de la justificación….
>
> —*Concilio de Trento*[19]

En palabras del nuevo *Catecismo*:

> Puesto que la iniciativa en el orden de la gracia pertenece a Dios, *nadie puede merecer la gracia primera*, en el inicio de la conversión, del perdón y de la justificación.
>
> —*Catecismo de la Iglesia Católica*[2010]

Esto significa que, aunque una persona debe tener las dos cosas, fe y obras, para ser justificada, ni su fe ni sus obras le ganan directamente la bendición de la justificación.[20] En consecuencia, los teólogos de la Iglesia Católica arguyen que la justificación católica es un regalo de Dios.

Sin embargo, la persona que busca justificación debe obrar arduamente y por mucho tiempo, «varios años si es necesario».[21] El Rito de Iniciación Cristiana de Adultos requiere que los candidatos demuestren su conversión mediante actos como:

- El amor y la adoración a Dios

- La oración
- El ayuno
- El amor al prójimo
- La práctica de la abnegación
- La obediencia a los mandamientos
- El dar testimonio de la fe católica
- El seguir la inspiración sobrenatural en los actos
- El confesar las principales doctrinas de la Iglesia Católica

Decirle a una persona que realmente ha cumplido con todos estos requisitos que la justificación es un don gratuito e inmerecido no tendría sentido. Dicha persona tendría todo el derecho de declararse justa por su propio mérito. Pero la Biblia dice: «Pero al que obra, no se le cuenta el salario como gracia, sino como deuda» (Ro. 4:4). Requerir aunque sea una buena obra para la justificación hace de la justificación, aunque sea en parte, una bendición ganada.

Según la Biblia, la justificación no puede ganarse; es un regalo. Dios justifica a creyentes «gratuitamente por su gracia» (Ro. 3:24). Si Dios hace algo por gracia, entonces «ya no es por obras; de otra manera la gracia ya no es gracia» (Ro. 11:6). Por eso es que Dios no pide que los pecadores obren para la justificación sino que *crean* que Dios justifica «al que es de la fe de Jesús» (Ro. 3:26).

La Iglesia Católica Romana, por otra parte, sostiene que la justificación por la fe sin las obras es herejía:

> Si alguno dijere que la fe justificante no es otra cosa que la confianza de la divina misericordia, que perdona los pecados por causa de Cristo, o que esa confianza es lo único con que nos justificamos, sea anatema.
>
> —*Concilio de Trento*[22]

La fe solamente, dice la Iglesia Católica, es una base insuficiente para la justificación [1815-1816]:

> Si alguno dijere que el impío se justifica por la sola fe, de modo que entienda no requerirse nada más con que coopere a conseguir la gracia de la justificación y que por parte alguna es necesario que se prepare y disponga por el movimiento de su voluntad, sea anatema.
>
> —Concilio de Trento[23]

Sabiendo que Pablo repetidas veces proclama la fe como la única respuesta que se exige para la justificación (Ro. 3:26, 28; 4:3; 5:1), la Iglesia Católica se da cuenta de que al condenar la justificación por la fe como un regalo exige más explicación, y dice:

> Cuando el apóstol Pablo dice que una persona es justificada por la fe y como un regalo, dichas palabras deben entenderse en el sentido que el consentimiento perenne de la Iglesia Católica ha mantenido y expresado, es decir, que se dice que somos justificados por la fe porque la fe es la primera etapa de la salvación humana, el fundamento y raíz de toda la justificación, sin la cual es imposible agradar a Dios y llegar a la comunión de sus hijos.
>
> —Concilio de Trento[24]

Sin embargo, no hay nada en los escritos de Pablo (ni en ninguna otra parte del Nuevo Testamento, dicho sea de paso) que enseñe que la fe es meramente la «primera etapa» que conduce a la justificación. Cuando la Iglesia Católica llama fe a la «primera etapa» de la salvación y buenas obras a la segunda etapa, ignora el hecho de que las Escrituras declaran enfáticamente que las buenas obras no tienen parte alguna en la justificación:

> Mas al que no obra, sino [que] cree en aquel que justifica al impío, su fe le es contada por justicia
>
> —Romanos 4:5

Según la Biblia, el único requisito para la justificación es la fe.

La Iglesia Católica desaprueba rotundamente esto y señala a la Carta de Santiago como prueba.

> Vosotros veis, pues, que el hombre es justificado por las obras, y no solamente por la fe.
>
> —Santiago 2:24

Cuando se lo interpreta aparte, Santiago 2:24 parecería apoyar lo que dice la Iglesia Católica Romana de que las dos cosas, la fe y las obras, deben preceder a la justificación de los adultos [161-162, 1248, 1815]. Sin embargo, cuando a este versículo se lo interpreta en su contexto, dicho apoyo desaparece.

Santiago no está escribiendo a un grupo de catecúmenos, sino a personas que ya profesan ser cristianos. Pero sospecha que algunos de los que recibirán dicha carta en realidad se están engañando a sí mismos. Están viviendo vidas de hipocresía, pretendiendo que son cristianos sin haber jamás experimentado realmente el nuevo nacimiento. Esperando que estas personas hagan una reevaluación de sus vidas, Santiago desafía a sus lectores a que vivan una vida moral y consecuente.

Santiago 2:24 forma parte integrante de una discusión compuesta de 13 versículos (Stg. 2:14-26). El pasaje comienza con dos preguntas que plantean una cuestión que Santiago quiere que sus lectores consideren: «Hermanos míos, ¿de qué aprovechará si alguno dice que tiene fe, y no tiene obras? ¿Podrá la fe salvarle?» (Stg. 2:14). En otras palabras, si alguno dice que tiene fe, pero su vida no la demuestra por las buenas obras, ¿tiene esa persona realmente una fe genuina? ¿Es esa persona realmente salva?

En los versículos que siguen, Santiago muestra que la verdadera fe se manifiesta por las buenas obras. Una fe que es sólo de palabra es «muerta» (Stg. 2:17, 20).

Santiago usa a Abraham como ejemplo para ilustrar que si una persona tiene verdadera fe, ésta se manifestará por las buenas obras. Para que el lector entienda este punto, Santiago formula otra pregunta: «¿No fue justificado por las obras Abraham nuestro padre, cuando ofreció a su hijo Isaac sobre el altar?» (Stg. 2:21).

Santiago responde en forma afirmativa. Conforme se registra en Génesis 22, cuando Abraham alzó el cuchillo para matar a su hijo Isaac en obediencia a Dios, sus acciones declararon que él era un hombre justo, de una fe real y viva. Es en este contexto que Santiago concluye: «Vosotros veis, pues, que el hombre es justificado por las obras, y no solamente por la fe» (Stg. 2:24).

Es importante notar que este versículo no explica cómo Abraham fue justificado *por Dios*. La cronología de la vida de Abraham aclara bien este punto.

Según se registra en Génesis 15, cuando Dios prometió a Abraham que sus descendientes serían tan numerosos como las estrellas del cielo, Abraham creyó la palabra de Dios. Las Escrituras dicen que Abraham «creyó a Jehová, y le fue contado por justicia» (Gn. 15:6).

Esa fue la base que Dios usó para la justificación de Abraham. El Señor, en respuesta a la fe de Abraham, acreditó justicia a la cuenta de Abraham. Dios declaró que Abraham era justo en su presencia simplemente porque creyó. Las buenas obras no estaban involucradas. Pablo confirma este punto:

> Porque si Abraham fue justificado por las obras, tiene de qué gloriarse, pero no para con Dios. Porque, ¿qué dice la Escritura? Creyó Abraham a Dios, y le fue contado por justicia.
>
> —Romanos 4:2, 3

Más de veinte años después, Dios puso a prueba la fe de Abraham ordenándole que sacrificara a su hijo Isaac en el monte Moriah. Según se registra en Génesis 22, Abraham obedeció a Dios. Pasó la prueba demostrando que era un hombre que temía a Dios y le obedecería sin reservas (Gn. 22:12, 18). Como resultado de esto, Dios juró que bendeciría muchísimo a Abraham y multiplicaría su descendencia como las estrellas del cielo (Gn. 22:16-18).

Nótese que en Génesis 22, Dios no *justificó* a Abraham sino que lo *bendijo:* «De cierto te bendeciré, y multiplicaré tu descendencia...» (Gn. 22:17). No había necesidad de que Dios justificase a Abraham, de que acreditase justicia a su cuenta pues ya lo había hecho años antes (Gn. 15:6).

En Santiago 2:24, el autor de la epístola se está refiriendo al segundo acontecimiento en la vida de Abraham. No está hablando de cómo Abraham fue justificado *por* Dios para la salvación eterna, sino de cómo Abraham fue justificado, declarado justo, *ante* Dios y los hombres. Su objetivo es ayudar a que sus lectores cristianos evalúen sus vidas. Santiago quiere que sus lectores entiendan que si ellos pretenden tener una fe como la de Abraham, entonces sus obras de obediencia deberían demostrarlo, así como la obediencia de Abraham demostró su fe. Son las *acciones* de la persona las que *declaran* que él es justo, no sólo las palabras ni la fe profesada que no lo demuestran.

A pesar de las afirmaciones de la Iglesia Católica Romana, Santiago 2:14-26 no está hablando de cómo preparar el alma de uno para la justificación bautismal. El tema es la *clase* de fe que salva (Stg. 2:14). El pasaje habla de la fe *viva* en oposición a la fe *muerta* (Stg. 2:17). Es acerca de una fe que se evidencia por las buenas obras. El desafío de Santiago es: «Muéstrame tu fe sin tus obras, y yo te mostraré mi fe por mis obras» (Stg. 2:18), así como Abraham mostró su propia fe.

DIOS JUSTIFICA A LOS IMPÍOS, NO A LOS JUSTOS

Las buenas nuevas de Jesucristo es que Dios recibe a los pecadores tal como son. Dios «justifica al impío» (Ro. 4:5). Esa es la buena noticia, porque hasta que una persona nace de nuevo y el Espíritu Santo mora en ella, no puede ser ninguna otra cosa que lo que es: un impío pecador, tanto en naturaleza como en la práctica.

Por esta razón, Dios no exige que los pecadores reformen sus vidas antes de que él pueda justificarlos. En cambio, Dios llama a los pecadores al arrepentimiento (Hch. 17:30).

El arrepentimiento es una reacción a la obra de convicción del Espíritu Santo (Jn. 16:7-11). Es un cambio de idea y de criterio que afecta el punto de vista de la persona en cuanto a Dios y a sí mismo (Hch. 26:20; 1 Ts. 1:9, 10). La persona deja de dar excusas por su mala conducta. Toma partido contra sí misma y reconoce su culpa ante Dios. Le dice a Dios que se arrepiente de su rebelión y de que está dispuesta a someterse a la legítima autoridad del Señor sobre su vida.

La reformación es otra cosa también. Reformar significa cambiar a una forma o condición nueva y mejorada. La Biblia nunca les dice a los pecadores que deben reformar sus vidas antes de que Dios quiera justificarlos.

Aquí, nuevamente, el enfoque catolicorromano respecto a la justificación de adultos engaña terriblemente a la gente. Les dice a los pecadores que buscan a Dios que antes de que puedan ser justificados deben ser sometidos a una transformación moral. Deben aprender a «practicar el amor al prójimo, aun a costa de la abnegación»[25] y dar «evidencia de su conversión por el ejemplo de sus vidas».[26] A fin de ser contados entre los elegidos, deben demostrar que están «capacitados para tomar parte»,[27] y «dignos de ser admitidos»,[28] y que han «comenzado a vivir conforme a la palabra recibida».[29] Sólo entonces, según la Iglesia, estos aspirantes estarán adecuadamente dispuestos para la justificación.

La Iglesia Católica también lleva por mal camino a los que buscan la justificación al guiarlos a un *programa* en vez de guiarlos *directamente a Cristo*. La Iglesia Católica enseña a la gente que el Rito de Iniciación Cristiana para Adultos puede causar la formación de ellos «con la práctica de toda la vida cristiana» e iniciarlos en «el ejercicio de la vida evangélica»[30] [1248]. La Iglesia Católica dice que «con la enseñanza debidamente orientada y con las celebraciones del catecumenado», estos aspirantes pueden llegar a «la vida de fe, de liturgia y de caridad del pueblo de Dios»[31] [1248].

Todo esto es totalmente antibíblico. No existe ningún rito ni programa en el mundo que pudiera hacer a una persona digna de ser contada entre los elegidos. La persona no regenerada es esclava del pecado (Ro. 6:6). No puede comenzar a caminar en la presencia de Dios hasta que Cristo entra en su vida y la hace una nueva persona (Ro. 8:5-11).

UNA JUSTICIA PROPIA DE LA PERSONA

Para la fecha en que la persona termina el Rito de la Iniciación Cristiana para Adultos y es bautizada, está plenamente adoctrinada a un estilo de vida de acercarse a Dios basado en las buenas obras y la justicia personal. Este es el mismo engaño que impidió que los judíos del primer siglo acudieran a Cristo para la salvación:

> Porque ignorando la justicia de Dios, y procurando establecer la suya propia, no se han sujetado a la justicia de Dios.
>
> —Romanos 10:3

Cristo dijo a los fariseos: «Porque no he venido a llamar a justos, sino a pecadores, al arrepentimiento» (Mt. 9:13). Enseñó que Dios está dispuesto a justificar sólo a los que primero reconocen que son indignos pecadores (Lc. 18:9-14). En consecuencia, el participar en el Rito de Iniciación Cristiana de Adultos es realmente perjudicial a una persona que busca la justificación. En vez de guiar a pecadores perdidos a Dios, los extravía del camino.

NOTAS

1. Tercera estrofa del himno «Tal como soy», de Charlotte Elliott. Trad. T. M. Westrup.
2. Concilio de Trento, sesión 6, «Decreto sobre la justificación», capítulo 5.
3. *Ibid.*, capítulo 6.
4. *Ibid.*, capítulo 9.
5. *Ibid.*, capítulo 6.
6. *Ibid.*, capítulo 7.
7. *Ibid.*
8. El Rito de la Iniciación Cristiana de Adultos está abreviado en la explicación que sigue. Para el rito completo, véase *The Rites of the Catholic Church* (Nueva York: Pueblo Publishing Co., 1990), tomo 1, pp. 15-244.
9. *Ritual conjunto de los sacramentos* (Bogotá: Consejo Episcopal Latinoamericano [CELAM], 1976), p. 165.
10. *Ibid.*, p. 173.
11. *The Rites of the Catholic Church*..., tomo 1, p. 70.
12. *Ibid.*
13. *Ritual conjunto*..., p.186.
14. *Ibid.*, p. 201.
15. *Ibid.*, pp. 214-215.
16. *Ibid.*, p. 217.
17. *Ibid.*, p. 223.
18. Concilio de Trento, sesión 6, «Decreto sobre la justificación», capítulo 4.
19. *Ibid.*, capítulo 8.
20. Los teólogos católicos dividen el mérito en dos categorías. *Mérito de condigno* es un verdadero mérito en el cual la recompensa es el valor justo y merecedor de la obra realizada. *Mérito de congruo* es una clase impropia de mérito en la cual la recompensa recibida excede el valor de la obra, debido a la generosidad de Dios. Este último mérito contribuye a la recepción de un beneficio, pero no lo gana plenamente.

    Algunos teólogos católicos, incluyendo a Tomás de Aquino, enseñan que la primera gracia actual puede ser merecida por una persona ya justificada en favor de un pecador. Por ejemplo, dicen que Esteban, el primer mártir de la Iglesia, mereció congruamente la conversión de Pablo, quien fue testigo de la lapidación de Esteban. Asimismo, Mónica mereció congruamente la primera gracia para su hijo Agustín. Además, algunos teólogos católicos sostienen que el pecador no justificado que actúa bajo la influencia de la primera gracia actual puede congruamente merecer para sí mismo un aumento de la gracia actual, que lo ayuda aun más a prepararlo para la justificación. Puesto que en ambos casos el mérito es *de congruo*, puede decirse que la justificación católica todavía depende totalmente de la pura gracia. Al menos, así es como lo ven los teólogos católicos. (Para explicación adicional, véase A. Tanquerey, *Manual of Dogmatic Theology* (Nueva York: Desclee Co., 1959), tomo 2, pp. 181-182.

21. *Ritual conjunto...*, pp. 165-215.
22. Concilio de Trento, sesión 6, «Decreto sobre la justificación», canon 12.
23. *Ibid.*, canon 9.
24. *Ibid.*, canon 8.
25. *Ritual conjunto...*, pp. 165-215.
26. *Ibid.*
27. *Ibid.*
28. *Ibid.*
29. *Ibid.*
30. *Ibid.*
31. *Ibid.*

3

AUMENTO Y CONSERVACIÓN DE LA JUSTIFICACIÓN

José, a los ocho años de edad

Cuando la hermana Genoveva hizo la señal ensayada, José y todos los niños de la clase de segundo grado se pusieron de pie y comenzaron a entrar en fila de a uno por el pasadizo central de la iglesia. Los niños usaban camisas blancas y corbatas blancas. En los bancos opuestos, las niñas del segundo grado parecían novias en miniatura con sus vestidos blancos y velos de encaje. En solemne procesión y con las manos juntas, todos comenzaron a marchar hacia el frente de la iglesia para recibir su primera sagrada comunión.

Los niños habían estado preparándose para este día durante todo el año en sus clases diarias de religión en la Escuela de San Miguel. Habían aprendido de la gracia santificante y real, y del pecado venial y mortal. Habían estudiado el papel de los sacramentos, los Diez Mandamientos y las respuestas a las páginas de preguntas del catecismo.

El jueves anterior, José y los otros niños habían hecho su primera confesión a un sacerdote. Ahora estaban preparados para recibir el sagrado Sacramento mediante la Sagrada Comunión.

Al llegar al frente de la iglesia, José se arrodilló ante la baranda del altar, una pared de mármol ornamentada que separaba el santuario (el espacio sagrado alrededor del altar) del resto de la iglesia. Unos cuarenta niños se arrodillaron al lado de José. Parado del lado opuesto de la baranda estaba el sacerdote Fiorelli y un monaguillo. El sacerdote estaba dando una hostia, una oblea de pan consagrado, a cada niño. Mientras José esperaba su turno, sus ojos se fijaron en los brillantes objetos de oro que estaban sobre el altar.

«El cuerpo de Cristo», dijo el sacerdote Fiorelli, sosteniendo una hostia directamente al frente de la nariz de José.

La rápida eficiencia del sacerdote sorprendió al muchacho. En un momento de pasmoso silencio, José sintió una ola de calor que le subía por el cuello y le quemaba la punta de las orejas. Finalmente se acordó de la respuesta adecuada y contestó: «Amén».

El monaguillo que acompañaba al sacerdote Fiorelli deslizó un platillo de oro debajo del mentón de José al tiempo que el sacerdote colocaba una hostia sobre la lengua del jovencito.

José se levantó y regresó a su banco. Allí inclinó su cabeza y comenzó a adorar la hostia como lo había adiestrado la hermana Genoveva, recordando las repetidas advertencias: «Debes tratar a la hostia con supremo respeto y adoración.» Para recalcar este punto, la hermana Genoveva le había contado a la clase la historia de la *hostia sangrante milagrosa*:

> Una anciana de Santarem, Portugal, pidió a una bruja que le ayudara con su vagabundo esposo. La hechicera prometió ayudarle, pero exigió en pago una hostia consagrada de la iglesia.
>
> La anciana estaba desesperada, y decidió ir a misa y recibir la sagrada comunión. Pero en vez de tragar la hostia, la sacó secretamente de su boca y la envolvió en su velo. No obstante, antes de poder salir de la iglesia, la hostia comenzó a derramar sangre. La mujer corrió a su casa, dejando un rastro de sangre por el camino. Allí escondió la hostia en un baúl, pensando que podía ocultar su crimen.
>
> Durante la noche, sin embargo, una luz brillante comenzó a alumbrar desde el interior del baúl a través de la misma madera. Con gran vergüenza la anciana llamó al sacerdote y confesó su pecado. El sacerdote tomó la hostia, la llevó de vuelta a la iglesia, y la engastó en un santuario de oro y cristal.[1]

Cuando José oyó la historia por primera vez, pensó que la hermana Genoveva estaba simplemente inventando el cuento para asustar a la clase a fin de que se portaran bien. Pero cuando la monja mostró a los niños una fotografía de la hostia sangrante milagrosa, José fijó su vista en ella con ojos bien abiertos y llenos de horror. Había venas finas que corrían por la hostia. En la base de la hostia había una pequeña cantidad de sangre coagulada. Un escalofrío le corrió por la espalda mientras elevaba una promesa en silencio hacia el cielo: *Dios mío, jamás haré semejante cosa.*

Ahora José se daba cuenta de que él mismo había sostenido una hostia consagrada en su propia boca. Con mucho cuidado y lentitud, tragó su sagrado tesoro, haciendo todo esfuerzo por no romperla.

Desde ese día en adelante, la misa y la Comunión dominicales formarían una parte regular de la vida de José. Varias veces al año, también recibiría el sacramento de la confesión. Y cuando José llegara a los doce años, un obispo de la diócesis le administraría el sacramento de la confirmación.

Sin embargo, a pesar de todos estos sacramentos, José todavía no sería salvo porque, conforme a la Iglesia Católica, la salvación del juicio venidero no es un acontecimiento sino un proceso. Comienza con el bautismo. Progresa a través de la frecuente recepción de los sacramentos y mediante la cooperación con la gracia. Termina con la muerte y los sucesos en la vida del más allá.

Para entender este proceso, es necesario examinar las doctrinas de la Iglesia Católica relacionadas con la gracia santificante, la gracia actual, los sacramentos, el mérito y la santificación.

LA GRACIA SANTIFICANTE

[1266, 1996-2005, 2023-2024]

Según el catolicismo romano, la gracia santificante es un don del Espíritu Santo que inicialmente se les da a personas mediante el sacramento del bautismo [1999]. La gracia luego «queda en ellos inherente»,[2] haciéndolos continuamente santos y agradables a Dios [1995, 2000, 2024].

Por lo tanto, los efectos de la gracia santificante sobre el alma no son una experiencia momentánea o pasajera, sino un efecto constante y permanente [2000]. Se dice que el católico está *en estado de gracia*. Este es el estado acostumbrado o habitual de su alma. Por esta razón, a la gracia santificante a menudo se le llama *gracia habitual* [2000, 2024].

No obstante, a pesar de que la gracia santificante es una influencia constante, no es permanente. Así como Adán perdió la vida divina en su alma mediante el primer pecado, un católico bautizado puede perder la gracia santificante en su alma mediante pecado serio, consciente y deliberado. Si esto sucediera, el sacramento de la penitencia podría restaurar de nuevo la gracia santificante, como lo veremos en el capítulo siguiente.

LA GRACIA ACTUAL

[2000, 2024]

Según la Iglesia Católica Romana, la *gracia actual* es una ayuda sobrenatural para hacer el bien y evitar el mal. La gracia actual ilumina la mente e inspira la voluntad para realizar las buenas obras que son necesarias para la salvación.

A diferencia de la gracia santificante, que tiene una influencia constante sobre el alma, la gracia actual es un fortalecimiento temporal. Es la promesa de la mano auxiliadora de Dios en tiempo de necesidad. Es una ayuda momentánea para una acción específica que pasa con el uso. Por lo

Rosarios, reliquias y ritos

[1667-1679]

¿Qué tienen en común estas tres cosas? Cada una es un signo sagrado de la Iglesia Católica Romana llamado *sacramental*, cuya intención es traer una dimensión espiritual a las circunstancias de la vida diaria [1667-1668, 1670]. Virtualmente, cualquier objeto o acción religiosa puede calificar para esto. Algunos de los sacramentales que son más conocidos y aprobados oficialmente de la Iglesia Católica son:

- Las estaciones de la cruz
- Los crucifijos
- Los escapularios
- Las medallas milagrosas
- Las genuflexiones
- El encendido de velas
- Las estatuas
- Los cuadros de santos
- La señal de la cruz
- La unción con aceite santo
- El agua bendita
- Las cenizas en la frente
- El repicar de campanas
- El observar días santos
- Las palmas benditas
- La bendición de un auto nuevo
- La bendición de gargantas
- Los exorcismos

tanto, la gracia actual debe reabastecerse continuamente. Esto se logra mediante los sacramentos [1084, 1972].

LOS SACRAMENTOS

[1076-1666]

Según la teología catolicorromana, Cristo estableció formalmente siete sacramentos [1113-1114]:

- El bautismo
- La penitencia
- La Eucaristía
- La confirmación
- El matrimonio
- Las santas órdenes
- La unción de los enfermos

La Iglesia Católica enseña que estos siete sacramentos son los principales medios por los cuales Dios concede gracia santificante y actual a los fieles. Cada sacramento también provee una bendición especial y singular que es suya propia.

Según la teología catolicorromana, los sacramentales son similares a los sacramentos, pero no son tan poderosos. Los sacramentos otorgan gracia santificante y actual por virtud de la realización del rito. Los sacramentales no [1670]. Su propósito es ayudar a que los católicos se preparen para la recepción fructífera de la gracia que proviene de los sacramentos [1667]. Cada uno tiene un propósito especial y se dice que resulta en uno o más de los beneficios siguientes:

- La recepción de la gracia actual
- Bendiciones materiales como salud y seguridad
- Un aumento en el amor a Dios
- Una tristeza por el pecado
- La expiación del castigo temporal merecido por el pecado
- El perdón de pecados veniales
- Protección contra Satanás

Se dice que los sacramentos «contienen»[3] gracia. No son meras expresiones simbólicas de la gracia que Dios otorga a los que creen. Más bien, cada sacramento es un *canal* de la gracia de Dios, la «causa instrumental»[4] de la gracia [1084]. Se cree que Dios confiere gracia a los católicos por medio de los sacramentos mediante la realización apropiada del ritual sacramental, «mediante la acción sacramental misma»,[5] «por el hecho mismo de la acción se realiza»[1128] [1127-1128, 1131].

Para recibir gracia de un sacramento, un católico debe estar adecuadamente preparado. Con la excepción del bautismo y la penitencia, el católico debe estar en un estado de gracia; es decir, ya debe tener gracia santificante en su alma. La preparación también incluye un corazón creyente, reflexión, oración, y a veces actos de penitencia. Cuando una persona satisface estos requisitos, se dice que está *apropiadamente dispuesta*, o lista para una *recepción válida* o *fructífera* de la gracia mediante el sacramento. La cantidad de gracia que la persona recibe es proporcional a lo bien que esté preparada y a la generosidad de Dios.

La Iglesia Católica Romana enseña que los sacramentos son necesarios para la salvación [1129].[6] El bautismo, o por lo menos el deseo de bautizarse, es necesario para la justificación inicial [1257-1261, 1277].[7] La penitencia es necesaria para restaurar la vida de gracia en caso de que un católico perdiera la gracia mediante un pecado serio. La confirmación, la unción de enfermos, y especialmente la Sagrada Eucaristía proveen la gracia necesaria para evitar el pecado y hacer el bien.

Los siete sacramentos también son lecciones prácticas que describen las creencias religiosas de la fe de la Iglesia Católica Romana mediante dramas sagrados [1074-1075, 1084]. Para asegurar la exactitud, la Iglesia Católica ha normalizado la liturgia (las palabras y las acciones de los sacramentos), y prohibe la innovación no autorizada. De esta manera, los sacramentos conservan y enseñan la fe catolicorromana.

EL MÉRITO

[2006-2011, 2025-2027]

El catolicismo romano enseña que aunque la gracia santificante y actual influyen la voluntad de una persona para hacer el bien, no la supeditan [978]. Por lo tanto, si estas gracias han de cumplir su propósito deseado, la persona debe hacer su parte [2002]. A los católicos se les dice que «colaboren con la gracia divina, para no recibirla en vano».[8]

La obra cooperativa de la persona bajo la influencia de la gracia resulta en la realización de buenas obras. Estas obras incluyen obediencia a los mandamientos de Dios y de la Iglesia, actos de caridad, abnegación y la práctica de la virtud.

Según la teología catolicorromana, la realización de buenas obras gana una recompensa de Dios. El derecho que se gana para una recompensa se llama *mérito* [2006].

En el catolicismo romano, la recompensa meritoria puede ser de varias formas. Por ejemplo, un católico en estado de gracia puede merecer un aumento de gracia santificante [2010].[9]

Las buenas obras también pueden merecer otras bendiciones [2027]:

> Bajo la moción del Espíritu Santo y de la caridad, *podemos después merecer* en favor nuestro y de los demás, gracias útiles para nuestra santificación, para el crecimiento de la gracia y de la caridad, y para la obtención de la vida eterna. Los mismos bienes temporales, como la salud, como la amistad, pueden ser merecidos según la sabiduría de Dios.
>
> —*Catecismo de la Iglesia Católica* [2010]

La cantidad de mérito merecido es proporcional a:[10]

- La clase de obra realizada
- La cantidad de la obra cumplida
- La dificultad de la obra
- La duración de la obra

- La cantidad de gracia santificante ya en el alma
- La intensidad o fervor con que se realizó la obra

LA SANTIFICACIÓN

[824-825, 1995-2004, 2012-2016]

La teología catolicorromana enseña que la gracia inspira la mente y fortalece la voluntad. Alienta a la persona a continuar participando en los sacramentos y a realizar buenas obras. Esto genera más gracia y el ciclo se repite. De esta forma, el católico crece en gracia y santidad. La Iglesia Católica le llama a este proceso *santificación.*

La santificación tiene dos objetivos. El primero es *preservar* la gracia de justificación recibida en el bautismo [1392]. Esta gracia puede perderse mediante pecado grave y deliberado. Mantener gracia en el alma hasta la muerte es imprescindible para poder lograr la vida eterna [1023, 1052].

El segundo objetivo de la santificación es *aumentar* o *perfeccionar* la gracia de justificación en el alma de la persona [1392]. Mediante el bautismo, el católico recibe una cuota inicial de gracia santificante o justificante. Después del bautismo, dicha gracia en el alma puede aumentarse. De esta forma el católico «se justifica más».[11]

El Concilio Vaticano II publicó una lista de nueve de los medios más importantes por los cuales los católicos son santificados:[12]

- Amando a Dios
- Amando al prójimo
- Obedeciendo los mandamientos de Dios
- Recibiendo los sacramentos, especialmente la Sagrada Comunión
- Participando en la liturgia
- Orando
- Practicando la abnegación
- Sirviendo a otros
- Practicando la virtud

La santificación comienza con el bautismo [1254]. Prosigue durante una vida entera de actividad a medida que el católico recibe los sacramentos y realiza buenas obras en cooperación con la gracia. El proceso termina sólo después de la muerte, cuando una persona entra en la presencia de Dios en el cielo. Entonces, y sólo entonces, puede un católico decir que está salvo. Hasta entonces el católico no está *salvo* sino que lo *están salvando* mediante un proceso de santificación.

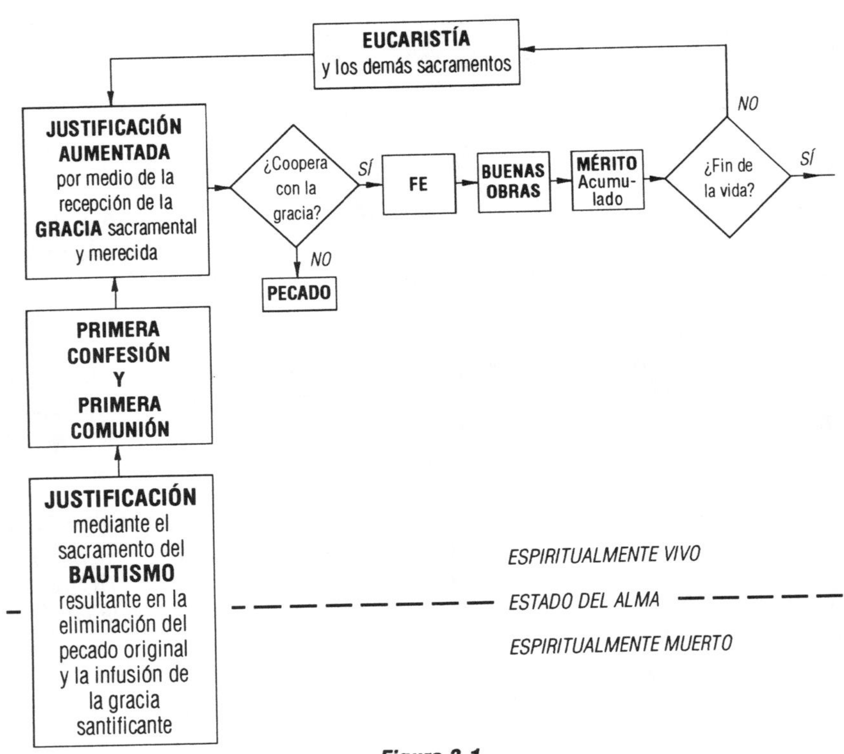

Figura 3.1
Aumento y conservación de la justificación

UNA RESPUESTA BÍBLICA

Contrario a lo que la Iglesia Católica Romana entiende por santificación, la Biblia enseña que la posición de un pecador justificado ante Dios es perfecta. Ni la justificación ni la gracia de Dios hacia los justificados puede aumentarse mediante sacramentos o buenas obras. La Biblia enseña que:

- La gracia es favor un inmerecido, no una recompensa meritoria.
- La justificación es completa en Cristo.

LA GRACIA BÍBLICA ES UN FAVOR INMERECIDO

La Biblia describe la gracia como la actitud favorable de Dios hacia una persona. Es una disposición de parte de Dios, una decisión de bendecir (Ef. 2:4-7).

Por definición, la gracia es gratuita e inmerecida (Ro. 11:6). Es el favor inmerecido, no ganado, de Dios.

La forma en que los padres amorosos tratan a sus hijos ilustra la gracia. Los padres dan a sus hijos todo lo que tienen. Les proveen alimento, albergue, vestido y afecto. Los padres dan sin pensar todo esto y mucho más, aunque sus hijos hayan ganado esos beneficios o puedan devolverles el dinero o no.

La gracia de Dios es mayor todavía. Dios muestra su favor hacia los que han pecado contra Él, a los que no sólo no merecen su favor, sino que merecen exactamente lo opuesto (Ro. 5:1-11). Para los tales, Dios dio a su Hijo unigénito. A ellos Dios les ofrece gratuitamente la salvación eterna (Jn. 3:16), la adopción como hijos e hijas (2 Co. 6:18), y «toda bendición espiritual en los lugares celestiales» (Ef. 1:3). La gracia de Dios hacia sus hijos es tan grande que le llevará siglos venideros «mostrar ... las abundantes riquezas de su gracia en su bondad para con nosotros en Cristo Jesús» (Ef. 2:7).

Por otra parte, la gracia santificante catolicorromana es algo totalmente distinto. Es algo que «se derrama por medio del Espíritu Santo en los corazones de aquellos que son justificados y queda en ellos inherente».[13] Es

> ... una calidad divina inherente en el alma, por así decirlo, una luz brillante que borra todas esas manchas que oscurecen el lustre del alma, invistiéndola con aumentada brillantez y hermosura.
>
> —*The Roman Catechism*[14]

Se dice que la gracia santificante eleva a los católicos a «un estado de ser sobrenatural»[15] para hacerlos «partícipes de la naturaleza divina» (2 P. 1:4).

Este concepto de gracia santificante tiene su origen en una teología medieval que subdividió la gracia en categorías: creada o no creada; de Dios o de Cristo; externa o interna; para salvación o para santificación; constante o temporal; etc. Los teólogos además clasificaron la gracia asignando designaciones según su función en la teología catolicorromana, como *gracia santificante*, *gracia justificante*, *gracia habitual*, *gracia actual*, *gracia sacramental*, *gracia suficiente*, *gracia eficaz*, etc. Usando la terminología de Aristóteles, los eruditos de la Iglesia Católica describieron la gracia santificante como una *calidad* del alma, no una *sustancia*, sino como un *accidente creado* y *real* en el *alma-sustancia*.[16]

Al alejarse del lenguaje y de las definiciones bíblicas explícitas, la Iglesia Católica tergiversó la gracia bíblica hasta hacerla irreconocible. El favor de un Dios amante para con sus hijos se volvió una abstracción filosófica que sólo los teólogos y clérigos podían entender.

No sólo oscureció la Iglesia Católica el significado de la gracia, sino que alteró su misma esencia. La gracia se volvió el medio de intercambio en el sistema de mérito de dicha iglesia: hagan obras, ganen gracia. Cuanto más gracia tengan, tanto más arduamente obrarán. Cuanto más arduamente trabajen, tanto más gracia ganarán. La Iglesia Católica censuró a todo el que enseñara lo contrario:

> Si alguno dijere que ... el hombre justificado, por las buenas obras que se hacen en Dios y el mérito de Jesucristo, de quien es miembro vivo, no merece verdaderamente el aumento de gracia, ... sea anatema.
>
> —*Concilio de Trento*[17]

Todo ese tiempo, la Iglesia Católica Romana sostuvo que la gracia meritoria seguía siendo un don de Dios porque, según lo explica, las obras que ganaron la gracia eran ellas mismas el producto de una gracia previa.

Sin embargo, sigue siendo un hecho que los católicos deben obrar para ganar gracia, una contradicción de términos. A diferencia de la gracia bíblica, la gracia de la Iglesia Católica no es gratuita; pero si no es gratuita, no es gracia. Las gracia no puede ganarse mediante buenas obras; «de otra manera la gracia ya no es gracia» (Ro. 11:6).

La Iglesia Católica tergiversa aun más el significado de la gracia enseñando que Cristo estableció siete sacramentos como los principales medios que Dios usa para dispensar gracia. Mediante los sacramentos, por la ejecución de un rito, la gracia es otorgada «por el hecho mismo de la acción que se realiza»[18] [1127-1128].

La gracia bíblica no puede dispensarse como el producto de una máquina. Ni el Padre, habiendo quitado la barrera del pecado a un costo tan elevado, colocaría ahora sacramentos entre Él y sus hijos. Dios quiere que sus hijos dependan de *Él*, no de los sacramentos. Les ofrece una *relación*, no un ritual.

La teología Catolicorromana hace que la gente dependa de los sacramentos para la salvación y, por lo tanto, dependan de la Iglesia Católica [1129]:

> ... la Iglesia, ahora un peregrino en la tierra, es necesaria para la salvación: el Cristo único es mediador y el camino de la salvación; está presente para nosotros en su cuerpo que es la Iglesia. Él mismo afirmó explícitamente la necesidad de fe y bautismo y, por lo tanto, afirmó al mismo tiempo la necesidad de la Iglesia a la que los hombres entran mediante el bautismo como a través de una puerta. Por lo tanto, no podrían salvarse los que sabiendo que la Iglesia Católica fue fundada como necesaria por Dios mediante Cristo, rehúsan entrar o permanecer en ella.
>
> —Concilio Vaticano II[19]

No tiene apoyo bíblico alguno la creencia de que los sacramentos, y por consiguiente la Iglesia Católica Romana misma, son necesarios para la salvación [168-169; 824, 845-846, 1227]. Las Escrituras no dicen absolutamente nada de siete sacramentos como los principales canales de la gracia de Dios. Ni hablan de una institución como la Iglesia Católica Romana como la administradora de los sacramentos.

La Biblia enseña que la gracia de Dios se ofrece en forma *gratuita y directa* a todos los que confían en Cristo:

> Justificados, pues, por la fe, tenemos paz para con Dios por medio de nuestro Señor Jesucristo; por quien también tenemos entrada por la fe a esta gracia en la cual estamos firmes….
>
> —Romanos 5:1, 2

Los hijos adoptados por Dios están «firmes» en su gracia. Son el enfoque constante e irrestringido de su amor y generosidad en Cristo: «Porque de su plenitud tomamos todos, y gracia sobre gracia» (Jn. 1:16).

LA JUSTIFICACIÓN BÍBLICA ES COMPLETA EN CRISTO

La justificación bíblica es perfecta y completa. Es un acto divino: «Dios es el que justifica» (Ro. 8:33). Dios perdona al pecador y acredita a su cuenta la justicia de Dios (Ro. 3:21, 22; 4:3-8). De ahí en adelante, Dios ve a las personas como «en Cristo» y «santos y sin mancha delante de él» (Ef. 1:3, 4). Por esta razón, la Escritura se refiere a todos los creyentes como «a los santificados en Cristo Jesús, llamados a ser santos» (1 Co. 1:2).

La justificación catolicorromana es imperfecta e incompleta. Comienza, supuestamente, con la infusión de la gracia mediante el bautismo, y luego aumenta mediante los otros sacramentos. La Iglesia Católica enseña a los católicos que ellos pueden también aumentar la gracia santificante en sus almas mediante las obras [2010]:

> … por medio de la observancia de los mandamientos de Dios y de la Iglesia: crecen en la misma justicia, recibida por la gracia de Cristo, cooperando la fe con las buenas obras, y se justifican más….
>
> —*Concilio de Trento*[20]

En consecuencia, en el catolicismo romano, las buenas obras no son sólo el resultado de la justificación, sino la causa de su aumento.[21]

En contraste con eso, la justificación bíblica no puede aumentar. ¿Por qué no? Porque la justificación bíblica es el crédito de la justicia perfecta de Dios a la cuenta del pecador (Ro. 3:22; 2 Co. 5:21). Pablo dijo a los colosenses: «y vosotros estáis completos en él…» (Col. 2:10).

Por esta razón, un cristiano que confía en Cristo para la justicia ni siquiera trata de ser justificado aun más. Cristo murió para salvarlo (Ro. 5:8). Dios lo ha justificado (Ro. 8:33). Su futuro está asegurado: «Pues mucho más, estando ya justificados en su sangre, por él seremos salvos de la ira» (Ro. 5:9).

En la teología catolicorromana, no hay una declaración por la cual Dios en forma final y perfecta justifica y salva eternamente. Más bien, la salvación es un camino, una carrera, un viaje. Es un proceso de santificación por el cual la gracia de justificación se conserva y aumenta. Los católicos, con ansioso interés, deben obrar para lograr su propia salvación. Esta, dice la Iglesia Católica, es la enseñanza de Filipenses 2:12, 13 [1949]:

> Por lo tanto, amados míos, como siempre habéis obedecido, no como en mi presencia solamente, sino mucho más ahora en mi ausencia, ocupaos en vuestra salvación con temor y temblor, porque Dios es el que en vosotros produce así el querer como el hacer, por su buena voluntad.

A pesar de las afirmaciones catolicorromanas, el contexto de este pasaje aclara perfectamente bien que Pablo no está enseñando que los cristianos deben trabajar por la salvación eterna. Los filipenses estaban teniendo problemas en llevarse bien unos con otros. Pablo los exhortó a que fuesen de un mismo sentir «sintiendo lo mismo», que mantuvieran «el mismo amor», que fuesen «unánimes» (Fil. 2:2). Les dijo que «nada hagáis por contienda o por vanagloria» (Fil. 2:3). Los alentó diciendo: «antes bien con humildad, estimando cada uno a los demás como superiores a él mismo; no mirando cada uno por lo suyo propio, sino cada cual también por lo de los otros» (Fil. 2:3, 4).

Pablo señaló a los filipenses al Señor Jesús como ejemplo perfecto de lo que él estaba enseñando: «Haya, pues, en vosotros este sentir que hubo también en Cristo Jesús» (Fil. 2:5). Pablo concluyó diciendo: «Por tanto, amados míos ... ocupaos en vuestra salvación con temor y temblor» (Fil. 2:12).

Aquí Pablo estaba exhortando a los cristianos de Filipos a que se ocuparan en las *consecuencias* de la salvación de ellos. Cristo los había liberado del pecado y les había dado vida eterna. Ahora, como hijos e hijas de Dios, debían caminar de una manera digna de dicho llamado.

Más específicamente, los filipenses necesitaban ocuparse en la salvación o liberación de las disputas dentro de la iglesia. Pablo les instruyó diciendo: «Haced todo sin murmuraciones y contiendas» (Fil. 2:14). Pablo hasta amonestó a dos mujeres por nombre, Evodia y Síntique, para que se dejaran de altercar (Fil. 4:2).

Pablo no les estaba diciendo a los filipenses cómo salvarse del infierno, ni que trabajaran para lograr el camino al cielo, ni que se ganaran la vida eterna. Sus cartas a los Romanos y Gálatas expresan con abundante claridad que la obra de Cristo solamente es lo que salva, y que la vida eterna es un don gratuito. En su Carta a los Filipenses, Pablo estaba interesado en la santidad cotidiana de los creyentes. Estaba exhortando a los filipenses a que rindieran sus vidas a Dios de forma que pudieran ser conformados a la imagen de Cristo (Fil. 2:5-11; Ro. 8:29).

Pablo estaba hablando de una de tres clases de santificación cristiana que se hallan en las Escrituras. La Biblia enseña que una persona es santificada *posicionalmente*, «santos y sin mancha» ante Dios (Ef. 1:4), en el mismo momento en que confía en Cristo y es justificada. Un cristiano es santificado desde el punto de vista *práctico* o *experimental* a medida que aprende a abstenerse del mal y camina en el Espíritu (1 Ts. 4:1-8; Gá. 5:16-26). Todos los cristianos serán *finalmente* santificados a la venida de Cristo (1 Jn. 3:1-3). En Filipenses 2, Pablo está preocupado por la santificación *práctica* o *experimental* del cristiano.

La santificación y la justificación no deben confundirse. La justificación es una declaración de Dios por la cual una persona es perdonada y acreditada con la justicia de Dios. Este es un acontecimiento de una vez por todas por el cual la persona llega a una relación correcta con Dios mediante la fe en Jesucristo.

La santificación práctica es un proceso por el cual el carácter moral y la conducta personal del cristiano logran una creciente conformidad con su posición legal ante Dios. Es una obra de Dios, pero una obra en la cual el creyente debe cooperar (Ro. 6:19).

La aplicación equivocada que el catolicismo romano hace de Filipenses 2:12 a la salvación eterna muestra cómo la teología de la Iglesia Católica confunde la justificación con la santificación. El catolicismo romano las trata como procesos interrelacionados. La santificación, como lo enseña la Iglesia Católica, conserva y aumenta la gracia de justificación. La vida día tras día del católico determina su posición ante Dios y, finalmente, su destino eterno.

LA OBRA DE TODA UNA VIDA

Para el católico romano, la salvación eterna involucra una vida entera de hacer, trabajar y esforzarse. El católico debe guardar los mandamientos de Dios y de la Iglesia Católica. Debe recibir los sacramentos y realizar actos de piedad. Debe hacer buenas obras. Su salvación eterna depende de todas esas cosas.

Detrás de toda esta actividad hay una teología que considera la justificación como una condición incompleta y frágil del alma. En consecuencia, siempre hay más sacramentos que deben recibirse y más obras que deben realizarse. El católico debe esforzarse constantemente por aumentar y mantener la gracia en su alma con la esperanza de que algún día pueda lograr la vida eterna.

La salvación bíblica, por otra parte, se caracteriza por el descanso. Cristo ya ha terminado la obra de salvación en la cruz. La justificación es un don gratuito y perfecto de Dios. El cristiano, teniendo la confianza de que su salvación eterna está asegurada (1 Jn. 5:11-13), descansa en Cristo:

> Porque el que ha entrado en su reposo, también ha reposado de sus obras, como Dios de las suyas.
>
> —Hebreos 4:10

El catolicismo romano no sabe nada de reposar en Cristo. Al contrario, los católicos más fieles son los que obran más arduamente. Cuando santa Bernadette estaba en su lecho de muerte, habló con pesar de los que no entendían de la necesidad de obrar para lograr al cielo: «En cuanto a mí —dijo— ese no será mi caso. Determinémonos ir al cielo. Trabajemos para lograrlo, suframos para lograrlo. Nada más importa.»[22]

NOTAS

1. Esta historia se basa en un suceso descrito por Joan Carrol Cruz, *Eucharistic Miracles* (Rockford, IL: Tan Books, 1987), pp. 38-46.
2. Concilio de Trento, sesión 6, capítulo 7.
3. Concilio de Trento, sesión 7, «Cánones sobre los sacramentos en general», canon 6.
4. A. Tanquerey, *A Manual of Dogmatic Theology* (Nueva York: Desclee, 1959), tomo II, p. 197.
5. Concilio de Trento, sesión 7, «Cánones sobre los sacramentos en general», canon 8. El principio de que se habla aquí a menudo se menciona por la frase latina de la cual esta cita es la traducción: «*ex opere operato*».
6. *Ibid.*, canon 4.
7. Puesto que la teología catolicorromana enseña que el bautismo es esencial para lograr el gozo de la vida eterna en la presencia de Dios, la Iglesia Católica ha decidido que es necesario definir tres clases de bautismo válido:
   - El *bautismo de agua* es la forma normal del sacramento [1257].
   - El *bautismo de sangre* se aplica a personas que fueron martirizadas por la fe católica antes de recibir el sacramento del bautismo. Se dice que el martirio en sí mismo trae los beneficios del sacramento [1258, 1281].
   - El *bautismo de deseo* se aplica a personas que no tienen la oportunidad de recibir el sacramento del bautismo, pero que lo harían si pudieran [1259-1260, 1281]. «Para los catecúmenos que mueren antes del bautismo, el deseo explícito de recibirlo, junto con el arrepentimiento de sus pecados, y caridad, les asegura la salvación que no pudieron recibir mediante el sacramento».[1259]

   La Biblia no menciona absolutamente nada de un bautismo de sangre ni de un bautismo de deseo.
8. Concilio Vaticano II, «Liturgia», capítulo 1, nº 11.

9. Concilio de Trento, sesión 6, «Decreto sobre la justificación», capítulo 10. Traducción de H. J. Schroeder, traductor, *Canons and Decrees of the Council of Trent* (Rockford, IL: Tan Books and Publishers, 1978).
10. Este resumen se basa en un análisis por A. Tanquerey, *A Manual of Dogmatic Theology...*, tomo 2, p. 177.
11. Concilio de Trento, sesión 6, «Decreto sobre la justificación», capítulo 10.
12. Concilio Vaticano II, «Constitución Dogmática sobre la Iglesia», nº 42.
13. Concilio de Trento, sesión 6, capítulo 7.
14. John A. McHugh, O.P. y Charles J. Callan, O.P., trads., *The Roman Catechism: The Catechism of the Council of Trent* (Rockford, IL: Tan Books and Publishers, 1982), p. 255.
15. Ludwig Ott, *Fundamentals of Catholic Dogma* (Rockford, IL: Tan Books and Publishers, 1960), p. 255.
16. Cp. Tomás de Aquino, *Summa Theologica*, Partes I-II. Pregunta 110, artículos 1-4.
17. Concilio de Trento, sesión 6, «Decreto sobre la justificación», canon 32.
18. Concilio de Trento, sesión 7, «Cánones sobre los sacramentos en general», canon 8.
19. Concilio Vaticano II, «Constitución Dogmática sobre la Iglesia», nº 14.
20. Concilio de Trento, sesión 6, «Decreto sobre la justificación», capítulo 10.
21. Concilio de Trento, sesión 6, «Decreto sobre la justificación», canon 24.
22. Citado por William J. Cogan, *A Catechism for Adults* (Youngtown, AZ: Cogan Productions, 1975), p. 30.

4

LA REJUSTIFICACIÓN

José, a los 19 años de edad

Después de entrar en la oscuridad del confesionario, José cerró la puerta tras él y se arrodilló. Era un confesionario de estilo antiguo, compuesto de tres secciones del tipo cabina. El sacerdote Sweeney, pastor de la parroquia, ya estaba sentado en la cabina del medio. En la cabina de la izquierda, una anciana estaba confesando con suaves susurros sus pecados a un cura. En la cabina de la derecha José estaba esperando su turno, considerando silenciosamente los sucesos agridulces de la semana pasada.

Los problemas de José comenzaron el fin de semana anterior con el viaje anual a esquiar de la universidad. Había regresado de las montañas a la ciudad el domingo por la noche cuando ya era tarde. A pesar de que no estaba preparado para las clases del lunes, se desplomó en la cama demasiado extenuado tanta fiesta como para hacer algo al respecto. Los dos días siguientes pasaron como un relámpago en el apuro de ponerse al día. Para mediados de semana, todo estaba bajo control… todo, es decir, excepto una cosa: la conciencia lo atormentaba.

José no había asistido a misa el domingo mientras estaba esquiando, pero ese no era el problema. Después de todo, estaba viajando, y no sabía dónde estaba la Iglesia Católica.

El problema era el sábado en la noche. El problema era Cyndy.

José la había conocido temprano ese mismo día mientras estaban juntos en la telesilla, y entonces habían acordado encontrarse para cenar esa noche en el hotel. Lo demás, bueno, simplemente sucedió.

El sábado en la noche era una nueva experiencia para José, en cierta manera atrasada, pensó. Al principio se sintió extrañamente contento consigo mismo, más refinado, en la flor de su vida. No obstante, después de unos cuantos días de reflexión, la culpa estaba arrojando una sombra negra sobre cada recuerdo. Tenía que hacer algo.

«Puede comenzar su confesión ahora mismo» —dijo el sacerdote Sweeney.

La voz familiar del sacerdote asustó a José e hizo que sus pensamientos volvieran al confesionario. El sacerdote Sweeney había deslizado y abierto un panel de madera que cubría la pequeña ventana entre las dos cabinas. La ventana de plástico translúcido tenía pequeños agujeros para permitir que pasara el sonido, pero ocultaba casi toda la luz. José podía ver la silueta del pastor que se perfilaba sobre la ventana mientras esperaba que José respondiera.

José inclinó la cabeza y, haciendo la señal de la cruz, comenzó su confesión. «En el nombre del Padre, y del Hijo, y del Espíritu Santo. Amén. Bendígame señor cura, porque he pecado. Ya han pasado dos años desde mi última confesión.»

«Ese es un tiempo muy largo» —recalcó el sacerdote Sweeney—. Es bueno que haya vuelto al sacramento de la reconciliación. Quiero que se sienta libre de contarme lo que tiene en su corazón.» Luego, con más formalidad, el sacerdote Sweeney comenzó a recitar *El rito de la penitencia según el ritual romano*:[1] «Que Dios, quien ha iluminado todos los corazones, te ayude a conocer tus pecados y a confiar en su misericordia. Acudamos a Jesús, quien sufrió para salvarnos y se levantó de nuevo para nuestra justificación.» Luego, después de leer unos cuantos versículos de las Escrituras, el sacerdote Sweeney hizo una pausa y añadió: «Ahora puede confesar sus pecados.»

José comenzó hablando rápido: «Perdóneme señor cura, porque he pecado. Confieso que yo, yo...» titubeó y se detuvo. Cuando era niño, José siempre había tenido preparada una lista de pecados para recitar: *Le falté el respeto a mi madre tres veces; mentí ocho veces; fui poco amable con mis hermanas diez veces; robé las monedas de la cartera de mi madre dos veces....* Pero esta vez era diferente. Esta era la primera vez que tenía que confesar un pecado sexual grave.

José comenzó de nuevo: «Confieso que falté a misa unas diez veces; mentí cuatro veces; hice trampa en un examen en la escuela. Y... tuve relación sexual con una muchacha... una vez.»

Después de una larga pausa, el sacerdote Sweeney respondió con calma. «Faltar a misa es una ofensa grave. Le priva a usted de la ayuda que necesita para evitar el pecado.» Luego el anciano sacerdote explicó pacientemente a José cómo el descuidar los sacramentos le había conducido al fracaso moral. Terminó con una pregunta, «¿Se da cuenta que la fornicación es un pecado serio?»

«Sí, lo sé» —respondió José sinceramente.

«Muy bien —dijo el sacerdote con tono paternal—. Para su penitencia quiero que diga el rosario. Necesita ser más diligente en su recepción de los sacramentos y evitar situaciones que le hagan pecar. Ahora haga un acto de contrición.»

José no lo podía creer. *¿Eso es todo?*, pensó para sus adentros. *¿Eso es todo lo que va a decir?*

Aliviado de que lo peor había pasado, José comenzó a orar *El Acto de Contrición*:

> O Dios mío, me arrepiento sinceramente por haberte ofendido. Y detesto todos mis pecados debido a tu justo castigo, pero más que nada porque te ofenden a ti, mi Dios, quien eres todo bien y merecedor de todo mi amor. Resuelvo firmemente con la ayuda de tu gracia confesar mis pecados, hacer penitencia, y enmendar mi vida. Amén.

Levantando un brazo, el sacerdote Sweeney comenzó a orar en voz litúrgica:

> Dios, el Padre de misericordias, mediante la muerte y resurrección de su Hijo ha reconciliado el mundo a sí mismo y enviado el Espíritu Santo entre nosotros para el perdón de los pecados; mediante el ministerio de la Iglesia, que Dios te otorgue perdón y paz y te absuelva de tus pecados en el nombre del Padre, y del Hijo, y del Espíritu Santo.

Con esas palabras, José podía ver por la sombra del brazo del sacerdote Sweeney que estaba haciendo la señal de la cruz. José respondió con un suave «Amén».

El sacerdote concluyó el rito con una oración:

> Que la pasión de nuestro Señor Jesucristo, la intercesión de la Bendita Virgen María y de todos los santos, que cualquier bien que tu hagas y sufrimiento que soportes, sane tus pecados, te ayude a crecer en santidad, y te recompense con vida eterna. Ve en paz.

José salió del confesionario sin demora y se dirigió al frente de la iglesia. Allí se arrodilló ante el altar e hizo su penitencia.

Diez minutos más tarde terminaba con las oraciones. La conciencia de José se había callado. Una nube negra comenzaba a levantarse. Salió de la iglesia y se dirigió a la casa.

Pero mientras se iba, un pensamiento comenzaba lentamente a formarse en su mente: *Eso no fue tan malo. Diez minutos de penitencia. Quizás el pecado no era tan malo después de todo. ¡Casi valía la pena!*

Bueno, quizás sí, quizás no, porque, según la Iglesia Católica Romana, José podría haber perdido más que su virginidad el sábado en la noche. Podría haber perdido su alma, puesto que el pecado de José era un pecado mortal.

PECADO MORTAL Y VENIAL
[1849-1876]

La Iglesia Católica Romana enseña que hay dos categorías de pecado [1854]. La primera es *mortal* [1855, 1874]:

> Cometemos *pecado mortal* cuando transgredimos un mandamiento de Dios en una materia grave, con pleno conocimiento y deliberado consentimiento de la voluntad. Un materia grave es, por ejemplo, incredulidad, odio al prójimo, adulterio, robo de cuantía mayor, asesinato, etc.
>
> —*Dogmatic Theology for the Laity*[2]

Así como el pecado original destruyó la vida de Dios en Adán, así también el pecado destruye la vida de Dios en los católicos bautizados [1855]. Por eso, la Iglesia Católica llama a este pecado *mortal*, de la palabra latina para *muerte*. El pecado mortal destruye el alma y, si no hay arrepentimiento, trae el castigo eterno [1033, 1861, 1874].

La segunda clase de pecado, según la Iglesia Católica, es el *pecado venial* [1862, 1875]:

> Cometemos un pecado venial (un pecado que puede ser perdonado fuera de la confesión) cuando transgredimos un mandamiento de Dios, ya sea en un asunto que no es tan serio, o sin el pleno conocimiento, o sin pleno consentimiento de la voluntad ... por ejemplo, distracción deliberada en la oración, robo de menor cuantía, holgazanería, mentiras piadosas, falta de amor y generosidad en cosas pequeñas, etc.
>
> —*Dogmatic Theology for the Laity*[3]

La Iglesia Católica llama a estos pecados *veniales* de la palabra latina *venia,* que significa *perdón*. Dios perdona al pecador de estos pecados de menor importancia si se confiesan a Dios en oración y sincero arrepentimiento. Los pecados veniales debilitan la vitalidad espiritual de la persona y la hacen individualmente más susceptible a pecados mayores. Pero a diferencia de los pecados mortales, los pecados veniales no destruyen la vida del alma ni acarrean el castigo eterno [1855].

Los teólogos catolicorromanos comparan la manera en que los pecados mortales y veniales afectan al alma con la forma en que las enfermedades afectan al cuerpo. La mayoría de las dolencias son menores. El sistema de inmunización del cuerpo las rechaza y finalmente restaura la salud. Un pecado venial es como una enfermedad de menor importancia del alma. Estorba la espiritualidad y reduce la resistencia a la tentación, pero la vitalidad del alma sobrevive [1863].

El pecado mortal es un golpe de muerte. Mata el alma tan seguramente como una enfermedad fatal mata el cuerpo. Cuando un católico que ha recibido la gracia santificante por medio del bautismo comete un pecado mortal pierde esa gracia [1861].[4] Aunque por el bautismo había sido justificado, debido al pecado mortal pierde la gracia de la justificación, o, podría decirse, es *desjustificado.*[5] Se vuelve un hijo de ira y está destinado al infierno [1033, 1861, 1874]. Y así como un cuerpo muerto no tiene capacidad para restaurarse a la vida por sí mismo, la Iglesia Católica enseña que un alma herida de muerte por pecado mortal no puede revivirse a sí misma. El pecador debe acudir a la Iglesia Católica y al sacramento de la penitencia [1446, 1856].[6]

EL SACRAMENTO DE LA PENITENCIA

[976-987, 1422-1498]

La Iglesia Católica Romana enseña que el sacramento de la penitencia restablece una relación correcta entre Dios y el católico descarriado. En consecuencia, la Iglesia se refiere a la penitencia como al sacramento de *reconciliación* [1424].

El sacramento de la penitencia tiene varios paralelos con el sacramento del bautismo [980]. Así como el bautismo da gracia santificante al alma que está muerta debido al pecado de Adán, el sacramento de la penitencia restaura la gracia santificante al alma que está muerta debido al pecado mortal [987, 1446]. El bautismo justifica, mientras que la penitencia, podría decirse que *rejustifica.* Mediante la penitencia, aquellos «que por el pecado cayeron de la gracia ya recibida de la justificación, nuevamente podrán ser justificados....»[7]

Así como el bautismo es necesario para la salvación del infante nacido con pecado original, así también la penitencia es necesaria para la salvación del católico bautizado que ha cometido un pecado mortal. No obstante, a diferencia de la recepción del bautismo, algo que es relativamente simple, el sacramento de la penitencia involucra varios requisitos [1448, 1491].

La confesión del pecado

[1455-1458, 1493]

Los católicos a menudo se refieren al sacramento de la penitencia como el *sacramento de la confesión*, o simplemente *confesión*, porque en el rito, el católico revela sus pecados a un sacerdote [1424]. El pecador debe examinar cuidadosamente «todos los senos y escondrijos de su conciencia»[8] y confesar todo pecado mortal que encuentre. La Iglesia también recomienda la confesión sacramental de los pecados veniales, pero no lo exige [1493].

La contrición del pecador

[1430-1433, 1450-1454, 1490-1492]

Antes de que el sacerdote perdone al católico culpable de pecado mortal, la persona debe demostrar tristeza por sus pecados y la determinación de que evitará el pecado en el futuro. Los católicos generalmente expresan esto mediante una oración llamada *Acto de Contrición.*

El juicio por el sacerdote

[1441-1445, 1461-1467, 1485]

El catolicismo romano enseña que aunque sólo Dios puede perdonar pecados, Él ha ordenado hacerlo mediante la Iglesia Católica [1441-1445]. En consecuencia, en el sacramento de la penitencia, el sacerdote es responsable de juzgar al pecador. El sacerdote puede primero formular varias preguntas para establecer las circunstancias del pecado y para medir la culpa de la persona. Luego determina si el pecador está verdaderamente arrepentido y ha determinado no repetir el pecado. Basado en esta información, el sacerdote decide si perdonará o no al pecador.[10]

La absolución por el sacerdote

[1441-1445, 1449, 1461-1467, 1495]

Si el sacerdote perdona al pecador, como generalmente lo hace, entonces le administra la absolución. Absolver significa *dejar libre*, *liberar de las consecuencias de la culpa.* La Iglesia Católica enseña que «...la forma del sacramento de la penitencia, en que principalmente está puesta su virtud, consiste en aquellas palabras del ministro: *Yo te absuelvo* de tus pecados....»[11] La absolución libera del castigo eterno a la persona culpable de pecado mortal. Efectivamente, la Iglesia afirma que «no hay ninguna falta por grave que sea que la Iglesia no pueda perdonar».[982] Esta absolución no es simplemente una declaración de que Dios ha perdonado al pecador, sino un acto judicial del sacerdote.[12]

Penitencia por el pecador

[1434-1439, 1459-1460, 1494]

El requisito final antes de que un pecado pueda perdonarse totalmente es que el pecador debe satisfacer a Dios por el pecado.

Liberado del pecado, el pecador debe todavía recobrar la plena salud espiritual. Por tanto, debe hacer algo más para reparar sus pecados: debe «satisfacer» de manera apropiada o «expiar» sus pecados. Esta satisfacción se llama también «penitencia».

—*Catecismo de la Iglesia Católica*[1459]

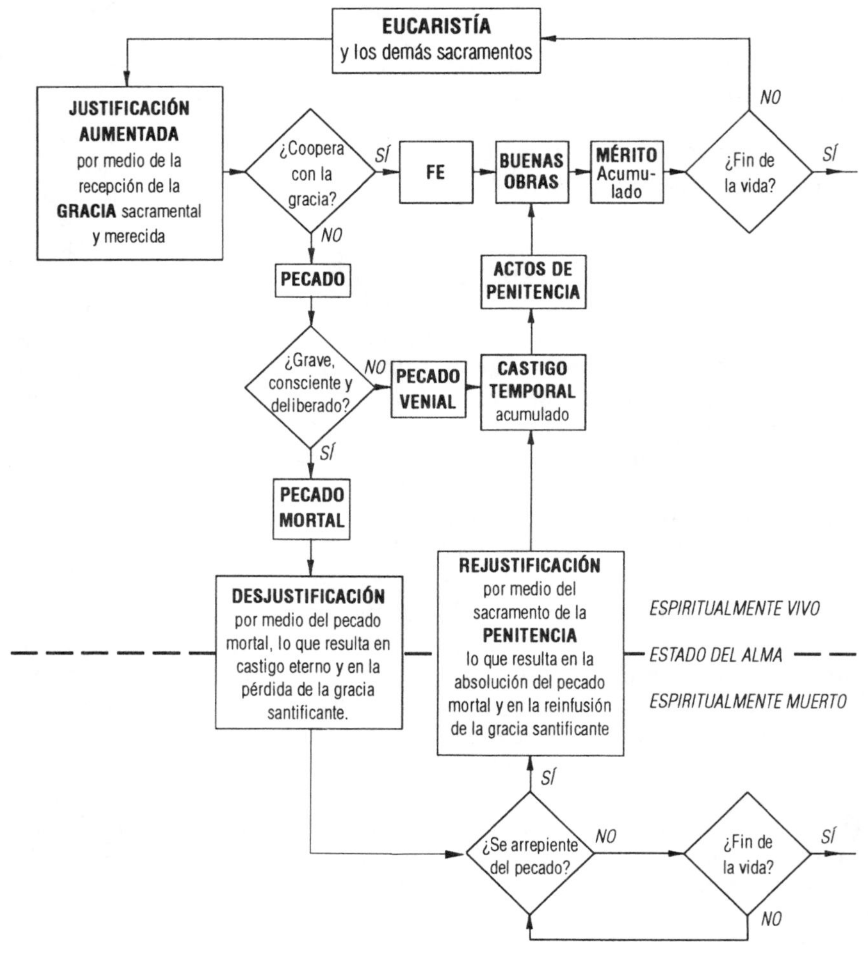

Figura 4.1
La rejustificación

Para ayudar a que la persona haga reparación por su pecado, el sacerdote le impone un *acto de penitencia*. Esto se selecciona de «según la calidad de las culpas y la capacidad de los penitentes».[13] Puede consistir en un ayuno, en ofrendas caritativas a los pobres, privaciones voluntarias, servicio al prójimo, o realizar algún ejercicio devocional [1460]. Generalmente, la penitencia es recitar cierto número de oraciones como el *Padre Nuestro* y/o el *Ave María*. (El *acto de penitencia*, el castigo que satisface por el pecado, no debe confundirse con el *sacramento de la penitencia*, el rito de reconciliación sacramental.)

La Iglesia Católica Romana recomienda la confesión sacramental regular para todos los católicos [1458]. Los que no sean culpables de pecado mortal deben confesar sus «...faltas veniales y mencionar algún pecado ya confesado en una confesión anterior»[14] [1493]. De esta forma, el católico puede beneficiarse de la gracia actual suministrada por el sacramento y así evitar pecados futuros [1496]. La ley de la Iglesia Católica requiere que los católicos confiesen pecados graves por lo menos una vez al año [2042].[15] «Quien tenga conciencia de haber cometido pecado mortal, no debe recibir la Santa Comunión, aun cuando experimente profunda contrición, sin haber antes recibido la absolución sacramental....»[1457]

UNA RESPUESTA BÍBLICA

Desde el Concilio Vaticano II, el clero y laicado católicos por igual han estado reevaluando el papel del sacramento de la reconciliación. Las preguntas concernientes a la forma en que debe administrarse el sacramento (individualmente o en grupo), cuán a menudo debe recibirse, y hasta si el sacramento es realmente necesario han resultado en la más baja participación que se ha registrado hasta ahora.

Sin embargo, la enseñanza oficial de la Iglesia Católica sigue siendo la misma. El sacramento de la penitencia es «... la única forma ordinaria por la cual la persona fiel que es consciente de un pecado grave puede reconciliarse con Dios y con la Iglesia....»[16]

Las Escrituras no contienen semejante mandato. Al contrario, la Biblia enseña que:

- La confesión se hace a Dios, no a un sacerdote.
- La satisfacción por el pecado está en la sangre de Cristo, no en actos de penitencia.
- Todo pecado es mortal; ningún pecado es venial.

SEGÚN LA BIBLIA, LA CONFESIÓN ES A DIOS SOLAMENTE

Cuando el rey David se arrepintió de su adulterio confesó su pecado *directamente a Dios*. Sin sacerdote. Sin ritual. Sin sacramento. Sólo un hombre traspasado de dolor confesando su pecado ante su Hacedor. Más tarde, David escribió del incidente en un salmo a Dios, diciendo:

> Mi pecado te declaré, y no encubrí mi iniquidad.
> Dije: Confesaré mis transgresiones a Jehová;
> Y tú perdonaste la maldad de mi pecado.
>
> —Salmo 32:5

La confesión directamente a Dios fue también la experiencia de Nehemías (Neh. 1:4-11), de Daniel (Dn. 9:3-19), y Esdras (Esd. 9:5-10). A pesar de que él mismo era un sacerdote levítico, Esdras dijo al pueblo de Dios que se confesara «a Jehová Dios de vuestros padres» (Esd. 10:11).

Los cristianos del Nuevo Testamento también pueden ir directamente a Dios con sus pecados.[17] No van a un juez, sino a su Padre con Jesús al lado de ellos. «... y si alguno hubiere pecado, abogado tenemos para con el Padre, a Jesucristo el justo» (1 Jn. 2:1). Acuden a Dios confiados en que él los oirá: «Acerquémonos, pues, confiadamente al trono de la gracia, para alcanzar misericordia y hallar gracia para el oportuno socorro» (He. 4:16). Acuden con la promesa de Dios de que él los perdonará: «Si confesamos nuestros pecados, él es fiel y justo para perdonar nuestros pecados, y limpiarnos de toda maldad» (1 Jn. 1:9).

La Iglesia Católica Romana, por otra parte, enseña que los católicos deben confesar todos los pecados graves a un sacerdote en el sacramento de la penitencia. Esta obligación, dice, está inferida en la autoridad judicial del sacerdocio. Cristo dio este poder, afirma la Iglesia Católica, a los sacerdotes cuando apareció a los apóstoles, sopló sobre ellos, y dijo:

> Y habiendo dicho esto, sopló, y les dijo: Recibid el Espíritu Santo. A quienes remitiereis los pecados, les son remitidos; y a quienes se los retuviereis, les son retenidos.
>
> —Juan 20:22, 23

La Iglesia Católica enseña que con estas palabras, el Señor dio a los sacerdotes el poder para juzgar y perdonar a cristianos que habían caído en pecado [976, 1461, 1485]. El sacramento de la penitencia, afirma, es la aplicación lícita de esa autoridad.

Sin embargo, en Juan 20:22, 23, el Señor no está hablando a un grupo de obispos o sacerdotes ordenados. Los oyentes eran un grupo compuesto de diez de los apóstoles con varios otros discípulos. Por tanto, no hay razón para restringir la aplicación al clero ordenado. Además, no hay un solo ejemplo bíblico del sacramento de la confesión a un sacerdote en todo el Nuevo Testamento.

Asimismo, el relato de Lucas del mismo acontecimiento muestra que

Jesús no estaba estableciendo un sacramento para la Iglesia, sino que estaba hablando de la responsabilidad de sus discípulos de proclamar el evangelio a los perdidos:

> Y les dijo: Así está escrito, y así fue necesario que el Cristo padeciese, y resucitase de los muertos al tercer día; y que se predicase en su nombre el arrepentimiento y el perdón de pecados en todas las naciones, comenzando desde Jerusalén. Y vosotros sois testigos de estas cosas.
>
> —Lucas 24:46-48

Los discípulos debían ir y proclamar el perdón de los pecados mediante Jesucristo. Ellos iban a ser los testigos del Señor, no los confesores de cristianos.

Esto es exactamente lo mismo que encontramos a los discípulos haciendo en el libro de Hechos. Pedro, por ejemplo, proclamó el evangelio de Cristo a Cornelio, diciendo, «...que todos los que en él creyeren, recibirán perdón de pecados por su nombre» (Hch. 10:43). Cuando el Espíritu Santo vino sobre Cornelio y su familia, Pedro se dio cuenta de que sus oyentes habían creído. Luego proclamó que estaban perdonados y aceptados por Dios: «Entonces respondió Pedro: ¿Puede acaso alguno impedir el agua, para que no sean bautizados estos que han recibido el Espíritu Santo también como nosotros? Y mandó bautizarles en el nombre del Señor Jesús...» (Hch. 10:47, 48).

Hubo también ocasiones en que los discípulos hallaron que era necesario proclamar que los pecados de algunos fuesen retenidos. Simón el mago fue una de esas personas. Simón oyó el evangelio, dijo que creía, y fue bautizado. Poco después reveló su verdadero motivo: pensó que podía obtener poderes mágicos de los apóstoles. Pedro le dijo a Simón que todavía estaba en sus pecados (Hch. 8:21, 22).

Un punto final apoya la interpretación de Juan 20:22, 23 como que enseña que los discípulos debían proclamar el perdón de Dios como testigos: Juan 20:23 usa un tiempo de verbo muy importante. El Señor no dijo: «Si perdonáis los pecados de cualquiera, sus pecados *les serán* perdonados.» Tampoco dijo: «Si perdonáis los pecados de cualquiera, sus pecados *han sido* perdonados» [cursivas agregadas].

Aquí Jesús usa el tiempo *perfecto* del griego. «Esto implica un proceso, pero ve ese proceso como habiendo alcanzado su consumación y existiendo en un estado consumado.»[18] Esto significa que los discípulos tenían autoridad para declarar perdón a quienes Dios *ya había perdonado*.

En cuanto a la interpretación catolicorromana podríamos preguntar cómo es posible que un sacerdote juzgue a un individuo anónimo (a quien él ni siquiera puede ver con claridad) basado en unos cuantos minutos de discusión. ¿Cómo puede un hombre ver dentro del corazón de otro y medir la seriedad de su pecado, el grado de culpa, y la profundidad de su contrición, y luego asignar la satisfacción divina por ese pecado? «... ¿Quién puede perdonar pecados, sino sólo Dios?» (Mr. 2:7).

LA SATISFACCIÓN BÍBLICA POR EL PECADO ESTÁ EN LA SANGRE DE CRISTO SOLAMENTE

Según el catolicismo romano, el pecado tiene una doble consecuencia: la pena *eterna* y la pena *temporal* [1472]. El pecado mortal acarrea el castigo eterno, el destierro de la presencia de Dios para sufrir en el infierno *para siempre*. Todo pecado, sea mortal o venial, acarrea pena temporal, pena que dura por un período de tiempo *limitado*.

La pena temporal, según la Iglesia Católica, no es simplemente las consecuencias naturales de una vida pecaminosa o necia, como se habla en el libro de Proverbios. Tampoco es meramente el castigo correctivo de un Padre amante, como se describe en Hebreos 12:4-11. Más bien, la pena temporal, dice la Iglesia Católica, resulta de la naturaleza misma del pecado [1472]. Es un castigo que debe ser pagado aun cuando un pecado haya sido perdonado [1473].

Los católicos creen que ellos pueden pagar la pena temporal en esta vida mediante *actos de penitencia* o en el más allá (como lo veremos en el siguiente capítulo) mediante el sufrimiento en un lugar llamado *purgatorio* [1030-1032, 1472].

Los actos de penitencia incluyen decir oraciones especiales, ayunar, privaciones personales, dar dinero a los pobres, y aceptar las tribulaciones y desilusiones de la vida. Algunos católicos participan en formas de penitencia más extremas, como la autoflagelación, el uso de camisas de cerda o cadenas con púas, el caminar de rodillas a un santuario o iglesia, o dormir sobre un piso de piedra [1460].

El acto de penitencia más común es la satisfacción por el pecado que un sacerdote asigna al católico después de oír su confesión. Esto se define como

> el soportar voluntariamente la pena impuesta por el confesor a fin de compensar por la ofensa hecha a Dios y redimir o expiar por la pena temporal que ordinariamente se adeuda aún después que el pecado ha sido perdonado.
>
> —*Manual of Dogmatic Theology*[19]

La Biblia, por otra parte, enseña que cuando Dios perdona, perdona todo, sin que quede el más mínimo vestigio:

> ...si vuestros pecados fueren como la grana, como la nieve serán emblanquecidos; si fueren rojos como el carmesí, vendrán a ser como blanca lana.
>
> —Isaías 1:18

Cristo satisfizo perfecta y totalmente los pecados en la cruz: «Y él es la propiciación por nuestros pecados...» (1 Jn. 2:2).

La idea catolicorromana de que un pecador debe pagar por la pena temporal de sus pecados es equivalente a decir que la sangre de Cristo no fue suficiente y que, por tanto, Dios requiere algo más. Además, hace que el pecador, al menos en parte, sea su propio salvador. El pecador, así como Cristo, puede «compensar por haber herido a Dios».[20]

Finalmente, ¿cuál es el resultado cuando un pecador confiesa un pecado grave a un sacerdote y luego le dicen que él puede expiar por la pena temporal del pecado haciendo algo tan simple como decir unos cuantos Ave Marías y Padres Nuestros? El pecador sólo puede llegar a la conclusión de que el pecado no es muy serio.

TODO PECADO ES MORTAL

Precisamente, ¿cuán grave es el pecado? La Biblia enseña que la consecuencia espiritual de todo pecado es la pena de muerte, la separación eterna de Dios en el lago de fuego (Ap. 20:14, 15): «... el alma que pecare, esa morirá» (Ez. 18:4); «Porque la paga del pecado es muerte...» (Ro. 6:23).

Con esto no quiere decirse que todo pecado es igualmente inicuo o aborrecible a Dios. Las Escrituras enseñan que algunos pecados son peores que otros y serán juzgados como corresponda (Jn. 19:11; Mt. 10:15). Jesús enseñó que habrá grados de castigo eterno en el infierno (Lc. 12:47, 48). Sin embargo, el Señor nunca hizo diferencia alguna entre los pecados en términos de su pena final.[21] Jesús enseñó que todo pecado asegura el castigo eterno en el infierno. Enseñó que el pecado de la ira trae el mismo castigo que el pecado de homicidio (Mt. 5:21, 22), y el pecado de lascivia la misma pena que el pecado de adulterio (Mt. 5:27-30).

Por otra parte, el catolicismo romano enseña que algunos pecados son «pecados leves»,[1863] infracciones menores de las leyes morales de Dios [1862-1863]. El decir una mentira pequeña o robar algo barato de alguna forma es diferente a decir una gran mentira o cometer un robo enorme. Ellos dicen que los pecados pequeños, los pecados veniales, no resultan en la pena eterna.

Además, la Iglesia Católica Romana enseña que, aunque los pecados veniales pueden inclinar a la persona a cometer un pecado mortal en el futuro, ni siquiera la práctica corriente de los pecados veniales garantiza el castigo eterno. Un católico bautizado que no comete pecado mortal permanece en un estado de gracia aunque sea habitualmente culpable de una multitud de pecados veniales [1863].

Las Escrituras, por otra parte, enseñan que si la vida de una persona se caracteriza por cualquier clase de pecado, no debería considerarse a sí mismo un cristiano nacido de nuevo:

> Hijitos, nadie os engañe; el que hace justicia es justo, como él es justo. El que practica el pecado es del diablo.... Todo aquel que es nacido de Dios, no practica el pecado....
>
> —1 Juan 3:7-9

La Iglesia Católica también dice que si existen circunstancias mitigantes, ni siquiera el pecado más grave merece el castigo eterno. Enseña que para que un pecado sea mortal, se requieren tres condiciones [1857-1862]:

- El pecado debe ser grave. El acto impío debe ser una grave ofensa contra Dios o contra alguna otra persona.
- El pecador debe ser consciente. El que realiza el acto debe tener pleno conocimiento de que lo que está haciendo es una falta muy grave.
- El pecado debe ser deliberado. El pecador debe saber que puede resistir la tentación y, a pesar de esto, decide intencionalmente hacer el mal.

Si el pecado no cumple uno de estos requisitos, no merece el castigo eterno, no importa cuán malo dicho acto pudiera ser.

En la práctica, estas condiciones se vuelven excusas hechas a la medida para la criminalidad. Por ejemplo, considérese una persona que ha desplegado una baja capacidad para resistir cierto pecado. Según la teología catolicorromana, su pecado quizás no sea completamente deliberado: «La libertad de nuestra voluntad puede verse impedida por nuestra disposición natural, la influencia de una crianza inapropiada, compulsión interna o externa, o la fuerza de una pasión violenta y repentina.»[22] Por tanto, si una persona en dicha condición fuera a cometer un pecado gravemente malo, no es un pecado mortal. El sacerdote Melvin L. Farrell explica cómo esto podría aplicarse a la tentación sexual:

> Por ejemplo, la costumbre de masturbarse puede estar temporalmente más allá de los sinceros esfuerzos de una persona joven para vencerla. En un momento de descuido, una pareja que piensa casarse puede sucumbir a su pasión mutua. Una persona puede tener una obsesión por los actos homosexuales que aparentemente no puede controlar. El tildar automáticamente a todas esas personas de culpables de pecado mortal sería injustificado
>
> —*A Catholic Catechism for Parents and Teachers*[23]

Como consecuencia, aunque la Biblia enseña que todos los pecados son mortales, la Iglesia Católica enseña que ningún pecado es necesariamente mortal. Y, aunque la Biblia nunca menciona el pecado venial, la Iglesia Católica enseña que cada pecado podría ser potencialmente venial.

UN PROBLEMA SUBESTIMADO

En el Sermón del Monte Jesús enseñó: «Por tanto, si tu ojo derecho te es ocasión de caer, sácalo, y échalo de ti ... Y si tu mano derecha te es ocasión de caer, córtala, y échala de ti...» (Mt. 5:29, 30). ¿Por qué un tratamiento tan severo? «Pues mejor te es que se pierda uno de tus miembros, y no que todo tu cuerpo sea echado al infierno» (Mt. 5:29). Las consecuencias eternas son tan aterradoras que, si la mutilación física pudiera proteger a uno del pecado, esta sería una mejor alternativa que ir a parar al infierno.

Dios permite que el peso total del pecado caiga sobre el pecador para que éste clame a gritos: «¿Qué debo hacer para ser salvo?» (cp. Hch. 16:30). Es el pecador convencido quien se da cuenta que necesita un Salvador. Esta es la persona que, al enterarse del evangelio, se aferra a la cruz como un hombre que se está ahogando se aferra de un salvavidas. Esta es la persona que sabe que aunque merece ir al infierno más de 1000 veces, la sangre de Jesucristo ha hecho plena satisfacción por cada uno de sus pecados: pasados, presentes y futuros.

La teología catolicorromana, por otra parte, consecuentemente socava la gravedad del pecado y sus consecuencias, más especialmente al enseñar que la mayoría de los pecados no son pasibles de muerte.

Esa es una mentira que es tan vieja como el mundo mismo. Poco después que Dios advirtiera a Adán y Eva que si le desobedecían ellos «ciertamente» morirían (Gn. 2:17), Satanás le dijo a Eva: «No moriréis» (Gn. 3:4).

Esta misma mentira ha engañado a incontables católicos romanos. Como resultado, casi todos viven la vida inconscientes de la magnitud de su culpa ante Dios. Al subestimar el problema, prestamente abrazan una solución inadecuada y defectuosa: el evangelio según Roma.

NOTAS

1. El rito católico de la penitencia está abreviado en esta introducción. Para el rito completo, véase *The Rites of the Catholic Church* (Nueva York: Pueblo Publishing Co., 1990), pp. 517-548.
2. Matthias Premm, *Dogmatic Theology for the Laity* (Rockford, IL: Tan Books, 1967), p. 373.
3. *Ibid.*, p. 374.
4. Como se explicó en el Capítulo 1, según la teología catolicorromana, con la infusión de la gracia santificante vienen los dones del Espíritu Santo y la infusión de la virtud, más notablemente la caridad [1803-1845]. Por lo tanto, en la teología católica, poseer caridad se equipara con estar en un

estado de gracia. A la inversa, el que ha perdido la caridad mediante pecado mortal, ha perdido la gracia santificante en su alma. Por ejemplo, el *Catecismo de la Iglesia Católica* declara que el pecado mortal «...resulta en la pérdida de la caridad y la privación de gracia santificante, es decir, del estado de gracia».[1861] Otras veces el *Catecismo* simplemente declara: «*El pecado mortal* destruye la caridad en el corazón del hombre...»[1855].

5. Aunque las palabras usadas en este libro, *desjustificación* y *rejustificación*, no se usan en los documentos católicos romanos, pueden hallarse expresiones equivalentes. El Concilio de Trento declaró:
   Los que mediante el pecado hayan perdido la gracia de justificación recibida, pueden ser justificados de nuevo cuando, movidos por Dios, se esfuercen por obtener mediante el sacramento de la penitencia, la recuperación, por los méritos de Cristo, de la gracia perdida. (Véase Concilio de Trento, sesión 6, «Decreto sobre la justificación», capítulo 14. Traducción de H. J. Schroeder, *Canons and Decrees of the Council of Trent* [Rockford, IL: Tan Books and Publishers, 1978], p. 39.)
   El proceso por el cual los católicos bautizados, «mediante el pecado hayan perdido la gracia de justificación recibida», se resume en este libro como la *desjustificación*. El proceso por el cual los católicos «pueden ser justificados de nuevo» se expresa aquí como la *rejustificación*.
   La *desjustificación* no debe entenderse como un regreso a ese estado en que la persona existía antes del bautismo. La Iglesia Católica enseña que el bautismo imprime un carácter indeleble en el alma [1272-1274, 1280]. Además, el sacramento se confiere principalmente para quitar el pecado original. Cuando una persona comete un pecado mortal, aunque pierda la gracia santificante en su alma, el pecado original no regresa y el sello del bautismo no se elimina. Por lo tanto, una persona puede ser bautizada sólo una vez, y la gracia perdida después del bautismo debe restaurarse mediante el sacramento de la penitencia.
   En forma similar, no debería entenderse que la rejustificación significa la remoción del pecado original, del sello del carácter del bautismo, y otros efectos que son singulares al bautismo. Más bien, aquí se usa para referirse a la restauración de la vida de gracia mediante el sacramento de la penitencia. (Cp. Concilio de Trento, sesión 7, «Cánones sobre los sacramentos en general», canon 9; Tomás de Aquino, *Summa Theologica*, parte III, pregunta 66, artículo 9.)
6. El canon 960 del Código de la Ley Canónica expresa el requisito para la confesión del individuo mientras que al mismo tiempo da lugar a la excepción de que: «La confesión y absolución individual e integral constituyen la única manera ordinaria por la cual la persona fiel que es consciente de un pecado grave es reconciliada con Dios y con la Iglesia; sólo la imposibilidad física o moral puede excusar a la persona de la confesión de este tipo, en cuyo caso la reconciliación puede lograrse de otras maneras.»
   La contrición perfecta, dice la Iglesia Católica, es una de esas maneras: «Cuando brota del amor de Dios amado sobre todas las cosas, la contrición se llama "contrición perfecta" (contrición de caridad). Semejante

contrición perdona las faltas veniales; obtiene también el perdón de los pecados mortales si comprende la firme resolución de recurrir tan pronto sea posible a la confesión sacramental» [1452] [1492].

7. Concilio de Trento, sesión 6, «Decreto sobre la justificación», capítulo 14. Traducción de H. J. Schroeder, *Canons and Decrees of the Council of Trent* (Rockford, IL: Tan Books and Publishers, 1978), p. 39.
8. Concilio de Trento, sesión 14, «Los Santísimos sacramentos de la Penitencia y la Extrema Unción», capítulo 5, traducción de H. J. Schroeder, *Canons and Decrees of the Council of Trent* (Rockford, IL: Tan Books and Publishers, 1978).
10. El Código de la Ley Canónica define el papel del sacerdote en el confesionario como el de un juez: «Al oir las confesiones, el sacerdote debe recordar que actúa como juez y también como sanador, y es asignado por Dios como ministro de la justicia divina y también de la misericordia, preocupado por el honor divino y la salvación de las almas» (canon 978, sección 1). «Si el confesor no alberga dudas respecto a la disposición de un penitente que pide absolución, no debe negar ni demorar la absolución» (canon 980).
11. Concilio de Trento, sesión 14, «Enseñanza Concerniente al Santísimo Sacramento de la Penitencia y la Extrema Unción», capítulo 3.
12. Concilio de Trento, sesión 14, «Cánones Concernientes al Santísimo Sacramento de la Penitencia», canon 9.
13. Concilio de Trento, sesión 14, «Los Santísimos Sacramentos de la Penitencia y la Extrema Unción», capítulo 8. Traducción de H. J. Schroeder, *Canons and Decrees of the Council of Trent* (Rockford, IL: Tan Books and Publishers, 1978).
14. William J. Cogan, *A Catechism for Adults* (Youngtown, AZ: Cogan Productions, 1975), p. 80.
15. Código de la Ley Canónica, canon 989.
16. *Ibid.*, canon 960.
17. Hay circunstancias especiales en las que un cristiano también necesita admitir su culpa ante otra persona. Por ejemplo, si un cristiano ofendiera injustamente a otra persona, no sólo debe confesar el pecado a Dios, sino que debe ir y reconciliarse con la otra persona (Mt. 5:23, 24). Otro ejemplo podría ser el caso de una persona que debido a un pecado continuo ha sido colocada bajo disciplina en la iglesia (Mt. 18:15-20; 1 Co. 5:1-13). A fin de restaurarlo a la comunión de la iglesia, la persona culpable necesitaría confesar su pecado a los líderes de la iglesia. En respuesta al arrepentimiento del pecador, la iglesia debe «perdonarle y consolarle» (2 Co. 2:7). Un caso final podría ser una persona bajo castigo directo de Dios por algún pecado secreto. Posiblemente Dios lo ha herido con una grave enfermedad (Stg. 5:14). Las Escrituras dicen que esta persona debe llamar a los ancianos de la iglesia y confesar su pecado a ellos (Stg. 5:14). Dios promete que «la oración de fe salvará al enfermo, y el Señor lo levantará; y si hubiere cometido pecados, les serán perdonados» (Stg. 5:15). En este contexto, las Escrituras exhortan: «Confesaos vuestras ofensas unos a otros, y orad unos por otros...» (Stg. 5:16).

18. H. E. Dana y Julius R. Mantey, *A Manual Grammar of the Greek New Testament* (Toronto: Macmillan Company, 1955), p. 200.
19. A. Tanquerey, *A Manual of Dogmatic Theology* (Nueva York: Desclee, 1959), tomo II, p. 330.
20. *Ibid.*
21. Algunos eruditos católicos señalan a 1 Juan 5:17 como la base bíblica para dividir el pecado en categorías de mortal y venial [1854]. Juan escribe, «Toda injusticia es pecado; pero hay pecado no de muerte» (1 Jn. 5:17). El «pecado no de muerte», dicen ellos, es pecado venial. El pecado que conduce a la muerte, es pecado mortal.
    Esta interpretación ignora el contexto del pasaje. La epístola está escrita para cristianos que han sido influidos por la herejía del agnosticismo. Falsos profetas estaban enseñando que sólo el reino espiritual importaba. El comportamiento carnal del individuo no era pertinente. Hasta negaban que Jesús había venido en carne.
    Juan exhorta a los cristianos a que se aferren a la verdad. Les asegura que pueden orar con confianza porque Dios oirá y contestará sus peticiones (1 Jn. 5:14, 15). No obstante, Juan hace una excepción a esta promesa: «Si alguno viere a su hermano cometer pecado que no sea de muerte, pedirá, y Dios le dará vida; esto es para los que cometen pecado que no sea de muerte. Hay pecado de muerte, por el cual yo no digo que se pida» (1 Jn. 5:16). Los cristianos no debían interceder en oración por los que habían renunciado a Cristo y aceptado el agnosticismo. La razón de esta restricción es que no hay perdón para los que rechazan la única provisión de Dios por el pecado, Jesucristo el Salvador (He. 6:4-8).
    Primera de Juan 5:17, por lo tanto, no está hablando de diferentes castigos por el pecado, sino más bien, de una condición especial cuando la oración intercesora es inapropiada. Si una persona comete «pecado que no sea de muerte» (1 Jn. 5:16), en este caso el pecado de apostasía, no debe hacerse intercesión, porque Dios no está dispuesto a honrar ese pedido.
22. Matthias Premm, *Dogmatic Theology for the Laity* (Rockford, IL: Tan Books, 1967), pp. 373-374.
23. Melvin L. Farrell, *A Catholic Catechism for Parents and Teachers* (Milwaukee: Hi-Time Publishers, 1977), p. 133.

5

EL DESTINO FINAL

José, a los 58 años de edad

A pesar de que José continuó durmiendo, su respiración pesada y forzada había despertado a Margaret, su esposa. Ella encendió una lámpara y trató de despertarlo, pero José no respondía. Margaret estudió la forma en que respiraba: bocanadas poco profundas, diez por minuto, cada una puntualizada por un profundo gemido. Frenética, estiró la mano para alcanzar el teléfono.

La primera llamada de Margaret fue a los servicios de emergencia. «¡Creo que a mi esposo le ha dado un ataque al corazón! Por favor vengan pronto.» Después de hacer varias preguntas, el despachador le aseguró que una ambulancia estaba en camino.

La segunda llamada de Margaret fue al sacerdote Mario Sánchez, el cura de la parroquia. Aunque todavía estaba medio dormido, el anciano sacerdote prometió ir inmediatamente.

Cuando llegaron los paramédicos, Margaret se retiró en silencio a un rincón de la pieza. Desde allí observó cómo uno de los paramédicos comenzaba un examen de las señales vitales de José y el otro pasaba la información por teléfono a un médico en el hospital de la ciudad. Margaret no se dio cuenta de que el sacerdote Sánchez había entrado al cuarto hasta que lo oyó recitando en un susurro suave el *Rito de la Unción*,[1] el sacramento final.

Con una estola sobre sus hombros y una pequeña vasija de aceite en la mano izquierda, el anciano sacerdote se inclinó sobre la cama y ungió la frente de José con la señal de la cruz, rezando: «Mediante esta sagrada unción, que el Señor en su amor y misericordia te ayude con la gracia del Espíritu Santo.» Luego, mientras un paramédico inyectaba una línea intravenosa en el brazo izquierdo de José, el sacerdote Sánchez ungió la mano izquierda de José: «Que el Señor, quien te libra del pecado, te salve y te levante.»

Margaret sólo podía mirar con cara de incredulidad. *¡Esto no puede estar sucediendo!*

Los paramédicos, habiendo hecho todo lo que podían por José, lo levantaron y lo llevaron a la ambulancia en una camilla. A medida que el vehículo partía veloz, el sacerdote Sánchez ofrecía una bendición final a tiempo que hacía la señal de la cruz: «Que la bendición de Dios todopoderoso, el Padre, y el Hijo, y el Espíritu Santo, vengan sobre ti y permanezcan contigo para siempre. Amén.»

José murió tres horas después.

Las semanas que siguieron estuvieron llenas de duelo. El sacerdote Sánchez ayudó a la familia Lorente haciendo los arreglos para los ritos funerarios. Habría dos vigilias nocturnas en la casa funeraria. La familia solicitó que cada noche se recitara un rosario para José. El tercer día habría una misa funeraria seguida de una procesión al cementerio y el *rito del entierro.*

Margaret halló consuelo pensando en la vida de José: *Fue un hombre tan bueno, crió cuatro hijos, trabajó arduamente e iba a misa. Hasta recibió el último sacramento. Seguramente que irá al cielo.*

¿O no irá? Toda su vida, José —al igual que tantos otros sinceros católicos— hizo lo que la Iglesia Católica le dijo que hiciera. Pero, ¿hizo lo suficiente? ¿Hizo lo que Dios requiere? ¿Conduce al cielo el camino de salvación que ofrece la Iglesia Católica Romana?

LA PERSEVERANCIA FINAL Y EL JUICIO PARTICULAR

[1021-1022, 1051, 1274]

Piense en la salvación catolicorromana como un viaje por un camino, un largo camino con un fin incierto. El punto de partida es el bautismo. La sección del medio está compuesta de toda una vida de recibir los sacramentos y hacer buenas obras. La línea final es la muerte [1682-1683].

Para un católico, la muerte es el momento de la verdad. «En la muerte, la separación del alma y el cuerpo, el cuerpo del hombre entra en corrupción, mientras que su alma va al encuentro con Dios….»[997]. Allí, la persona se entera de si ha logrado la vida eterna o no. Este es un acontecimiento privado y personal llamado *juicio particular*. Aquí es donde Dios decide el destino final de una persona [1005, 1013, 1022, 1051].

A fin de pasar el juicio particular y finalmente llegar al cielo, un católico debe morir en estado de gracia [1010, 1052]. Esto significa que al momento de morir, su alma debe estar en posesión de gracia santificante. En dicho caso, se dice que el católico ha logrado la *perseverancia final*; ha conservado gracia en su alma hasta el fin [161, 1026, 2016].

Sin embargo, si una persona carece de gracia santificante en el momento de la muerte, Dios la destierra al castigo eterno [1022, 1033-37, 1056-1057]:

> Las almas de los que parten de esta vida en verdadero pecado mortal, o en pecado original solamente, bajan directamente al infierno a ser castigados, pero con dolores desiguales.
>
> —Concilio de Florencia[2]

La Iglesia Católica enseña que nadie sabe cuál será su destino final hasta el juicio particular [1036, 2005].[3] Cualquiera podría cometer un pecado mortal a último momento, morir en esa condición, y perderse eternamente. Por lo tanto, ningún católico vivo puede decir que es salvo en un sentido eterno. Más bien, *se está salvando* a medida que coopera con la gracia. Para *salvarse eternamente*, un católico debe perseverar hasta el fin [161-162, 1026]. Según la Iglesia Católica Romana, eso es lo que Jesús enseñó cuando dijo, «Mas el que persevere hasta el fin, éste será salvo» (Mt. 24:13).

EL PURGATORIO

[954, 958, 1030-1032, 1054, 1472]

El catolicismo romano enseña que si en el juicio particular Dios halla a una persona en estado de gracia, la salvación final del individuo está asegurada [1030]. No obstante, antes de que pueda entrar al cielo, la persona quizás necesite hacer expiación del castigo temporal por el que no pagó cuando estaba en la tierra [1022, 1030, 1682]. La Iglesia Católica enseña que los católicos deben hacer satisfacción por sus pecados.[4]

Algunos de los que pasan el juicio particular van directamente al cielo. Por ejemplo, a los infantes bautizados que murieron antes de llegar a la edad de responsabilidad se los considera libres de culpa y de castigos temporales. Por tanto, son lo suficientemente puros como para entrar de inmediato al cielo y gozar de la *visión beatífica*, una contemplación intuitiva de Dios [1023-1029].

Otro grupo que va directamente al cielo son los que han obrado arduamente o han sufrido lo suficiente en la tierra. Esto se aplicaría a algunos de los héroes de la fe católica a quienes la Iglesia Católica ha canonizado como santos.

No obstante, quizás el católico promedio no esté preparado para entrar inmediatamente al cielo:

> La gente que ha cometido muchos pecados, aun si sólo eran pecados veniales, pero que nunca han hecho penitencia por su propia cuenta y nunca trataron de ganar indulgencias de ninguna clase, tienen una pesada

> carga de castigo por expiar. Sin embargo, Dios no sólo es misericordioso, sino también supremamente justo. Si este castigo no fue expiado en la tierra, entonces él exige que dicha satisfacción se realice después de la muerte, «hasta ... el último cuadrante» (Mt. 5:26). Porque en el cielo «no entrará ... ninguna cosa inmunda» (Ap. 21:27). La experiencia también puede enseñarnos que la mayoría de los hombres en el momento de la muerte, ni son lo suficientemente buenos para el cielo ni lo suficientemente malos para la condenación eterna.
>
> —*Dogmatic Theology for the Laity*[5]

Los teólogos catolicorromanos no están de acuerdo respecto a la naturaleza del sufrimiento en el purgatorio. Algunos enseñan que el dolor en el purgatorio es mayormente una sensación de pérdida al estar separados de Dios. Otros, siguiendo a Tomás de Aquino, enseñan que las almas en el purgatorio sufren un dolor físico intenso y horrible debido al fuego [1031].

No está claro cuánto tiempo debe sufrir una persona en el purgatorio, puesto que el católico no sólo debe pagar por sus pecados sino que su alma debe ser «purgada con penas purificadoras después de la muerte».[6] La cantidad de tiempo que se requiere para realizar este fregado del alma varía de una persona a otra:

> Algunos pecados veniales se adhieren con más persistencia que otros, según como las afecciones sean más inclinadas a ellos y más firmemente fijadas en ellos. Y puesto que lo que se adhiere con más persistencia requiere más tiempo para limpiar, es natural que en el purgatorio algunos sufran un tormento más prolongado que otros, puesto que sus afecciones estaban saturadas de pecados veniales.
>
> —*Summa Theologica*[7]

Los católicos que todavía viven pueden ayudar a un ser querido fallecido que está en el purgatorio haciendo oraciones, dando limosnas y realizando buenas obras [958, 1032, 1475]. El católico puede luego ofrecer estos actos meritorios por la pobre alma que está en el purgatorio. La Iglesia Católica dice que el medio más eficaz de ayudar a los muertos es el sacrificio de la misa [1055, 1689]. Los feligreses pueden pedir a un sacerdote que diga una misa para beneficio de una persona que se piensa que está en el purgatorio. Normalmente, una pequeña donación de dinero acompaña a la solicitud.

LAS INDULGENCIAS

[1471-1479, 1498]

Otra forma en que los vivos pueden ayudar a los muertos es adquiriendo créditos especiales llamados *indulgencias* que cancelan el castigo temporal

[1032, 1471]. El catolicismo romano enseña que la Iglesia Católica tiene el poder para dispensar indulgencias de un vasto depósito de mérito llamado el *tesoro de la Iglesia* [1476-1477]:

> El «tesoro de la Iglesia» es el valor infinito, que nunca puede agotarse, que los méritos de Cristo tienen ante Dios. Se ofrecieron para que toda la humanidad pueda ser liberada del pecado y obtener comunión con el Padre. En Cristo, el Redentor mismo, existen y hallan su eficacia las satisfacciones y méritos de su redención. Este tesoro incluye también las oraciones y buenas obras de la Bendita Virgen María. Son verdaderamente inmensos, insondables y aun prístinos en su valor ante Dios. En el tesoro, también, están las oraciones y buenas obras de todos los santos, todos aquellos que han seguido en los pasos de Cristo el Señor y por su gracia han santificado sus vidas y llevado a cabo la misión que el Padre les ha confiado. De esta forma han logrado su propia salvación y al mismo tiempo cooperado para salvar a sus hermanos en la unidad del Cuerpo Místico.
>
> —Concilio Vaticano II[8]

Los católicos pueden ganar una indulgencia de la Iglesia Católica realizando actos de piedad específicos como rezar el rosario [1478]. Puede obtenerse una indulgencia plenaria, la cancelación de todo el castigo temporal corriente, realizando actos especiales con una disposición perfecta [1471]. Esto debe ir acompañado de la recepción del sacramento de la confesión, la Sagrada Comunión y oración por las *intenciones* del papa, es decir, las peticiones personales que él haga en sus oraciones.

Una vez que el católico ha adquirido una indulgencia tiene la libertad para decidir cómo usarla. Puede aplicarla a su propio castigo temporal, o mediante la oración puede aplicarla a la cuenta de un ser querido difunto en el purgatorio [1479].

EL MÉRITO Y EL JUICIO GENERAL

[678-679, 682, 2006-2011, 2025-2027]

Según la Iglesia Católica Romana, siempre que una persona que está en un estado de gracia haga una buena obra, gana para sí una recompensa [2010-2011, 2016]. El derecho a una recompensa se llama *mérito.*

El mérito se acumula durante la vida de una persona. Sin embargo, si el católico comete un pecado mortal pierde todo el mérito. Pero si el católico se arrepiente y recibe el sacramento de la penitencia, el mérito perdido se le restaura de nuevo.[9]

En el catolicismo romano, la recompensa meritoria adquiere tres formas:[10]

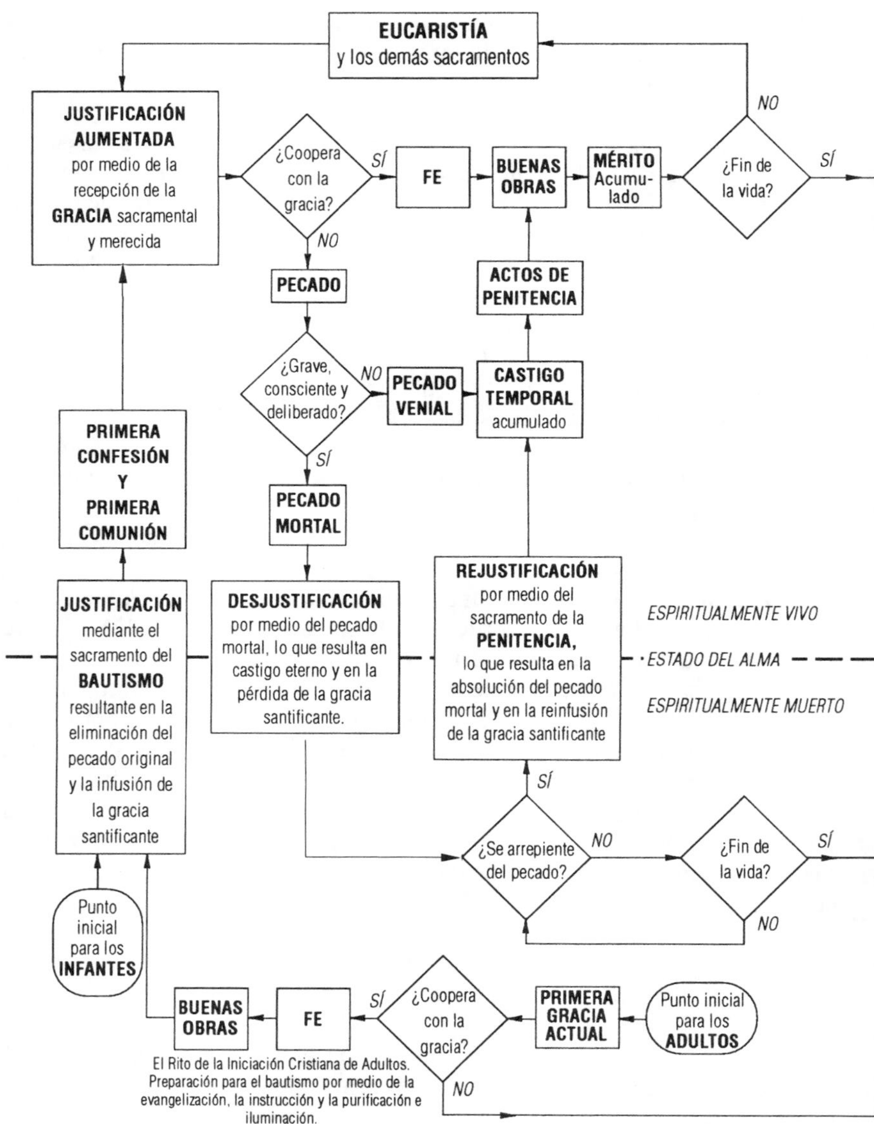
EUCARISTÍA
y los demás sacramentos
NO
JUSTIFICACIÓN AUMENTADA por medio de la recepción de la GRACIA sacramental y merecida
¿Coopera con la gracia?
SÍ
FE
BUENAS OBRAS
MÉRITO Acumulado
¿Fin de la vida?
SÍ
NO
PECADO
ACTOS DE PENITENCIA
¿Grave, consciente y deliberado?
NO
PECADO VENIAL
CASTIGO TEMPORAL acumulado
SÍ
PRIMERA CONFESIÓN Y PRIMERA COMUNIÓN
PECADO MORTAL
REJUSTIFICACIÓN por medio del sacramento de la PENITENCIA, lo que resulta en la absolución del pecado mortal y en la reinfusión de la gracia santificante
JUSTIFICACIÓN mediante el sacramento del BAUTISMO resultante en la eliminación del pecado original y la infusión de la gracia santificante
DESJUSTIFICACIÓN por medio del pecado mortal, lo que resulta en castigo eterno y en la pérdida de la gracia santificante.
ESPIRITUALMENTE VIVO
ESTADO DEL ALMA
ESPIRITUALMENTE MUERTO
SÍ
¿Se arrepiente del pecado?
NO
¿Fin de la vida?
SÍ
NO
Punto inicial para los INFANTES
BUENAS OBRAS
FE
SÍ
¿Coopera con la gracia?
PRIMERA GRACIA ACTUAL
Punto inicial para los ADULTOS
NO
El Rito de la Iniciación Cristiana de Adultos. Preparación para el bautismo por medio de la evangelización, la instrucción y la purificación e iluminación.

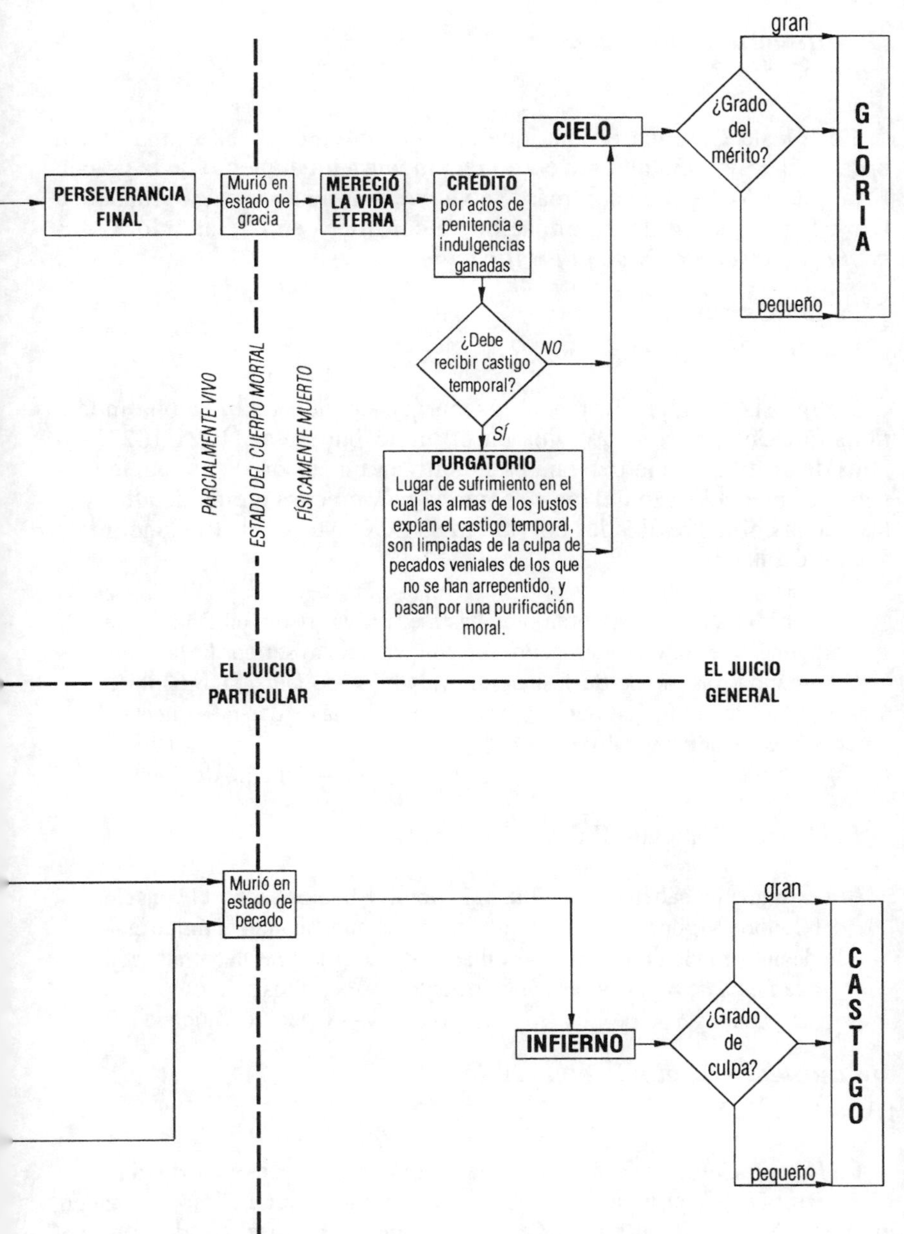

Figura 5.1
El evangelio según Roma

Un aumento de la gracia

[2010, 2027]

La Iglesia Católica enseña que cuando un católico hace una buena obra recibe inmediatamente como recompensa un aumento de la gracia. Esta gracia lo justifica aun más. Se vuelve más santo y más agradable a Dios. Este proceso de santificación se consideró en el Capítulo 3, *Aumento y conservación de la justificación.*

La vida eterna

[1022, 1036, 1051, 1821, 2010, 2027]

La Iglesia Católica Romana enseña que cuando una persona muere tiene que enfrentarse con Dios en el juicio particular [1021-1022]. Si Dios determina que la persona ha muerto en un estado de gracia, la persona obtiene «el gozo del cielo, como la recompensa eterna de Dios por las buenas obras realizadas con la gracia de Cristo.»[1821] El Concilio de Trento declaró:

> Y por tanto, a los que obran bien hasta el fin y esperan en Dios ha de proponérseles la vida eterna, no sólo como gracia misericordiosamente prometida por medio de Jesucristo a los hijos de Dios, sino también como retribución, que por la promesa de Dios ha de darse fielmente a sus buenas obras y méritos.
>
> —Concilio de Trento[11]

El Concilio Vaticano II declaró [1036]:

> Puesto que no sabemos ni el día ni la hora, debemos seguir el consejo del Señor y vigilar constantemente de forma que, cuando el único curso de nuestra vida terrenal se termine, podamos merecer la entrada con él a la fiesta de bodas y ser contados entre los benditos....
>
> —Concilio Vaticano II[12]

Un aumento de gloria en el cielo

[1038-1041, 1053]

La Iglesia Católica Romana enseña que la recompensa meritoria también resulta en un aumento en el grado de gloria que una persona goza en el cielo. Dios no decide sobre esta recompensa hasta el fin del mundo. Cristo regresará a la tierra. Los muertos se levantarán con cuerpos inmortales y Dios libertará a todos los que todavía estén sufriendo en el purgatorio [988-1004, 1038]. Entonces habrá una segunda evaluación de la vida de cada persona. Este es el *juicio universal* o *general* [1038-1041, 1059]. Según la teología catolicorromana, Jesús describió el juicio general en el Evangelio de Mateo [678, 681-682, 1038-1039, 1059]:[13]

> Cuando el Hijo del Hombre venga en su gloria, y todos los santos ángeles con él, entonces se sentará en su trono de gloria, y serán reunidas delante de él todas las naciones; y apartará los unos de los otros, como aparta el pastor las ovejas de los cabritos.
>
> —Mateo 25:31, 32

El juicio general es la proclama pública de los resultados del juicio particular y la determinación de la recompensa *total* de una persona [1039]. Esto ocurrirá al fin del mundo de forma que el efecto completo de la vida de cada persona en la sociedad y la historia puedan calcularse y recompensarse debidamente [1040].

Si una persona murió en un estado de gracia, Cristo recompensará al individuo en proporción a sus buenas obras [682]. Esto decidirá el grado de su gloria en el cielo.

En forma similar, si la persona murió sin gracia en su alma, Cristo decidirá el grado de su castigo en el infierno [679].

UNA RESPUESTA BÍBLICA

Cuando se les pregunta cómo esperan llegar al cielo, pocos católicos expresan su fe en términos de *justificación, gracia santificante, castigo temporal* o *perseverancia final.* Una respuesta típica podría ser más o menos la siguiente:

> Yo espero llegar al cielo porque creo en Dios y trato de ser un buen católico. Trato de ser bueno con todos y obedezco los mandamientos. Voy a misa y rezo. Si peco, digo el *Acto de Contrición*, aunque en realidad nunca he hecho nada que pudiera considerarse *muy* malo. Cuando muera, pienso que iré al cielo. Aunque posiblemente tenga que ir al purgatorio primero, si es que hay un purgatorio.

A pesar de que el católico promedio tiene poco conocimiento formal sobre la teología de la Iglesia Católica, las creencias religiosas de la mayoría de los católicos corresponden bastante bien con las enseñanzas de dicha iglesia. Sin embargo, lamentablemente, las enseñanzas de la Iglesia Católica no se corresponden bien con las Escrituras. Contrario a la doctrina catolicorromana, la Biblia enseña que:

- La vida eterna es un don gratuito, no una recompensa meritoria.
- La salvación es segura, no probatoria.
- El pago del pecado es mediante la cruz, no el purgatorio.

LA VIDA ETERNA ES UN REGALO

Como ya hemos visto, la Iglesia Católica Romana enseña que hay tres formas de recompensas meritorias: un aumento de la gracia, la vida eterna y un aumento de la gloria en el cielo. Las contradicciones inherentes de ganar gracia, la primera forma de recompensa meritoria, se consideraron en el Capítulo 3, *Aumento y conservación de la justificación*. La tercera forma de recompensa meritoria, un aumento de la gloria, no es una doctrina católica solamente. Muchos no católicos también entienden que la Biblia enseña que los creyentes son mayordomos que serán recompensados por sus servicios (2 Co. 5:10; Ro. 14:10-12).

Con respecto a la segunda forma de recompensa meritoria, la vida eterna, la enseñanza de la Iglesia Católica está en contradicción directa con la Biblia, porque aunque la Biblia enseña que Dios recompensará a los mayordomos fieles *en* el cielo, nunca dice que los recompensará *con* el cielo.

La vida eterna no es una recompensa sino un regalo inmerecido de Dios. Jesús, hablando de sus ovejas, dijo: «Y yo les doy vida eterna» (Jn. 10:28). También prometió: «Al que tuviere sed, yo le daré gratuitamente de la fuente del agua de la vida» (Ap. 21:6; véase también Jn. 4:14; 6:40; 6:47; 17:2; Ro. 5:17; 6:23).

Sin embargo, la Iglesia Católica Romana insiste en que la vida eterna es una recompensa meritoria ganada por hacer el bien [1036, 1051, 2010, 2027]. Así como el católico puede ganar un aumento de la gracia y un aumento de la gloria, puede también ganar la vida eterna. La Iglesia Católica censura a cualquiera que enseñe lo contrario.[14]

Cuando el Concilio de Trento declara que los católicos pueden realmente merecer la vida eterna quiere decir que hay una desigualdad entre la obra realizada y la recompensa recibida. Tomás de Aquino explica esta relación diciendo que, por la misericordia de Dios, las buenas obras que proceden de la gracia del Espíritu Santo merecen vida eterna *condignamente*.[15] Según Tomás de Aquino, la vida eterna se «otorga de conformidad con un juicio imparcial».[16]

Los teólogos catolicorromanos contrastan el mérito condigno o bien merecido con el mérito *congruo*. Esta última clase de mérito se aplica a casos en los cuales la recompensa «resulta de cierta misericordia a la luz de la liberalidad de Dios».[17]

Según la Iglesia Católica, la vida eterna es una recompensa realmente meritoria. Es merecida condignamente, no congruamente. No es un don gratuito que Dios en su bondad otorga aparte de cualquier cosa que el hombre haya hecho para ganarlo. Es el resultado de un juicio imparcial.

Para sustanciar esta aseveración de que la vida eterna es una recompensa meritoria, la Iglesia Católica Romana cita de la Epístola del apóstol Pablo a los Romanos:

> [Dios] ... pagará a cada uno conforme a sus obras; vida eterna a los que, perseverando en bien hacer, buscan gloria y honra e inmortalidad, pero ira y enojo a los que son contenciosos y no obedecen a la verdad, sino que obedecen a la injusticia.
>
> —Romanos 2:6-8

La Iglesia Católica Romana interpreta este pasaje para que diga que si una persona muere con gracia santificante en su alma, esa persona merece ir al cielo debido a sus buenas obras [55]:

> ... no debe creerse [que] falte nada más a los mismos justificados para que se considere que con aquellas obras que han sido hechas en Dios han satisfecho plenamente, según la condición de esta vida, a la divina ley y han merecido en verdad la vida eterna, la cual, a su debido tiempo han de alcanzar también, [en] caso de que murieren en gracia.
>
> —Concilio de Trento[18]

Por otra parte, la Biblia enseña que lo que todo hombre y mujer verdaderamente merecen es el castigo eterno. Sin embargo, las buenas nuevas de Jesucristo es que Dios, en su misericordia, está dispuesto a otorgar vida eterna a todos los que confían en Cristo, un regalo que nadie merece. A fin de que estas dos verdades no se confundan, el Espíritu Santo incluyó ambas cosas en un sólo versículo:

> Porque la paga del pecado es muerte, mas la dádiva de Dios es vida eterna en Cristo Jesús Señor nuestro.
>
> —Romanos 6:23

Con una afirmación tan clara aquí de que la vida eterna es un don gratuito, no sería posible interpretar Romanos 2:6-8 para que enseñe directamente lo opuesto, que la vida eterna es una recompensa meritoria. Un examen más minucioso a Romanos 2:6-8 revela el origen de la errónea interpretación de la Iglesia Católica.

En Romanos 2:6-8, Pablo se está dirigiendo a la clase de persona que se considera moralmente superior a las otras en carácter y conducta. Sin embargo, el moralista está él mismo practicando los mismos pecados que condena en otros. Pablo advierte a este hipócrita diciéndole que no se va a escapar del juicio de Dios. Llegará el día en que Dios «pagará a cada uno conforme a sus obras» (Ro. 2:6). Los que hagan lo bueno —la evidencia bíblica de la nueva vida— (Jn. 15:8) recibirán honra y vida eterna. Los que hagan lo malo —la evidencia bíblica de un corazón no regenerado (1 Jn. 3:7-10)— recibirán ira e indignación.

Nótese que Pablo aquí no dice que Dios pagará a cada uno honra o ira *debido* a sus obras. Eso haría que las buenas obras fuesen la *causa* de la vida eterna, conforme lo enseña el catolicismo romano. Más bien, Pablo dice que Dios pronunciará juicio *conforme* a la forma en que haya vivido el hombre. Esto significa que habrá una relación de *correspondencia* entre cómo ha vivido una persona y el resultado de su juicio. Los que practican el bien —evidencia de una verdadera vida espiritual— recibirán lo bueno del Señor. Los que practican el mal, como el moralista hipócrita a quien Pablo se está dirigiendo, recibirán ira e indignación.

Por otra parte, el catolicismo romano enseña que Dios otorga vida eterna a las personas *debido* a sus buenas obras, a los que la merecen:

> Es un dogma universalmente aceptado de la Iglesia Católica que el hombre, en unión con la gracia del Espíritu Santo debe merecer el cielo por sus buenas obras.... podemos realmente merecer el cielo *como nuestra recompensa*.... Debemos batallar por el cielo; tenemos que ganarnos el cielo.
>
> —*Dogmatic Theology for the Laity*[118]

LA SALVACIÓN BÍBLICA ES COMPLETAMENTE SEGURA

Aunque los católicos pueden obtener la justificación en un instante mediante el bautismo, la pueden perder con la misma rapidez mediante el pecado mortal. En un mismo día, un católico puede despertarse justificado, perder la gracia de la justificación mediante pecado mortal, y ser justificado de nuevo mediante el sacramento de la penitencia. Para algunos católicos, este ciclo se repite cientos de veces durante toda una vida. Sin embargo, sólo el estado del alma al momento de morir es lo que finalmente importa.

La salvación bíblica, por otra parte, es segura, puesto que no depende del hombre sino de Dios. El Señor Jesús promete: «Y yo les doy vida eterna; y no perecerán jamás» (Jn. 10:28). El Espíritu Santo pasa a residir dentro de cada cristiano como garante de esa promesa (Ef. 1:13, 14). Y el Padre coloca a cada creyente en la palma de su mano para custodiarlo (Jn. 10:29).

A diferencia de la salvación catolicorromana, en la cual no existe una vinculación segura entre la justificación inicial mediante el bautismo y la obtención de la vida eterna, la justificación bíblica y la salvación eterna son inseparables. La justificación bíblica promete la salvación del castigo eterno: «Pues mucho más, estando ya justificados en su sangre, por él seremos salvos de la ira» (Ro. 5:9). Si una persona es justificada, su entrada a la gloria eterna también es segura: «Y a los que predestinó, a éstos también llamó; y a los que llamó, a éstos también justificó; y a los que justificó, a éstos también glorificó» (Ro. 8:30). La justificación bíblica es una declaración irreversible de Dios. Las Escrituras preguntan: «¿Quién acusará a los escogidos de Dios? Dios es el que justifica. ¿Quién es el que condenará? Cristo es el que murió; ... ¿Quién nos separará del amor de Cristo?...» (Ro. 8:33-35).

Por otra parte, el catolicismo romano enseña que la vida del hombre en la tierra es un tiempo de libertad condicional y prueba. El resultado es incierto. Sólo el que persevere en cooperación con la gracia hasta el mismo final será salvo [161-162, 837, 1026]:

> Si no responden en pensamiento, palabra y hecho a esa gracia, no sólo no serán salvos, sino que serán juzgados con más severidad.
>
> —Concilio Vaticano II[19]

Puesto que la salvación catolicorromana depende de la conducta de la persona, nadie, ni siquiera el papa, puede saber con seguridad cuál será su destino eterno [1036, 2005].[20]

La Biblia, por otra parte, enseña que «irrevocables son los dones y el llamamiento de Dios» (Ro. 11:29). La vida eterna es tan cierta que la Biblia habla de ella como de una posesión actual de todo creyente genuino:

> Y este es el testimonio: que Dios nos ha dado vida eterna; y esta vida está en su Hijo. El que tiene al Hijo, tiene la vida; el que no tiene al Hijo de Dios no tiene la vida. Estas cosas os he escrito a vosotros que creéis en el nombre del Hijo de Dios, para que sepáis que tenéis vida eterna....
>
> —1 Juan 5:11-13

Aquí las Escrituras declaran que una persona que realmente cree en Cristo puede *saber* que tiene vida eterna. Por lo tanto, para un cristiano, el tener confianza de su posición ante Dios, no es presunción, sino fe basada en la Biblia.

EL PAGO DEL PECADO ES MEDIANTE LA CRUZ SOLAMENTE

Las Escrituras enseñan que Jesús «nos lavó de nuestros pecados con su sangre» (Ap. 1:5). Las Escrituras no mencionan nada respecto a actos de penitencia, indulgencias, ni de un lugar como el purgatorio donde puede expiarse la pena del pecado.

¿Y qué se puede decir respecto a 2 Macabeos 12:39-46?

La Iglesia Católica Romana asevera que el purgatorio tiene una sana base bíblica. Su principal evidencia es del libro de 2 Macabeos, libro que forma parte de los libros apócrifos [958, 1032]. El pasaje en el cual la Iglesia Católica supuestamente encuentra el purgatorio se refiere a un acontecimiento que ocurrió unos 160 años antes de Cristo, durante una guerra entre Judas Macabeos, un general judío, y Georgias, gobernador de Idumea. Después de una sangrienta batalla, los judíos observaron el sábado y después salieron para enterrar a sus muertos:

> Al día siguiente, como era necesario, vinieron los de Judas para recoger los cadáveres de los caídos, y con sus parientes depositarlos en los sepulcros de familia. Entonces, bajo las túnicas de los caídos, encontraron objetos consagrados a los ídolos de Jamnia, de los prohibidos por la Ley a los judíos; siendo a todos manifiesto que por aquello habían caído. Todos bendijeron al Señor, justo juez, que descubre las cosas ocultas. Volvieron a la oración, rogando que el pecado cometido les fuese totalmente perdonado; y el noble Judas exhortó a la tropa a conservarse limpios de pecado teniendo a la vista el suceso de los que habían caído, y mandó hacer una colecta en las filas, recogiendo hasta dos mil dracmas, que envió a Jerusalén para ofrecer sacrificios por el pecado; obra digna y noble, inspirada en la esperanza de las resurrección, pues si no hubiera esperado que los muertos resucitarían, superfluo y vano era orar por ellos. Mas creía que a los muertos piadosamente les está reservada una magnífica recompensa. Obra santa y piadosa es orar por los muertos. Por eso hizo que fuesen expiados los muertos: para que fuesen absueltos de los pecados.
>
> —2 Macabeos 12:39-46

Los eruditos católicos dicen que puesto que a los muertos «piadosamente les está reservada una magnífica recompensa» (2 Macabeos 12:45, NC), no estaban en el infierno. Sin embargo, puesto que necesitaban ser liberados del pecado mediante expiación, no fueron directamente al cielo tampoco. Por consiguiente las almas de los muertos deben haber estado en algún tercer lugar. La Iglesia Católica llama a ese lugar «purgatorio».

Los eruditos católicos también destacan que el autor de 2 Macabeos comenta que esa fue una «idea santa y piadosa» (2 Macabeos 12:45) que Judas «[ofreciera] sacrificios por el pecado» (2 Macabeos 12:43, NC) y para «orar por ellos» en la muerte (2 Macabeos 12:44, NC). Por eso «hizo que fuesen expiados los muertos: para que fuesen absueltos de los pecados» (2 Macabeos 12:46, NC).

Aunque algunos quizás consideren que orar por lo muertos que están en el purgatorio es un pensamiento piadoso, esto, sin embargo, no es bíblico. Segunda de Macabeos 12 no provee una base bíblica ni para el purgatorio ni para orar por los muertos.

Primero, nótese que el pasaje no se refiere directamente al purgatorio. Como la principal prueba de la Iglesia Católica a favor de la doctrina del purgatorio, 2 Macabeos 12 es sorprendentemente oscuro.

Segundo, el pasaje es internamente inconsecuente. Dice que a los muertos «piadosamente les está reservada una magnífica recompensa» (2 Macabeos 12:45, NC). Sin embargo, los guerreros difuntos eran idólatras que habían sido juzgados por Dios por el pecado de ellos. Murieron siendo culpables.

Tercero, no hay nada en la ley de Moisés que pudiera indicar que las ofrendas por los difuntos alguna vez formaron parte auténtica de la fe judía. Por lo tanto, 2 Macabeos 12 no muestra nada más que el desconocido escritor del libro creía que los sacrificios podían expiar los pecados de los difuntos. Ni siquiera prueba que Judas Macabeos personalmente creía semejante cosa. El escritor presenta claramente su propia interpretación de los hechos y motivos de Judas. A la luz de Levíticos 4:1—6:7, parece más probable que Judas Macabeos envió el dinero a Jerusalén para hacer una ofrenda por algún pecado o transgresión. Su propósito habría sido expiar por la contaminación que el pecado de los idólatras había traído sobre el campamento, en cuyo caso la ofrenda era por los vivos, no por los muertos.

Finalmente, la práctica registrada en 2 Macabeos no puede admitirse como evidencia bíblica. Segunda Macabeos forma parte de los libros apócrifos. No es parte genuina de la Biblia (véase el Apéndice C para una consideración de la Biblia catolicorromana y los libros apócrifos). El autor anónimo de 2 Macabeos no afirma hablar por Dios. Ni siquiera presenta su libro como una obra original. Declara que esto es un compendio de los escritos de otro hombre: «La historia de Judas el Macabeo … fue narrada por Jasón de Cirene en cinco libros, que nosotros nos proponemos compendiar en un solo volumen» (2 Macabeos 2:20-24, NC).

¿Qué se puede decir respecto a 1 Corintios 3:10-15?

La Iglesia Católica Romana también señala a 1 Corintios 3 para sostener su creencia en el purgatorio [1031]:

> Conforme a la gracia de Dios que me ha sido dada, yo como perito arquitecto puse el fundamento, y otro edifica encima; pero cada uno mire cómo sobreedifica. Porque nadie puede poner otro fundamento que el que está puesto, el cual es Jesucristo. Y si sobre este fundamento alguno edificare oro, plata, piedras preciosas, madera, heno, hojarasca, la obra de cada uno se hará manifiesta; porque el día la declarará, pues por el fuego será revelada; y la obra de cada uno cuál sea, el fuego la probará. Si permaneciere la obra de alguno que sobreedificó, recibirá recompensa. Si la obra de alguno se quemare, él sufrirá pérdida, si bien él mismo será salvo, aunque así como por fuego.
>
> —1 Corintios 3:10-15

Tornar este pasaje en una descripción del purgatorio es ignorar el contexto. En los cuatro primeros capítulos de 1 Corintios, Pablo está considerando un problema que había en la iglesia de Corinto. Los falsos maestros que buscaban gloria estaban destruyendo la unidad de la iglesia con su sabiduría mundana (1 Co. 1:10—3:4). En el pasaje arriba citado, Pablo está advirtiendo a estos perturbadores que un día tendrían que dar cuenta de sus acciones a Dios.

Pablo ilustra su punto comparando el ministerio en la iglesia en Corinto con la construcción de un edificio. Pablo puso el fundamento del edificio cuando plantó la iglesia allí durante su segundo viaje misionero (Hch. 18:1-17). Los obreros que construyen las paredes del edificio son los que actualmente están ministrando en la iglesia en Corinto. Si estos obreros sirven bien, es como si estuvieran edificando con ladrillos de oro, plata y piedras preciosas. Si sirven pobremente —como los que estaban causando divisiones— sería como si ellos estuvieran edificando con madera, heno y hojarasca.

En el futuro, Cristo evaluará el ministerio de cada siervo. Pablo compara este juicio con incendiar el edificio imaginario que acaba de describir. Si la obra de un hombre permanece, habiendo edificado con materiales duraderos, recibirá recompensa. Si la obra de un hombre se consume con el fuego, por haber edificado con materiales inferiores, sufrirá la pérdida de la recompensa que podría haber sido suya.

La interpretación catolicorromana muestra que no comprende el verdadero sentido del pasaje. Pablo aquí está usando una analogía. No está hablando de un verdadero incendio. No está hablando de hombres y mujeres que se están quemando. Pablo está hablando de un edificio imaginario que representa el ministerio de una persona, no del individuo en persona. En sentido figurado, lo que se quemará es la *obra* de una persona, no la persona misma. El enfoque de la ilustración es la pérdida potencial de la recompensa por un servicio pobre, no la expiación del pecado ni la limpieza de las almas.

EL PURGATORIO: UNA DOCTRINA CATOLICORROMANA IMPRESCINDIBLE

A pesar de que no hay base bíblica para el purgatorio, hay una fuerte necesidad filosófica para esta doctrina en la teología catolicorromana. La Iglesia Católica considera que la salvación es como un objeto de adorno o embellecimiento del alma. Es un proceso que comienza con el bautismo, mediante el cual se infunde la gracia santificante inicial. Se supone que esto hace al alma santa e inherentemente agradable a Dios. Otros sacramentos y buenas obras justifican más al alma y la hacen más atractiva a Dios. El objetivo es transformar el carácter esencial del alma en algo que en sí mismo sea objetivamente bueno. Por lo tanto, es lógicamente razonable requerir la limpieza total de cada vestigio de pecado antes que el alma pueda entrar en la presencia de Dios. Por consiguiente, el purgatorio es la extensión lógica del proceso de salvación de la Iglesia Católica.

El purgatorio es también un elemento integral del sistema penitencial catolicorromano. Según la Iglesia Católica, cada pecado acredita castigo temporal a la cuenta del pecador. Los actos de penitencia, sufrimiento e indulgencia adeudan dicha cuenta. Puesto que los pecadores no pueden pagar totalmente por el pecado en esta vida, el purgatorio en el más allá es necesario para hacer el balance del libro mayor.

Finalmente, la Iglesia Católica usa el purgatorio para motivar a los católicos a que vivan una vida de justicia. Si no hubiera purgatorio, piensa la Iglesia, la gente continuaría pecando sin temor.

La salvación bíblica, por otra parte, no tiene necesidad de un lugar como el purgatorio. La salvación bíblica no depende de las obras ni del sufrimiento de pecadores, sino solamente de Cristo. El Señor Jesucristo efectuó «la purificación de nuestros pecados» (He. 1:3) en la cruz. Su sangre puede limpiar al más vil pecador (He. 9:14). No queda ningún castigo temporal por el cual el creyente deba expiar; Jesús pagó por todo: «Y él es la propiciación por nuestros pecados» (1 Jn. 2:2).

La salvación bíblica no tiene necesidad de un lugar como el purgatorio donde el alma supuestamente se vuelve objetivamente hermosa para Dios. Más bien está arraigada en la imputación de la propia justicia perfecta de Dios (2 Co. 5:21). La salvación bíblica produce una justicia que es por la fe desde el principio hasta el fin: «Porque en el evangelio la justicia de Dios se revela por fe y para fe...» (Ro. 1:17). El pecador coloca su confianza en Cristo para la justificación. Camina por fe, y mediante la capacitación del Espíritu vive rectamente. Sin embargo, no tiene la esperanza de que alguna vez podría ser personal y objetivamente tan bueno *en sí mismo* como para comparecer en la presencia de Dios. *Confía sólo en Cristo para la salvación* (Fil. 3:7-9).

En vez de centrarse en las buenas obras y el sufrimiento de la persona, la salvación bíblica destaca la perfecta obra de Cristo. Cristo es suficiente para presentar a los pecadores ante Dios «sin mancha delante de su gloria con gran alegría» (Jud. v. 24). Dios no mira más a la persona como a un pecador inmundo, sino que lo ve sólo en Cristo (Ef. 1:1-14), «santos y sin mancha delante de él» (Ef. 1:4).

Finalmente, la salvación bíblica involucra un nuevo nacimiento que resulta en una nueva creación (Jn. 3:7; Ef. 2:15). Un cristiano nacido de nuevo quiere obedecer a Dios. Es motivado por el amor de Cristo, no por el temor de una dolorosa retribución (2 Co. 5:14; Ro. 8:15).

UN VEREDICTO BÍBLICO

En los cinco capítulos anteriores hemos visto cómo la forma de salvación catolicorromana difiere de la que se enseña en las Escrituras. Aquí debemos preguntar: ¿Cuán serios son estos errores?

En la carta de Pablo a los gálatas se puede encontrar una respuesta a esta pregunta. Pablo fue el primer apóstol que predicó el evangelio y estableció iglesias en la región de Galacia, parte de la moderna Turquía. Poco después que partió de esa región llegó allí un grupo de maestros judíos. Se presentaron diciendo que eran seguidores de Cristo y que tenían la misma fe que los gálatas. Aparentemente, creían que Jesús era el ungido de Dios, que había muerto, había resucitado, y que vendría otra vez. No hay razón para pensar que estos maestros no habrían afirmado las doctrinas contenidas en el Credo de los Apóstoles y el Credo de Nicene, si dichos credos hubieran existido en el primer siglo. Para los gálatas, estos hombres daban la impresión de ser perfectamente ortodoxos.

Sin embargo, estos nuevos maestros criticaban a Pablo. Consideraban que la forma en que Pablo entendía la justificación era algo deficiente. Específicamente, estos maestros judíos enseñaban que, además de creer en Jesús, era necesario que los cristianos obedecieran ciertos aspectos de la ley (Gá. 4:21). Los creyentes gentiles debían circuncidarse (Gá. 5:2-4). Todos los creyentes debían guardar el sábado y las fiestas judías (Gá. 4:9, 10). Esas buenas obras, decían, eran necesarias para la justificación (Gá. 5:4).

Cuando Pablo se enteró de lo que estaba pasando en Galacia escribió la carta más severa del Nuevo Testamento inspirada por el Espíritu Santo. En las líneas de apertura acusó a los falsos maestros de procurar «pervertir el evangelio de Cristo» (Gá. 1:7).

La palabra traducida «pervertir» significa *distorsionar* o *transformar el carácter de una cosa en algo de naturaleza exactamente opuesta*. Se usa en Hechos 2:20: «El sol se convertirá en tinieblas....», y en Santiago 4:9: «...Vuestra risa se convierta en lloro, y vuestro gozo en tristeza». Estos dos ejemplos describen la transformación de una cosa en otra de carácter opuesto.

Eso es exactamente lo que los falsos maestros estaban haciendo con el evangelio de Jesucristo. Al requerir obediencia a la ley con el fin de obtener y mantener la justificación, habían anulado la gracia de Dios (Gá. 2:21). Habían cambiado el evangelio de la fe en un evangelio de obras, el evangelio de la gracia en un evangelio de mérito.

Pablo dijo a los gálatas que al seguir a esos falsos maestros se habían «alejado» [desertado] de Cristo (Gá. 1:6). Estaban cambiando la lealtad de depender de Cristo «para seguir un evangelio diferente. No que haya otro...» (Gá. 1:6, 7).

Las palabras griegas que Pablo usa aquí nos dicen que el nuevo evangelio en Galacia no era otro evangelio *de la misma clase,* sino otro evangelio de una *clase diferente*. No era otra clase de cristianismo con un énfasis o expresión diferente. No era cristianismo en absoluto.

Las acusaciones de Pablo deben haber sacudido a los gálatas. Ellos pensaban que eran cristianos devotos. Aunque habían comenzado a considerar la obediencia a ciertos aspectos de la ley como algo necesario para la justificación, no habían abandonado, a menos en sus mentes, su fe en Cristo. La justificación, como la veían ahora, era por la fe más las obras. En lo que a ellos concernía, estaban haciendo más, no menos.

Pablo advirtió a los gálatas que si ellos hacían que su posición ante Dios dependiera de lo que Cristo había hecho más lo que ellos estaban haciendo serían condenados, porque con la ley viene la maldición: «...Maldito todo aquel que no permaneciere en todas las cosas escritas en el libro de la ley, para hacerlas» (Gá. 3:10). En otras palabras, los que estaban pidiendo a Dios que los juzgara, aun en parte, basado en el comportamiento personal, mejor sería que se dieran cuenta de que la ley condena a los que no la cumplen a la perfección.

Pablo dijo a los gálatas que si ellos recibían la circuncisión, una expresión de la decisión de ellos de vivir bajo la ley, «de nada os aprovechará Cristo» (Gá. 5:2). Estarían en la obligación «de guardar toda la ley» (Gá. 5:3). Y, como les dijo Pablo: «De Cristo os desligasteis, los que por la ley os justificáis, de la gracia habéis caído» (Gá. 5:4).

Una vez más, es importante reconocer que la herejía de los gálatas no era el rechazo directo de Cristo ni de la necesidad de fe, gracia y salvación. El error estaba en exigir, además de la fe, obediencia a ciertos aspectos de la ley para la justificación. Era el acercarse a Dios basado en la fe *más* las obras.

El problema con esta fórmula para lograr la justificación es que rechaza directamente los términos con que Dios ofrece la salvación. Cristo enseñó: «No he venido a llamar justos, sino a pecadores al arrepentimiento» (Lc. 5:32). Cuando nos acercamos a Dios basados en nuestro comportamiento, aunque sea en parte, le estamos diciendo a Dios que no somos tan malos, que hay algo moralmente bueno respecto de nosotros, que, a menos en parte, *merecemos* la vida eterna.

La salvación que Dios ofrece no se extiende a personas con semejantes actitudes (Jn. 9:39-41; Lc. 5:31). Dios está dispuesto a perdonar sólo a aquellos que acuden a él con las manos vacías, reconociendo el alcance total de su culpa. Es por esta razón que la salvación bíblica es por la fe, «no por obras, para que nadie se gloríe» (Ef. 2:9).

La Iglesia Católica Romana, al igual que los falsos maestros de Galacia, sostiene que la justificación es por la fe más las obras. Así como los falsos maestros de Galacia exigían *circuncisión* para la justificación, así también la Iglesia Católica exige que los infantes sean *bautizados* para la justificación. De la misma manera que guardar el sábado y las fiestas judías se hicieron prácticas obligatorias en Galacia, así también la asistencia a misa es obligatoria en el catolicismo romano [2180-2181]. Así como los falsos maestros de Galacia exigían obediencia a la ley de Moisés para salvación, así también la Iglesia Católica requiere obediencia a los

Diez Mandamientos, el resumen moral de la ley, como algo necesario para la salvación [2052, 2068, 2075].

El catolicismo romano además ha tergiversado el evangelio mediante la definición errónea del significado bíblico de la justificación, de la salvación y de la fe, y hasta del pecado. Al evangelio le han añadido conceptos que son ajenos a la Biblia: gracia santificante, siete sacramentos, pecado venial, castigo temporal, purgatorio, actos de penitencia, indulgencias, etc. La Iglesia Católica ha establecido extensos requisitos para los adultos que buscan la justificación, y ha hecho de la salvación un sistema meritorio de sacramentos y buenas obras. Aun la gracia y la vida eterna se han hecho recompensas meritorias.

El plan catolicorromano de salvación contradice las verdades bíblicas en veinticuatro aspectos principales (que se enuncian más adelante). Los que siguen ese plan no escaparán las consecuencias de las que Pablo advirtió a los gálatas. Tampoco los líderes y maestros de la Iglesia Católica Romana pueden escapar de la culpa por guiar a millones de personas por el mal camino. Pablo advirtió:

> Mas si aun nosotros, o un ángel del cielo, os anunciare otro evangelio diferente del que os hemos anunciado, sea anatema. Como antes hemos dicho, también ahora lo repito: Si alguno os predica diferente evangelio del que habéis recibido, sea anatema.
>
> —Gálatas 1:8, 9

LA SALVACIÓN: ERROR VERSUS VERDAD

La Iglesia Católica enseña que	Pero la Biblia enseña que
1. La justificación es una transformación del alma en la cual se elimina el pecado original y se infunde gracia santificante [1987-1995].	La justificación es un acto de Dios en el cual declara justo a un pecador en su presencia, después de haberle perdonado sus pecados e imputado la propia justicia de Dios (Ro. 3:21—4:8).
2. La justificación inicial es por medio del bautismo [1262-1274].	La justificación es por la fe solamente (Ro. 3:28).
3. Los adultos deben prepararse para la justificación mediante la fe y las buenas obras [1247-1249].	Dios justifica a los pecadores impíos que creen (Ro. 4:5). Las buenas obras son el *resultado* de la salvación, no la causa (Ef. 2:8-10).

4. Los justificados son en sí mismos hermosos y santos a la vista de Dios [1992, 1999-2000, 2024].

Los justificados *en Cristo* son santos y sin culpa ante Dios (Ef. 1:1-14).

5. Los sacramentos y las buenas obras amplían la justificación [1212, 1392, 2010].

La justificación es la imputación de la perfecta justicia de Dios (2 Co. 5:21). El creyente está completo en Cristo (Col. 2:10).

6. La justificación se pierde si se comete pecado mortal [1033, 1855, 1874].

La justificación no puede perderse. Los que Dios ha justificado son salvos de la ira de Dios (Ro. 5:8, 9).

7. Los católicos culpables de pecado mortal son justificados de nuevo mediante el sacramento de la penitencia [980, 1446].

No hay una segunda justificación. A los que Dios justificó también glorificará (Ro. 8:30).

8. La salvación de las consecuencias eternas del pecado es un proceso que dura una vida [161-162, 1254-1255].

La salvación de las consecuencias eternas del pecado es un acto instantáneo y seguro de Dios que coincide con la justificación (Ro. 5:9).

9. La salvación se obtiene cooperando con la gracia mediante la fe, la buenas obras, y participando de los sacramentos [183, 1129, 1815, 2002].

La salvación se obtiene por la gracia mediante la fe aparte de las obras (Ef. 2:8, 9). Las buenas obras son el resultado, no la causa, de la salvación (Ef. 2:10).

10. La fe es creer en Dios y la firme aceptación de todo lo que la Iglesia Católica propone para creer [181-182, 1814].

La fe salvadora es rendirse personalmente a Cristo como Señor y Salvador (Ro. 10:8-17).

11. La gracia santificante es una calidad del alma, una disposición sobrenatural que perfecciona el alma [1999-2000].

La gracia es un favor inmerecido de Dios (Ef. 1:7, 8).

12. Los sacramentos son los canales necesarios para la infusión continua de la gracia. Otorgan gracia en virtud del rito que se realiza [1127-1129].

El hijo de Dios es el objeto constante de la gracia del Padre (Ro. 5:1, 2).

13. La gracia es meritoria por las buenas obras [2010, 2027].	La gracia es un don gratuito (Ro. 11:6).
14. Los pecados veniales no acarrean el castigo eterno [1855, 1863].	Todo pecado es castigado con la muerte eterna (Ro. 6:23).
15. Los pecados graves deben confesarse a un sacerdote [1456-1457].	El pecado debe confesarse directamente a Dios (Esd. 10:11).
16. El sacerdote perdona los pecados como un juez [1442, 1461].	Nadie puede perdonar pecados sino sólo Dios (Mr. 2:7).
17. Cuando la culpa del pecado se perdona, el castigo temporal permanece [1472-1473].	Cuando Dios perdona el pecado, lo perdona totalmente (Col. 2:13; Is. 43:25).
18. Los actos de penitencia hacen expiación por el castigo temporal del pecado [1434, 1459-1460].	Jesús hizo expiación perfecta por todos los pecados (1 Jn. 2:1, 2).
19. Las indulgencias dispensadas por la Iglesia Católica por actos de piedad liberan a los pecadores del castigo temporal [1471-1473].	Jesús libera a los creyentes de todos los pecados por su sangre (Ap. 1:5).
20. El purgatorio es necesario para expiar el pecado y limpiar el alma [1030-1031].	El purgatorio no existe. Jesús hizo la purificación de los pecados en la cruz (He. 1:3).
21. Las pobres almas que sufren en el purgatorio pueden ser ayudadas por los que viven en la tierra, ofreciendo oraciones, buenas obras y el sacrificio de la misa [1032, 1371, 1479].	Los que duermen en Cristo no necesitan ayuda. Estar ausente del cuerpo es estar en el hogar con el Señor (2 Co. 5:8).
22. Nadie puede saber si logrará la vida eterna [1036, 2005].	El creyente puede saber que tiene vida eterna por la Palabra de Dios (1 Jn. 5:13).
23. La vida eterna es una recompensa meritoria [1821, 2010].	La vida eterna es un don gratuito de Dios (Ro. 6:23).

24. La Iglesia Católica Romana es necesaria para la salvación [846].	En ninguno hay salvación sino en el Señor Jesucristo, «porque no hay otro nombre bajo el cielo, dado a los hombres, en que podamos ser salvos» (Hch. 4:12).

NOTAS

1. El rito católico de las unciones de emergencia está abreviado en esta introducción. Para el rito completo, véase *The Rites of the Catholic Church* (Nueva York: Pueblo Publishing Co., 1990), pp. 883-886.
2. Concilio de Florencia, sesión 6.
3. Concilio de Trento, sesión 6, «Decreto sobre la justificación», capítulo 9.
4. Concilio Vaticano II, «Liturgia sagrada», «Constitución apostólica sobre la revisión de indulgencias», nº 2.
5. Matthias Premm, *Dogmatic Theology for the Laity* (Rockford, IL: Tan Books, 1967), p. 434.
6. Concilio de Florencia, 6 de julio de 1439, sesión 6.
7. Tomás de Aquino, *Summa Theologica*, Ap. 1, Preg. 2, Art. 6.
8. Concilio Vaticano II, «Liturgia sagrada», «Constitución apostólica sobre la revisión de indulgencias», nº 5.
9. Véase A. Tanquerey, *A Manual of Dogmatic Theology* (Nueva York: Desclee Company, 1959), tomo 2, pp. 321-322.
10. Concilio de Trento, sesión 6, «Decreto sobre la justificación», canon 32.
11. Concilio de Trento, sesión 6, «Decreto sobre la justificación», capítulo 16.
12. Concilio Vaticano II, «Constitución Dogmática sobre la Iglesia», nº 48.
13. Una explicación completa de los sucesos registrados en Mateo 25:31-46 y de cómo encajan dentro de la profecía bíblica de los últimos tiempos está más allá del alcance de este libro. No obstante, puede decirse que las secciones *doctrinales* de la Biblia deben usarse para interpretar los sucesos *proféticos*, no viceversa. La Iglesia Católica Romana usa Mateo 25:31-46, un suceso profético, para deducir su doctrina de la salvación. El resultado es que la doctrina de la salvación de la Iglesia Católica se basa en la fe más las obras.
14. Concilio de Trento, sesión 6, «Decreto sobre la justificación», canon 32.
15. Tomás de Aquino, *Summa Theologica*, Pts. 1-11, Preg. 114, Art. 3.
16. *Ibid.*
17. A. Tanquerey, *A Manual of Dogmatic Theology*..., tomo 2, p. 174.
18. Concilio de Trento, sesión 6, «Decreto sobre la justificación», capítulo 6.
19. Concilio Vaticano II, «Constitución Dogmática sobre la Iglesia», nº 16.
20. Concilio de Trento, sesión 6, «Decreto sobre la justificación», capítulo 12.

SEGUNDA PARTE

LA MISA

¿Por qué los católicos van a misa? ¿Adoran realmente la Eucaristía? ¿Es el sacrificio de la misa un verdadero sacrificio?

La Segunda parte contestará éstas y otras preguntas importantes con respecto al sacramento y sacrificio de la Eucaristía, a la que comúnmente se refieren como la misa.

La Eucaristía tiene dos fines:

> ... uno, para que pueda ser el alimento celestial de nuestras almas, permitiéndonos la manutención y conservación de la vida espiritual; y el otro, para que la Iglesia pueda tener un sacrificio perpetuo....
>
> —*The Roman Catechism*[1]

Estas dos funciones servirán de marco para este análisis de la misa:

- La Eucaristía es el cuerpo de Cristo, el alimento celestial del alma (Capítulo 6, *El cuerpo de Cristo*).
- La Eucaristía es la víctima inmaculada, el sacrificio perpetuo de la Iglesia (Capítulo 7, *La sangre de Cristo*).

En esta sección nos uniremos a la señora Lorente cuando ella y su familia participan en una misa recordatoria por el alma de su esposo.

6

El cuerpo de Cristo

Misa dominical: Primer aniversario de la muerte de José Lorente

El sacerdote Mario Sánchez se paró en silencio ante la baranda del altar mientras miraba a cinco miembros de la familia Lorente que se acercaban por el pasillo central: la señora Lorente y sus cuatro hijos. En las manos traían regalos de pan y vino. En sus corazones llevaban una profunda sensación de pérdida, porque aquel era el primer aniversario de la muerte de José Lorente, el amante esposo y padre de ellos. A pedido de la señora Lorente, el sacerdote Sánchez había accedido a ofrecer el sacrificio de la misa de esa mañana por el alma de José Lorente.

Al recibir los regalos, el sacerdote Sánchez pudo sentir que la aflicción de la familia arrojaba su sombra sobre él. Qué bien recordaba la noche de la muerte de José y el funeral que le había seguido. Al regresar al altar, el sacerdote albergaba la esperanza de que la misa de ese día consolara a la familia y apresurara la liberación de José del purgatorio.

Tomando el pan, el sacerdote Sánchez lo elevó sobre el altar y comenzó la liturgia de la Eucaristía, orando:[2]

> Bendito seas tú, Señor, Dios de toda creación. Mediante tu bondad tenemos este pan para ofrecer, que la tierra ha dado y que manos humanas han hecho. Esto se volverá pan de vida para nosotros.

Mientras vertía una pequeña cantidad de agua en una copa, llamada cáliz (que ya contenía vino), el sacerdote Sánchez oró en voz baja:

> Por el misterio de esta agua y vino, te pedimos que podamos venir a compartir en la divinidad de Cristo, quien se humilló a sí mismo para compartir en nuestra humanidad.

Elevando el cáliz, continuó:

> Bendito seas tú, Señor, Dios de toda creación. Mediante tu bondad tenemos este vino para ofrecer, el fruto de la vid y obra de manos humanas. Esto se volverá nuestra bebida espiritual.

El sacerdote Sánchez luego se dirigió a la congregación: «Oren, hermanos, que nuestro sacrificio sea aceptable a Dios, el Padre todopoderoso.»

A esto la gente respondió: «Que el Señor acepte el sacrificio de tus manos para la alabanza y gloria de su nombre, para nuestro bien, y el bien de toda su Iglesia.»

Extendiendo sus manos, el sacerdote bendijo a la congregación, «Que el Señor esté con vosotros.»

«Y también contigo», respondieron ellos.

«Elevad vuestros corazones.»

«Los elevamos al Señor».

«Demos gracias al Señor nuestro Dios».

«Es justo darle gracias y alabanza.»

Con aumentada solemnidad se acercaba el momento cumbre de la misa. Extendiendo sus manos sobre el pan y el vino, el sacerdote Sánchez pidió a Dios que realizara una transformación maravillosa:

> Bendice y aprueba nuestra ofrenda; hazla aceptable a ti, una ofrenda en espíritu y en verdad. Que se vuelva para nosotros el cuerpo y la sangre de Jesucristo, tu Hijo, nuestro Señor.

El sacerdote entonces comenzó a representar la última cena. Tomó una sola oblea de pan y la levantó sobre el altar. Hablando de Cristo, el sacerdote Sánchez dijo:

> La noche antes de padecer, tomó pan en sus sagradas manos, y mirando hacia el cielo, a Ti, su Padre Todopoderoso, dio gracias y alabanza. Partió el pan, lo dio a sus discípulos, y dijo: «Tomad esto, todos vosotros, y comedlo: este es mi cuerpo que por vosotros es dado.»

Con esas palabras, según la Iglesia Católica Romana, el pan en las manos del sacerdote Sánchez se volvió el cuerpo de Jesucristo. Como expresión de esta creencia, el sacerdote bajó la oblea y se inclinó ante ella en adoración.

Tomando el cáliz, el sacerdote Sánchez lo elevó sobre el altar y continuó su narración de las acciones de Cristo en la última cena:

> Cuando terminó la cena, tomó la copa. De nuevo te dio gracias y alabanza, dio la copa a sus discípulos, y dijo: «Tomad esto, todos vosotros, y bebed de ella: esta es la copa de mi sangre, la sangre del nuevo y eterno pacto. Será derramada por vosotros y por todos los hombres de forma que los pecados puedan ser perdonados. Haced esto en memoria de mí.»

De nuevo el sacerdote Sánchez se inclinó en silencio.

LA PRIMERA MISA

[610-611, 1323, 1337-1340]

El catolicismo romano enseña que Cristo instituyó la misa en la última cena la noche que lo traicionaron [1323]. Cuando el Señor pronunció sobre el pan: «Esto es mi cuerpo» (Mt. 26:26), y sobre el vino: «Esto es mi sangre del nuevo pacto» (Mt. 26:28), los cambió [621]. El pan se volvió su cuerpo. El vino se volvió su sangre [1339]. Cristo luego los ofreció como sacrificio al Padre y los dio a sus discípulos para que comiesen y bebiesen [610-611]. Esto, dice la Iglesia Católica, fue la primera Eucaristía.

También en la última cena, Cristo dijo a sus discípulos: «Haced esto en memoria de mí» (Lc. 22:19). La Iglesia Católica enseña que con esas palabras, el Señor constituyó a sus discípulos sacerdotes y los comisionó para ofrecer la misa [611, 1337]. Debían celebrar la Eucaristía con frecuencia, aun diariamente si fuese posible. El ofrecer la misa y el perdonar pecados serían las dos principales funciones de su sacerdocio [1461, 1566].

LA CONSAGRACIÓN DE LA MISA

[1333, 1352-1353, 1357-1358, 1373-1377]

El momento cumbre de la misa ocurre durante la *consagración*, parte de la Liturgia de la Eucaristía. Aquí es cuando el sacerdote, al repetir las palabras que habló Cristo en la última cena, se cree que cambia el pan y el vino en el cuerpo y la sangre de Cristo por el poder del Espíritu Santo [1105-1106, 1353]:

> ...en el sacramento de la Eucaristía, Cristo está presente en una manera totalmente singular, Dios y hombre, íntegro y entero, sustancial y continuamente.
>
> —Concilio Vaticano II[3]

Aquí la Iglesia Católica describe cinco características de la presencia de Cristo en la Eucaristía:

Singular

En la Eucaristía, Cristo existe «de una manera totalmente singular»,[4] puesto que no hay paralelo alguno en la naturaleza con lo que sucede sobre el altar [1085, 1374].

Dios y Hombre

El pan y el vino se vuelven «Dios y hombre»,[5] porque se cree que la Eucaristía es el Cristo encarnado, «... el verdadero cuerpo de Cristo el Señor, el mismo que nació de la Virgen...»[6] [1106, 1374].

Íntegro y entero

El pan y el vino contienen cada uno a Cristo «íntegro y entero»[7] [1374]. Según la Iglesia Católica, esto significa que aun la más pequeña miga de pan contiene el cuerpo entero y la sangre de Cristo. Lo mismo es cierto respecto de cada gota de vino [1377].[8]

Substancial

El catolicismo romano enseña que sólo la esencia, llamada *substancia*, del pan y el vino, cambia [1374, 1376]. Sus apariencias exteriores siguen siendo las de pan y vino ordinarios.

Continua

La Iglesia Católica Romana enseña que Cristo existe «continuamente»[9] en la Eucaristía siempre y cuando el pan y el vino permanezcan incorruptos [1377]. Por esta razón, hay que poner sumo cuidado para proteger de pérdida y contaminación el pan y el vino consagrados. Después de la comunión, el sacerdote guarda bajo llave cualquier hojuela consagrada que haya sobrado en una pequeña caja fuerte inamovible a la que llaman *tabernáculo* [1183, 1379]. Por lo general, es una estructura enchapada en plata ubicada en uno de los altares de la iglesia. En el santuario se mantiene una lámpara encendida siempre que Cristo esté eucarísticamente presente en el tabernáculo. Los católicos que entran en la iglesia o cruzan en frente del tabernáculo deben reconocer la Eucaristía con genuflexiones, hincándose sobre la rodilla derecha brevemente, como señal de respeto [1378]. Algunos católicos también hacen la señal de la cruz cuando pasan en sus automóviles frente a una iglesia católica por la misma razón.

EL SACRAMENTO DE LA EUCARISTÍA

[1322-1419]

Según la Iglesia Católica Romana, la misa, así como la última cena, es una «comida sagrada».[10] En ella, la comunidad católica es testigo de su unidad y goza de comunión con Dios [1118, 1396]. Es una oportunidad para recordar las obras de Cristo, para proclamar su muerte, y para expresar gratitud a Dios. En consecuencia, la Iglesia Católica se refiere al pan y al vino consagrados como la *Eucaristía*, de la palabra griega para *acción de gracias* [1328, 1358-1361].

La Iglesia Católica enseña que la Eucaristía es un medio de gracia, un sacramento de la Iglesia [1210-1212]. Por su intermedio, los fieles obtienen gracia santificante y son justificados aun más:

> Lo que el alimento material produce en nuestra vida corporal, la comunión lo realiza de manera admirable en nuestra vida espiritual. La comunión con la carne de Cristo resucitado, «vivificada por el Espíritu Santo» conserva, acrecienta y renueva la vida de gracia recibida en el bautismo.
>
> —*Catecismo de la Iglesia Católica* [1392]

Mediante la Eucaristía, los católicos también reciben la gracia actual que les permite guardar los mandamientos y hacer buenas obras. La Eucaristía, dice la Iglesia Católica, es «el antídoto que nos libera de las culpas cotidianas y nos preserva de los pecados mortales», y es «una prenda de nuestra futura gloria y perpetua felicidad »[11] [1395, 1402-1405, 1436].

Según la Iglesia Católica, la Eucaristía es el Santísimo Sacramento, puesto que es Cristo mismo [1330]. Nutre espiritualmente el alma y hace al católico más como Cristo, puesto que «participar del cuerpo y la sangre de Cristo no tiene otro efecto que cambiarnos a lo que hemos recibido».[12]

El católico preparado adecuadamente obtiene los beneficios de la Eucaristía asistiendo a misa y participando con devoción [1385-1388, 1415]. Los que reciben la sagrada comunión obtienen una bendición más plena y gozan «una unión íntima con Cristo Jesús»[1391] [1396, 1416].

Puesto que el catolicismo romano sostiene que la Eucaristía ayuda a uno a lograr la salvación eterna, la Iglesia Católica alienta a los fieles a recibirla diariamente [1389]. Por esta misma razón, la ley de la Iglesia Católica requiere que los católicos asistan a misa cada domingo y en ciertos días de fiesta de dicha Iglesia [1389, 2042, 2181].[13] Los católicos también deben recibir la Sagrada Comunión por lo menos una vez cada año durante la época de Pascua [1417, 2042].[14] Se considera pecado mortal desobedecer deliberadamente estos mandamientos de la Iglesia Católica [2181].

Sin embargo, no puede participar en la Eucaristía ninguno que no crea en la *presencia real* de Cristo, es decir, «una presencia *substancial* por la cual Cristo, Dios y hombre, se hace presente íntegra y totalmente»[15] en el pan y el vino consagrados [1355, 1374, 1396, 1400-1401]. Para proteger contra el sacrilegio, cuando el sacerdote distribuye la sagrada comunión a cada persona sostiene la oblea consagrada en frente del comunicante, diciendo: «El cuerpo de Cristo». Antes que la persona pueda recibir la hostia, debe responder: «Amén», queriendo decir: «¡Sí, es verdad!»[1396].

LA ADORACIÓN DE LA EUCARISTÍA

[1378-1381, 1418]

La Iglesia Católica Romana enseña que los fieles deben «respetar la Eucaristía con el más alto honor ... honrándola con suprema adoración»[16] con el mismo culto de latría o adoración que ofrecemos a Dios»[17] [1178, 1183, 1378, 1418, 2691].

> No debería caber duda en la mente de nadie «que todos los fieles deberían mostrar a este santísimo sacramento la adoración que es debida al verdadero Dios, como siempre ha sido la costumbre de la Iglesia Católica. Ni de ninguna manera deben adorarlo menos porque haya sido instituido por Cristo para comerlo».
>
> —Concilio Vaticano II[18]

Las iglesias de los vecindarios promueven la adoración de la Eucaristía mediante fiestas anuales que incluyen la *Exposición del Sagrado Sacramento*. La costumbre típica es que una hostia grande, una oblea de pan consagrada, se coloca en un receptáculo de vidrio. Luego se lo engasta en el centro de un vaso de oro ornamentado llamado ostensorio, que se asemeja a un resplandor de sol, que se coloca sobre un altar para que los fieles lo adoren. En los países predominantemente católicos, un sacerdote puede también llevar el ostensorio por las calles de la parroquia en procesión solemne [1378].

La Iglesia Católica también promueve la adoración de la Eucaristía mediante órdenes especiales de hombres y mujeres dedicados a la continua adoración del pan y el vino consagrados. Estas incluyen las monjas de la Perpetua Adoración del Bendito Sacramento, las Hermanas Adoratrices de la Preciosa Sangre, y la Congregación del Sagrado Sacramento.

UNA RESPUESTA BÍBLICA

En el Capítulo 3, *Aumento y conservación de la justificación,* analizamos los errores relacionados con el sacramento de la Eucaristía como medio de gracia santificante. Aquí consideraremos la Eucaristía como el cuerpo de Cristo. Nuestro enfoque será dos secciones de las Escrituras usadas por la Iglesia Católica Romana para explicar la misa: los relatos de la última cena (Mt. 26:20-30; Mr. 14:17-26; Lc. 22:14-38) y el discurso de Jesús en Juan 6. Se mostrará que:

- En la última cena, Cristo habló del pan y el vino como los símbolos, no la substancia, de su cuerpo y sangre.
- En Juan 6, Cristo enseñó que la vida eterna se recibe por creer en Él, no por comer su carne.

EL PAN Y EL VINO SON SÍMBOLOS

Hay varios problemas con la interpretación catolicorromana de que, en la última cena, el pan y el vino se volvieron realmente «... el cuerpo y la sangre, juntamente con el alma y la divinidad, de nuestro Señor Jesucristo y, por ende, Cristo entero»[19] [1374]. El primero es que no hay la más leve indicación de que en la última cena, el pan o el vino se transformaron en nada. Lo mismo se puede decir de la misa actual. El pan y el vino antes y después de la consagración aparecen exactamente lo mismo. Además, tienen el mismo olor, el mismo gusto y la misma sensación. De hecho, toda la evidencia empírica apoya la interpretación de que no cambian en absoluto.

La Iglesia Católica sostiene que aunque el pan y el vino no *parecen* cambiar, no obstante cambian. Usa una teoría llamada *transubstanciación* para explicar por qué este supuesto milagro no puede verse [1376, 1413].

La base filosófica para la teoría proviene de los escritos de Aristóteles. Este enseñó que toda la materia consiste en dos partes: *accidentes* y *substancia*. Aristóteles definió accidentes como la apariencia externa de un objeto, y substancia como su esencia interna, el núcleo de su realidad.

La teoría de la transubstanciación dice que en la consagración de la misa, la substancia del pan y del vino cambian mientras sus accidentes siguen siendo los mismos [1373-1377, 1413].[20] Por las palabras de consagración, dice la Iglesia Católica, «...se realizan tres efectos maravillosos y admirables»:[21]

- Las esencias internas del pan y del vino dejan de existir.
- Las apariencias externas del pan y del vino permanecen, a pesar de que ya no están conectadas a ninguna realidad interna suyas propias.
- La esencia interna del cuerpo y la sangre reales de Cristo vienen a existir bajo las apariencias de pan y vino.

A la Iglesia Católica Romana no le perturban todos los argumentos en contra de la transubstanciación derivados de la observación y del sentido común. Dicho cambio, dice la Iglesia, es un fenómeno sobrenatural, parte del «misterio de la Eucaristía».[22] «Desafía los poderes de concepción»[23] [1381]. La Iglesia Católica afirma que el hecho de que «dicho cambio se realiza debe reconocerse por la fe; cómo sucede no debemos inquirir por curiosidad».[24] Se espera que los fieles acepten esta explicación sin tener en cuenta lo «repugnante que pueda parecer a los sentidos».[25]

Pero la fe debe descansar en la revelación divina, y el alegado cambio milagroso que tratan de explicar por la transubstanciación no está en la Biblia. Ni tampoco hay un precedente bíblico para un milagro en el que Dios espera que los fieles crean que algo sobrenatural ha ocurrido cuando en realidad toda la evidencia externa indica que no ha ocurrido nada en absoluto. Dios jamás ha tratado con la gente de esa manera.

Un segundo problema que presenta la interpretación catolicorromana de las palabras de Cristo en la última cena es que requiere comer carne humana. La Iglesia Católica enseña que la eucaristía es «...el verdadero cuerpo de Cristo el Señor, el mismo que nació de la Virgen...»[26] ¡Esto es lo que los discípulos supuestamente comieron en la última cena!

Uno pensaría que semejante absurdo sería suficiente para descartar la interpretación catolicorromana como insostenible. Al contrario, la Iglesia Católica insiste diciendo que el Señor asimismo instruyó a sus discípulos que bebieran su sangre.

Para un judío, beber sangre humana hubiera sido más que simplemente repugnante; hubiera sido ilícito. La Ley de Moisés prohibía estrictamente a los judíos beber sangre (Lv. 17:10-14). Podemos estar seguros de que si los discípulos hubieran pensado que Jesús les estaba pidiendo que violaran este mandamiento, eso habría resultado en una acalorada discusión y vociferantes protestas. Sin embargo, no hay indicio alguno de tal controversia en ninguna de las crónicas de la última cena.

Además, si los discípulos hubieran bebido la sangre de Cristo en la última cena, Pedro no podría haber afirmado meses más tarde: «Porque ninguna cosa común o inmunda he comido jamás» (Hch. 10:14). Asimismo, el concilio en Jerusalén no podría haber instruido a los cristianos gentiles que «os abstengáis ... de sangre» (Hch. 15:29) si es que los cristianos en forma rutinaria bebían la sangre de Cristo en la Cena del Señor.

No hay razón para creer que los discípulos ni por un momento pensaron que el pan y el vino se cambiaban en el cuerpo y la sangre de Cristo. En ninguna parte leemos que protegían cuidadosamente todas las migas que se separaban del pan consagrado o que caían sobre sus rodillas, y que adoraban el pan y el vino. Al contrario, se dice que inmediatamente después que el Señor supuestamente cambió el vino en su sangre, Él expresamente se refirió al mismo como vino:

> Y os digo que desde ahora no beberé más de este fruto de la vid, hasta aquel día en que lo beba nuevo con vosotros en el reino de mi Padre.
>
> —Mateo 26:29

Otro aspecto que hay que tener en cuenta es que cuando Cristo, refiriéndose al pan, dijo: «Esto es mi cuerpo» (Mt. 26:26), Él estaba físicamente presente con sus discípulos. Seguramente que ellos no habrían pensado que el cuerpo de Jesús estaba tanto a la mesa como sobre ella, y más tarde debajo de la mesa cuando se desparramaron las migajas.

Sin embargo esa es la interpretación catolicorromana. Eso y mucho más puesto que, según la Iglesia Católica, Cristo está presente corporalmente hoy en miles de iglesias en todo el mundo en cada miga de pan y gota de vino consagrados. La Biblia, por otra parte, nunca adscribe más de una ubicación al cuerpo de Cristo en cualquier momento dado.

Alguien podrá objetar diciendo: «Pero, ¿no es Cristo Dios? Y acaso Dios no está en todas partes?» Sí, pero esto se refiere a su presencia *espiritual*. El Señor Jesucristo es *espiritualmente* omnipresente. Según la Biblia, él ahora está *corporalmente* sentado «a la diestra de la Majestad en las alturas» (He. 1:3).

Todos los problemas que se enuncian anteriormente se resuelven cuando las palabras de Jesús en la última cena se entienden en su sentido *figurado*. Es decir, Jesús usó pan y vino en la última cena como *símbolos* de su cuerpo y sangre.

La interpretación metafórica es perfectamente razonable. A los discípulos no se les exige que beban sangre ni coman carne humana. El cuerpo de Cristo permanece en una ubicación. Y no hay necesidad de inventar teorías complicadas para justificar algo que es obvio: el pan y el vino siguen siendo pan y vino.

Los discípulos estaban acostumbrados a que el Señor usara lenguaje figurado en sus enseñanzas. En diferentes ocasiones, Cristo se refirió a su cuerpo como templo (Jn. 2:19), a la nueva vida como agua viva (Jn. 4:10), a sus discípulos como la sal de la tierra (Mt. 5:13), y a las enseñanzas de los fariseos como levadura (Mt. 16:6). El evangelio de Juan registra siete declaraciones metafóricas que Jesús hizo de sí mismo. Cada una usa el mismo verbo que se traduce «es» en las palabras de Jesús: «Esto es mi cuerpo» (Lc. 22:19). Jesús dijo:

- «Yo soy el pan de vida» (Jn. 6:48).
- «Yo soy la luz del mundo» (Jn. 8:12).
- «Yo soy la puerta» (Jn. 10:9).
- «Yo soy el buen pastor» (Jn. 10:11).
- «Yo soy la resurrección y la vida» (Jn. 11:25).

- «Yo soy el camino, y la verdad, y la vida» (Jn. 14:6).
- «Yo soy la vid verdadera» (Jn. 15:1).

Todas estas declaraciones tienen la intención de que se las interprete en su sentido figurado. Las últimas hasta se expresaron en la última cena. Un estudio de la enseñanza de Cristo esa noche revela varias formas de expresión. Por ejemplo, Jesús se refirió al nuevo pacto metafóricamente, diciendo: «Esta copa es el nuevo pacto en mi sangre» (1 Co. 11:25). Lógicamente, la copa no era el pacto mismo sino el *símbolo* del pacto. Además, después de la última cena, Jesús dijo a sus discípulos:

> Estas cosas os he hablado en alegorías; la hora viene cuando ya no os hablaré por alegorías, sino que claramente os anunciaré acerca del Padre.
>
> —Juan 16:25

Los defensores de la interpretación catolicorromana dicen que la interpretación metafórica no tiene sentido; hacen que el pan y el vino sean meros símbolos, vacíos. Desde una perspectiva catolicorromana, quizás tengan razón. Porque si el propósito de la misa es producir comida celestial para nutrir el alma, ciertamente hay necesidad de que se produzca un cambio milagroso. Además, si la Iglesia Católica intenta continuar el sacrificio de la cruz en la misa (como veremos en el capítulo siguiente), está claro que el pan y el vino ordinarios serían más bien inútiles.

Sin embargo, si el objetivo es obedecer el mandamiento del Señor: «Haced esto en memoria de mí» (Lc. 22:19), el pan y el vino ordinarios son suficientes. El pan representa el cuerpo de Cristo, partido por nosotros en la cruz. El vino representa su sangre, vertida por nuestros pecados. Participar de cada uno es una declaración pública de fe en su obra de salvación consumada. Es decir: «Tengo parte en el cuerpo y la sangre de Cristo. Él dio su vida por mí» (véase 1 Co. 10:16). Cuando los creyentes participan de una hogaza de pan juntos, también están testificando de su unidad en Cristo como su cuerpo (1 Co. 10:17). El participar de manera descuidada —como estaba sucediendo en Corinto— es un asunto serio, no por lo que el pan y el vino sean físicamente, sino por lo que *representan* (1 Co. 11:18-27).

La interpretación metafórica es consecuente con la enseñanza de Jesús sobre la naturaleza del culto. Enseñó que «Dios es Espíritu; y los que le adoran, en espíritu y en verdad es necesario que adoren» (Jn. 4:24). Puesto que el objetivo es la comunión espiritual, la presencia corporal de Cristo no es necesaria. El pan y el vino ordinarios pueden servir como recordatorios adecuados para los cristianos cuando se reúnen para anunciar «la muerte del Señor hasta que él venga» (1 Co. 11:26). Entonces no necesitarán símbolos, porque lo tendrán a Él.

LA VIDA ETERNA ES MEDIANTE LA FE EN CRISTO SOLAMENTE

La Iglesia Católica Romana basa su explicación de la última cena mayormente sobre el sexto capítulo del Evangelio de Juan [1336, 1338, 1406]. Este pasaje registra una discusión entre Jesús y un grupo de judíos, la mayoría de los cuales eran incrédulos. Esto ocurrió en la sinagoga de Capernaum en época de Pascua, un año antes de la última cena.

Según el catolicismo romano, en esa ocasión Jesús prometió dar a la Iglesia una comida espiritual:

> Yo soy el pan vivo que descendió del cielo; si alguno comiere de este pan, vivirá para siempre; y el pan que yo daré es mi carne, la cual yo daré por la vida del mundo.
>
> —Juan 6:51

El pan que Cristo daría, dice la Iglesia Católica, sería la Eucaristía, su cuerpo y sangre reales. Eso es lo que Cristo quiso decir, sostiene, cuando dijo: «Porque mi carne es verdadera comida, y mi sangre es verdadera bebida» (Jn. 6:55). Como tal, la Eucaristía sería una fuente de vida espiritual [1509]:

> Jesús les dijo: De cierto, de cierto os digo: Si no coméis la carne del Hijo del Hombre, y bebéis su sangre, no tenéis vida en vosotros. El que come mi carne y bebe mi sangre, tiene vida eterna; y yo le resucitaré en el día postrero.
>
> —Juan 6:53, 54

Aquí, según la Iglesia Católica, Cristo enseña que cuando los fieles reciben la Sagrada Comunión durante la misa son nutridos con la comida espiritual para el alma, «el pan que da vida eterna»[1509] [1383-1384]. Ellos «...comen la carne de Cristo y beben la sangre de Cristo, y así reciben gracia, que es el comienzo de la vida eterna, y la "medicina de inmortalidad"...»[27] Así es como la Iglesia Católica Romana explica Juan 6. Sin embargo, si uno mira el contexto del pasaje se suscita una interpretación diferente.

Juan 6 comienza con la alimentación milagrosa de 5.000 personas a la orilla del mar de Galilea (Jn. 6:1-14). Al día siguiente, un grupo de judíos que habían sido testigos del milagro de los panes y los peces fue a Capernaum buscando a Jesús (Jn. 6:22-25).

Jesús les dijo a esos judíos que lo estaban buscando por un motivo equivocado: «De cierto, de cierto os digo que me buscáis, no porque habéis visto las señales, sino porque comisteis el pan y os saciasteis» (Jn. 6:26). Jesús tenía algo que ofrecerles que era muchísimo mejor que una comida gratis: «Trabajad, no por la comida que perece, sino por la comida que a vida eterna permanece, la cual el Hijo del Hombre os dará; porque a éste señaló Dios el Padre» (Jn. 6:27).

Aquí Jesús introdujo una metáfora en la discusión. Puesto que los judíos al parecer no buscaban nada más que otra comida gratis, Jesús describió su ofrenda en términos de alimento: no nutrición ordinaria, sino «comida que a vida eterna permanece» (Jn. 6:27).

Los judíos se imaginaron que tendrían que hacer algún gran acto virtuoso para ganarse esa comida perdurable. Le preguntaron a Jesús: «¿Qué debemos hacer para poner en práctica las obras de Dios?» (Jn. 6:28). Jesús les respondió: «Esta es la obra de Dios, que creáis en el que Él ha enviado» (Jn. 6:29). Lo que necesitaban hacer era colocar su confianza en Jesús como el único enviado de Dios, el Mesías.

Los judíos respondieron con un desafío: «¿Qué señal, pues, haces tú, para que veamos, y te creamos? ¿Qué obra haces?» (Jn. 6:30).

Esta respuesta claramente destaca dos cosas: primero, los judíos entendieron que Jesús los estaba *llamando* para que creyesen en Él. Segundo, no aceptaban la afirmación de Cristo de que era el Mesías. A pesar de que el día anterior habían sido testigos de un milagro extraordinario, querían más pruebas, otra señal. Hasta llegaron al extremo de sugerir que Jesús hiciera caer maná del cielo, como lo había hecho Moisés (Jn. 6:31).

Una vez más, Jesús relacionó su respuesta con la referencia de ellos al maná, el pan del cielo. Los judíos sabían que el maná había sido imprescindible para la supervivencia física de la nación en el desierto. Puesto que Jesús estaba tratando de hacerles entender que Él era imprescindible para la supervivencia espiritual de ellos, les respondió: «Yo soy el pan de vida; el que a mí viene, nunca tendrá hambre; y el que en mí cree, no tendrá sed jamás» (Jn. 6:35). En otras palabras, los que pusieran su confianza en él quedarían espiritualmente satisfechos para siempre.

Al intensificarse la discusión, Jesús declaró otra vez su afirmación y recalcó su analogía con más firmeza: «Yo soy el pan vivo que descendió del cielo; si alguno comiere de este pan, vivirá para siempre; y el pan que yo le daré es mi carne, la cual yo daré por la vida del mundo» (Jn. 6:51).

Aquí Jesús predice su muerte en la cruz, no el sacramento de la Eucaristía. Les predice que dará su vida en la cruz.

Cuando Jesús prometió: «Si alguno comiere de este pan, vivirá para siempre» (Jn. 6:51), no estaba hablando de pan literal, sino enseñando que Él mismo era la fuente de la vida eterna para todos los que creen. Les declaró esta verdad en palabras simples: «De cierto, de cierto os digo: El que cree en mí, tiene vida eterna» (Jn. 6:47). Les declara esta verdad en lenguaje figurado: «Yo soy el pan de vida» (Jn. 6:48).

Esta expresión simple y figurada de la misma verdad también puede verse en la construcción paralela de Juan 6:40 y Juan 6:54, como se demuestra en la siguiente tabla:

DECLARADO EN LENGUAJE SIMPLE *Juan 6:40*	DECLARADO EN LENGUAJE FIGURADO *Juan 6:54*
… todo aquel que ve al Hijo, y cree en él, tenga vida eterna; y yo le resucitaré en el día postrero.	El que come mi carne y bebe mi sangre, tiene vida eterna; y yo le resucitaré en el día postrero.

Los eruditos catolicorromanos rechazan la interpretación del sentido figurado. Señalan que los judíos entendieron que Jesús les estaba pidiendo que comieran su carne real. Por eso se fueron expresando quejas. Los eruditos católicos arguyen que, puesto que Jesús no los corrigió en ese punto crucial, está claro que los judíos habían entendido correctamente al Señor [1336].

Ese argumento tiene algo de mérito. Algunos de los judíos pensaron en realidad que Jesús estaba pidiéndoles que comieran su cuerpo físico (Jn. 6:52). Pero no prueba que ellos entendieron correctamente lo que Jesús les dijo. La gente a menudo entendía mal lo que Jesús les decía, generalmente porque no podían discernir cuando Él hablaba en sentido figurado (por ejemplo, Jn. 2:19-21 y 4:10, 11). A veces Jesús usaba lenguaje figurado para velar la verdad de oyentes incrédulos y duros de corazón (Mt. 13:10-16).

No obstante, la sugerencia de que Jesús no intentó corregir el mal entendido de los judíos en Juan 6 es incorrecta. En respuesta a las quejas de la multitud, Jesús dijo: «El Espíritu es el que da vida; la carne para nada aprovecha; las palabras que yo os he hablado son espíritu y son vida» (Jn. 6:63). La vida eterna debía obtenerse creyendo las *palabras* de Jesús. Comer su carne sería infructuoso.

Cuando los judíos que se oponían a Jesús se alejaron en incredulidad, Él se dirigió a los Doce y les preguntó, para probar la fe de ellos: «¿Queréis acaso iros también vosotros?» (Jn. 6:67).

Pedro respondió: «Señor, ¿a quién iremos? Tú tienes palabras de vida eterna» (Jn. 6:68, 69). Pedro, al menos, entendió que la vida eterna se obtenía *creyendo en Cristo*, no comiendo su carne.

A pesar de que Jesús se refiere al pan en Juan 6, no deberíamos leer la última cena en el pasaje. Los contextos de Juan 6 y de la última cena son totalmente diferentes.

En Juan 6, Jesús está hablando a judíos incrédulos. El tema es vida eterna por medio de la fe en Él. Jesús usa el pan para representarse a sí mismo como el enviado del Padre (Jn. 6:29), como la fuente de vida (Jn. 6:35), y como el Salvador del mundo (Jn. 6:51). El propósito del Señor es ilustrar la necesidad que los pecadores tienen de colocar su confianza en Él para vida eterna.

En la última cena, Jesús habla a sus discípulos. Usa pan para representar su cuerpo. Su objetivo es instituir una comida recordatoria mediante la cual ellos pudieran recordarle. Quiere que sus discípulos proclamen su muerte de esta manera hasta que Él vuelva.

Juan 6 y la última cena son dos sucesos diferentes. Usar el primero para explicar el último tergiversa el significado de ambos. Pero esto es exactamente lo que la Iglesia Católica Romana ha hecho. Dicha Iglesia complica más el error cuando rehúsa admitir la interpretación del sentido figurado de cualquiera de los pasajes.

UN CRISTO FALSIFICADO

Si Cristo enseñó que el pan y el vino *representaban* su cuerpo y su sangre, pero la Iglesia Católica Romana enseña que ellos *se vuelven* su cuerpo y su sangre, ¿qué más da? Si los católicos sinceramente creen que Cristo está presente en la Eucaristía, ¿qué daño hace?

Mucho daño, en muchas maneras. Cada semana, millones de católicos se alínean ante los altares esperando recibir a Cristo. Asisten esperando obtener alimento celestial que nutrirá sus almas y servirá como antídoto contra el pecado [1395, 1405]. La Iglesia Católica les promete que en la Eucaristía hallarán «la fuente y cima de toda la vida cristiana»,[28] «la fuente de la salvación»,[29] a «Cristo mismo»[30] [1324-1327].

Pero, ¿qué reciben realmente los católicos? Nada más que una delgada oblea de pan sin levadura, una hojuela que no los acerca en absoluto a la salvación eterna. En realidad, la misa estorba a los católicos que buscan la salvación. Asistir a misa es simplemente una cosa más que la Iglesia Católica les da *para hacer* a los feligreses a fin de que puedan ser salvos; una cosa más que usurpa el lugar de una relación personal con Cristo; una cosa más que hace que dependan de ella para salvación.

Además, la liturgia de la misa exige que los católicos en realidad practiquen la idolatría, que adoren la Eucaristía «con suprema adoración»[31] [1378-1381]. Pero, ¿qué están adorando realmente los católicos? ¡Un pedazo de pan! ¡Una copa de vino!

Pero Dios prohibe la adoración de cualquier objeto, aun de los que pretenden representarlo:

> No te harás imagen, ni ninguna semejanza de lo que esté arriba en el cielo, ni abajo en la tierra, ni en las aguas debajo de la tierra. No te inclinarás a ellas, ni las honrarás....
>
> —Éxodo 20:4, 5

Podemos estar seguros de que Dios jamás se contradiría a sí mismo entrando en objetos materiales como pan y vino y luego ordenando que la gente los adore:

> Yo Jehová; este es mi nombre;
> y a otro no daré mi gloria,
> ni mi alabanza a esculturas.
>
> —Isaías 42:8

NOTAS

1. John A. McHugh, O.P. y Charles J. Callan, O.P., trads., *The Roman Catechism: The Catechism of the Council of Trent* (Rockford, IL: Tan Books and Publishers, 1982), p. 255.
2. La liturgia de la misa catolicorromana está abreviada en esta introducción. Para el rito completo, véase *The Vatican II Sunday Missal* (Boston: Daughters of St. Paul, 1974), pp. 583-627.
3. Concilio Vaticano II, «Liturgia Sagrada», «Sobre la Santa Comunión y la adoración del misterio de la Eucaristía fuera de la misa», nº 6.
4. *Ibid.*
5. *Ibid.*
6. McHugh y Callan, *The Roman Catechism...*, p. 228.
7. Concilio Vaticano II, «Liturgia Sagrada», «Sobre la Santa Comunión y la adoración del misterio de la Eucaristía fuera de la misa», nº 6.
8. En palabras de la Iglesia Católica: «Por tanto, es enteramente cierto que tanto una como otra forma contiene lo mismo; porque Cristo existe íntegro y entero bajo la forma de pan y bajo cualquier parte de esa forma, y asimismo íntegro bajo la forma del vino y bajo sus partes.» (Concilio de Trento, sesión 13, «Decreto sobre la Eucaristía», capítulo 3.)
9. Concilio Vaticano II, «Liturgia Sagrada», «Sobre la Santa Comunión y la adoración del misterio de la Eucaristía fuera de la misa», nº 6.
10. Concilio Vaticano II, «Liturgia Sagrada», «Instrucción general sobre el misal romano», Nº 268.
11. Concilio de Trento, sesión 13, «Decreto sobre el santísimo sacramento de la Eucaristía», capítulo 2.
12. Concilio Vaticano II, «Liturgia sagrada», «Instrucción sobre la adoración del misterio eucarístico», nº 7; citando a León el Grande, *Sermones*, 63, 7.
13. El canon 1246 del Código de la Ley Canónica establece el domingo como «el principal día sagrado de obligación en la Iglesia universal». El canon 1247 declara: «Los domingos y otros días festivos de obligación los fieles están obligados a participar en la misa....» El canon 1248 permite que la

obligación de asistir a misa pueda cumplirse asistiendo la víspera del día precedente.

14. El Código de la Ley Canónica, canon 920.
15. Papa Pablo VI, *Mysterium Fidei*, nº 39.
16. Código de la Ley Canónica, canon 898.
17. Concilio Vaticano II, «Liturgia sagrada», «Sobre la Santa Comunión y la adoración del misterio eucarístico fuera de la misa», nº 21.
18. Concilio Vaticano II, «Liturgia sagrada», «Segunda instrucción sobre la ejecución de la constitución sobre la liturgia sagrada», nº 3ss; citando del Concilio de Trento, sesión 13, «Decreto sobre la Eucaristía», capítulo 5.
19. Concilio de Trento, sesión 13, «Cánones sobre el santísimo sacramento de la Eucaristía», canon 1.
20. Concilio de Trento, sesión 13, «Decreto sobre la Eucaristía», capítulo 4.
21. McHugh y Callan, *The Roman Catechism...*, p. 228.
22. Concilio Vaticano II, «Liturgia Sagrada», «Instrucción sobre la adoración del misterio eucarístico», nº 1.
23. McHugh y Callan, *The Roman Catechism...*, p. 239.
24. *Ibid.*
25. *Ibid.*, p. 228.
26. *Ibid.*
27. Papa Pablo VI, *Mysterium Fidei*, nº 5.
28. Concilio Vaticano II, «Liturgia sagrada», «Sobre la Santa Comunión y la adoración del misterio eucarístico fuera de la misa», Nº 79.
29. Concilio Vaticano II, «Liturgia sagrada», «Instrucción general sobre el misal romano», nº 55.
30. Concilio Vaticano II, «Liturgia sagrada», «Instrucción sobre la adoración del misterio eucarístico», nº 6, citando del «Decreto sobre el ministerio y la vida de los sacerdotes», nº 5.
31. Código de la Ley Canónica, canon 898.

7

LA SANGRE DE CRISTO

Misa de domingo en la mañana: Primer aniversario de la muerte de José

«¡Este es el sacramento de nuestra fe!»,[1] anunció el sacerdote Sánchez con voz alta.

De acuerdo a las instrucciones de la liturgia, el sacerdote y la gente respondieron juntos: «Cristo murió. Cristo resucitó. Cristo vendrá otra vez.»

Extendiendo sus manos sobre el pan y el vino consagrados ante él sobre el altar, el sacerdote Sánchez levantó los ojos al cielo y solemnemente conmemoró la muerte del Señor:

> Por eso, Padre, nosotros, tus siervos, y todo tu pueblo santo, al celebrar este memorial de la muerte gloriosa de Jesucristo, tu Hijo, nuestro Señor; de su santa resurrección del lugar de los muertos y de su admirable ascensión a los cielos…

El sacerdote luego ofreció a Dios el Padre el sacrificio de su Hijo:

> …te ofrecemos, Dios de gloria y majestad, de los mismos bienes que nos has dado, el sacrificio puro, inmaculado y santo: pan de vida eterna y cáliz de eterna salvación.

Con las manos todavía extendidas, continuó:

> Mira con ojos de bondad esta ofrenda y acéptala, como aceptaste los dones del justo Abel, el sacrificio de Abraham, nuestro padre en la fe, y la oblación pura de tu sumo sacerdote Melquisedec.

Juntando luego las manos, el sacerdote Sánchez se inclinó y oró:

> Te pedimos humildemente, Dios Todopoderoso, que esta ofrenda sea llevada a tu presencia, hasta el altar del cielo, por manos de tu ángel, para que cuantos recibimos el cuerpo y la sangre de tu Hijo, al participar aquí de este altar, seamos colmados de gracia y bendición. [Por Cristo nuestro Señor. Amén.]

Una vez terminada la ofrenda de Cristo, el sacerdote Sánchez se preparó para aplicar los frutos del sacrificio a José Lorente y las otras almas en el purgatorio. En postura enhiesta, el sacerdote hizo la petición a Dios:

> Acuérdate también, Señor, de tus hijos, que nos han precedido con el signo de la fe, especialmente de José Lorente, y duermen ya el sueño de la paz. A ellos, Señor, y a cuantos descansan en Cristo, concédeles el lugar de consuelo, de la luz y de la paz. [Por Cristo, nuestro Señor. Amén.]

Después de dirigir a la congregación en el Padre Nuestro, el sacerdote Sánchez tomó una oblea grande de pan consagrado y cuidadosamente la partió en tres pedazos. Dejó caer la parte más pequeña dentro del cáliz, la copa que contenía el vino consagrado, diciendo en voz baja:

> Que la mezcla del cuerpo y la sangre de nuestro Señor Jesucristo nos traiga vida eterna a nosotros que la recibimos. Señor Jesucristo, con fe en tu amor y misericordia, como tu cuerpo y bebo tu sangre. Que no me traiga condenación sino salud en mente y cuerpo.

Luego el sacerdote proclamó en voz alta: «Este es el Cordero de Dios, que quita el pecado del mundo.» Al decir esto, elevó la hostia ante la congregación, añadiendo: «Dichosos los invitados a la cena del Señor.»

La gente se unió al sacerdote orando: «Señor, no soy digno de que entres en mi casa, pero una palabra tuya bastará para sanarme.»

Nuevamente en voz baja, el sacerdote Sánchez se dirigió a Dios: «Que el cuerpo de Cristo me traiga vida eterna.» Con estas palabras comió los pedazos que quedaban de la oblea partida. Luego, tomando el cáliz en sus manos, oró: «Que la sangre de Cristo me traiga vida eterna», y bebió el contenido de la copa.

El sacerdote Sánchez, habiendo recibido la Eucaristía personalmente, se preparó para distribuir la Sagrada Comunión a los presentes. Los que en la congregación deseaban recibir la Eucaristía comenzaron silenciosamente a formar dos filas frente al altar. El sacerdote Sánchez se acercó y se paró frente a la cabeza de la fila. Allí levantó una hostia consagrada ante cada persona, diciendo: «El cuerpo de Cristo».

Cada persona respondía: «Amén», una afirmación de creencia en la verdadera presencia eucarística de Cristo, y recibía una hostia sobre la lengua o en la mano.

Cuando concluyó la comunión, el sacerdote Sánchez regresó al altar y comenzó el ritual de la limpieza. Primero recogió todas las migas que habían caído de la hostia y las dejó caer en el cáliz. Luego, derramando agua en el cáliz, se enjuagó los dedos de todas las partículas que se habían adherido a ellos. Luego bebió el contenido de la copa y la secó con una servilleta de lino blanco. En todo este proceso, el sacerdote Sánchez ejerció extremo cuidado para que ni siquiera un fragmento de la materia consagrada se perdiera y desecrara. Luego encerró bajo llave las hostias consagradas que quedaban en el tabernáculo de la iglesia.

«Oremos», dijo el sacerdote Sánchez continuando. «Después de recibir los sacramentos que nos salvan, te rogamos, Señor, que, por intercesión de la Virgen María, que ha subido a los cielos, lleguemos a la gloria de la resurrección. Por Jesucristo nuestro Señor.»[2] Extendiendo sus manos hacia la congregación agregó: «El Señor esté con vosotros.»

«Y con tu espíritu», respondió la gente.

«La bendición de Dios todopoderoso, Padre, Hijo, y Espíritu Santo; descienda sobre vosotros», dijo haciendo la señal de la cruz.

«Amén».

«La misa ha terminado. Podéis ir en paz.»

«Demos gracias a Dios», respondió la gente.

El sacerdote Sánchez se inclinó, besó el altar, y salió del santuario por una puerta lateral. Al hacerlo, la congregación, silenciosamente, comenzó a salir en fila por las puertas posteriores de la iglesia.

Momentos más tarde, el edificio quedó vacío excepto por dos personas: la señora Lorente que rezaba el rosario por el alma de su esposo, y Cristo encerrado dentro del tabernáculo. Una lámpara roja continuaba ardiendo en el santuario, testigo silencioso de su supuesta presencia corporal.

LA CONTINUACIÓN DE LA CRUZ

[1323, 1330, 1362-1372]

El catolicismo romano enseña que en la última cena, después de la consagración del pan y del vino, Jesús «ofreció a Dios Padre su cuerpo y su sangre».[3] Cristo luego dio su cuerpo y sangre a los apóstoles para que los comiesen, instruyéndoles: «Haced esto en memoria de mí» (Lc. 22:19). Con esas palabras, según la Iglesia Católica, Cristo ordenó a sus apóstoles «a quienes entonces constituía sacerdotes del Nuevo Testamento»,[4] y les dio mandamientos «a ellos y a sus sucesores en el sacerdocio»[5] para que continuaran la ofrenda de la Eucaristía [1337]. De esta forma, Cristo

> ... instituyó una Pascua nueva, que era Él mismo, que había de ser inmolado por la Iglesia por ministerio de los sacerdotes bajo signos visibles, en memoria de su tránsito de este mundo al Padre...
>
> —Concilio de Trento[6]

Según la Iglesia Católica Romana, la misa es «un verdadero y propio sacrificio»,[7] no meramente un rito simbólico, sino el real «sacrificio de la Eucaristía»[8] [1367]. En la ofrenda de la misa hay una víctima real: el Señor Jesús bajo la apariencia de pan y vino. Por esta razón, la Iglesia se refiere a las obleas de pan consagradas como a *hostias*, de la palabra latina para *víctima*. La ofrenda es también real. El sacerdote «ofrece la Víctima inmaculada a Dios el Padre, en el Espíritu Santo».[9]

El sacrificio es el propósito primordial de la misa. El papa Juan Pablo II escribió: «La Eucaristía es por sobre todas las cosas un sacrificio. Es el sacrificio de la redención y también el sacrificio del Nuevo Pacto.»[10]

La Iglesia Católica enseña que el sacrificio de la cruz y el sacrificio de la misa son «uno y el mismo sacrificio»,[11] porque en cada uno, Cristo es el ofrecedor y la ofrenda [1367, 1407-1410]. En la cruz se ofreció directamente al Padre. En la misa, Cristo se ofrece a sí mismo al Padre mediante las manos del sacerdote [1088]. Sin embargo, Cristo sigue siendo el principal ofrecedor, porque la Iglesia Católica considera que el sacerdote es «otro Cristo»[12] [1348, 1566].

Según la Iglesia Católica, Cristo instituyó la misa a fin de «perpetuar el sacrificio de la cruz por los siglos hasta su vuelta»[13] [1323, 1382]. Cada misa sería la «renovación sacramental»[14] de la cruz con un triple propósito [1366]:

> ...para dejar a su esposa amada, la Iglesia, un sacrificio visible, como exige la naturaleza de los hombres por el que se representara aquel suyo sangriento que había una sola vez de consumarse en la cruz, y su memoria permaneciera hasta el fin de los siglos, y su eficacia saludable se aplicara para la remisión de los pecados que diariamente cometemos...
>
> —Concilio de Trento[15]

Aquí la Iglesia Católica describe tres relaciones entre la misa y la cruz. Para entender la naturaleza del sacrificio de la misa, es necesario examinar cada una de estas relaciones por separado.

Cada misa representa de nuevo el sacrificio de la cruz
[1330, 1354, 1357]

Cuando explica la última cena, el catolicismo romano recalca que Cristo consagró el pan y el vino *por separado*. Primero cambió el pan; luego cambió el vino. El sacerdote observa el mismo orden en la misa:

> Porque la sangre, consagrada por separado, sirve para colocar ante los ojos de todos, de una manera más vigorosa, la pasión de nuestro Señor, su muerte, y la naturaleza de sus sufrimientos.
>
> —*The Roman Catechism*[16]

Por la misma razón, el pan y el vino *permanecen separados* en la misa:

> ...las especies eucarísticas bajo las cuales Él está presente simbolizan la separación real de su cuerpo y sangre. Por lo tanto, la representación conmemorativa de su muerte, que realmente tuvo lugar en el Calvario, se repite en cada sacrificio del altar, puesto que Jesús es mostrado simbólicamente por símbolos separados que está en un estado de víctima.
>
> —*Mediator Dei*[17]

En consecuencia, coincidiendo con la consagración del pan y del vino está la *inmolación* de Cristo:

> Puesto que en el sacrificio de la misa nuestro Señor es inmolado cuando «él comienza a estar presente sacramentalmente como la comida espiritual de los fieles bajo las apariencias de pan y de vino».
>
> —Concilio Vaticano II[18]

La inmolación es la muerte de una víctima en sacrificio. No obstante, la Iglesia Católica dice que en la misa, Cristo no sufre, no vierte su sangre ni muere. Más bien, Cristo experimenta una «inmolación no sangrienta»[19] por la cual se vuelve sacramentalmente presente bajo las apariencias de pan y de vino, una «víctima santísima»[20] [1085, 1353, 1362, 1364, 1367, 1383, 1409, 1545].

El catolicismo romano enseña que una vez que Cristo está presente como víctima sobre el altar se ofrece a Sí mismo a Dios el Padre por las manos del sacerdote y en unión con la Iglesia [1354, 1357]:

> La celebración de la Eucaristía es la acción de Cristo mismo y la Iglesia; en ella, Cristo el Señor, por el ministerio de un sacerdote, se ofrece a Sí mismo, sustancialmente presente bajo las formas de pan y de vino, a Dios el Padre...
>
> —Código de la Ley Canónica[21]

Esta repetida representación de Cristo al Padre ocurre en la misa cuando al sacerdote ora diciendo:

> Padre ... te ofrecemos a ti, Dios de gloria y majestad, este sacrificio perfecto y santo: el pan de vida y la copa de salvación eterna. Mira con favor estas ofrendas y acéptalas ... Dios Todopoderoso, te pedimos que tu ángel pueda llevar este sacrificio a tu altar en el cielo. Luego, al recibir nosotros de este altar el cuerpo y la sangre sagrados de tu Hijo, permite que seamos llenos de toda gracia y bendición.
>
> —La oración memorial[22]

Por lo tanto, la Iglesia Católica considera que la misa es un verdadero sacrificio [1365]:

> El augusto sacrificio del altar, entonces, no es una mera conmemoración vacía de la pasión y muerte de Jesucristo, sino un verdadero y apropiado acto de sacrificio, por el cual el Sumo Sacerdote se ofrece a Sí mismo mediante una inmolación no sangrienta como una víctima enteramente aceptable al Padre Eterno, como lo hizo sobre la cruz.
>
> —*Mediator Dei*[23]

Con el fin de ayudar a que los fieles recuerden la conexión entre el sacrificio de la cruz y el sacrificio de la misa, la Iglesia Católica exige que en cada misa «en el altar o en alguna parte no lejos de él, haya una cruz que la gente pueda ver sin dificultad».[24]

Cada misa es un memorial del sacrificio de la cruz

[610-611, 1356-1358, 1362-1372]

Según la Iglesia Católica, cada misa

> ...nos recuerda que no hay salvación excepto en la cruz de nuestro Señor Jesucristo y que Dios mismo desea que haya una continuación de este sacrificio...
>
> —*Mediator Dei*[25]

La misa «celebra el memorial de Cristo, recordando especialmente su sagrada pasión, su gloriosa resurrección y su ascenso al cielo».[26] Esto se expresa en varias maneras en la misa. Un ejemplo es la Aclamación Memorial: «Cristo murió. Cristo resucitó. Cristo vendrá otra vez.»[27]

Cada misa aplica el poder salvador del sacrificio de la cruz [1366, 1407, 1416, 1566]

El catolicismo romano enseña que Cristo instituyó la Eucaristía

> ... para que la Iglesia tuviera un sacrificio perpetuo, mediante el cual nuestros pecados pudieran ser expiados, y nuestro Padre celestial, a menudo gravemente ofendido por nuestros crímenes, pudiera volverse de la ira a la misericordia, de la severidad del justo castigo a la clemencia.
>
> —*The Roman Catechism*[28]

Según la creencia catolicorromana, cada vez que un sacerdote ofrece la misa, eso mitiga la ira de Dios contra el pecado. La misa, como también la cruz misma, es un sacrificio propiciatorio o satisfactorio:

> En este divino sacrificio, que es la misa, se contiene e incruentamente se inmola aquel mismo Cristo que una sola vez se ofreció cruentamente por todos en la cruz; enseña el santo concilio que este sacrificio es verdaderamente propiciatorio, y que por él se cumple que, si con corazón verdadero y recta fe, con temor y reverencia, contritos y penitentes *nos acercamos a Dios, conseguimos misericordia y hallamos gracia para el oportuno socorro* (He. 4:16). Pues aplacado el Señor por la oblación de este sacrificio, concediendo la gracia y el don de la penitencia, perdona los crímenes y pecados, por grande que sean.
>
> —Concilio de Trento[29]

El apaciguamiento es el efecto hacia Dios del sacrificio de la misa. El efecto hacia el hombre es expiación, la liberación del pecador del castigo por el pecado [1371, 1394, 1416]:

> El cuerpo de Cristo que recibimos en la comunión es «entregado por nosotros», y la Sangre que bebemos es «derramada por muchos para el perdón de los pecados». Por eso la eucaristía no puede unirnos a Cristo sin purificarnos al mismo tiempo de los pecados cometidos...
>
> —*Catecismo de la Iglesia Católica*[1393]

El sacrificio de la misa beneficia tanto a los vivos como a los muertos [1371, 1689]:

> En cuanto sacrificio, la Eucaristía es ofrecida también en reparación de los pecados de los vivos y los difuntos, y para obtener de Dios beneficios espirituales o temporales.
>
> —*Catecismo de la Iglesia Católica*[1414]

La Iglesia Católica enseña que los beneficios del sacrificio de la cruz «ubérrimamente se perciben»[30] mediante el sacrificio de la misa:

> De ahí esta oración común de la Iglesia: *Siempre que se celebre la conmemoración de esta víctima, con la misma frecuencia se estará haciendo la obra de nuestra salvación*; es decir, a través de este sacrificio no sangriento fluyen hacia nosotros los frutos más abundantes de esa víctima sangrienta.
>
> —*The Roman Catechism*[31]

La creencia de que el sacrificio de la misa aplica el poder de la cruz se expresa en la liturgia de la Eucaristía. El sacerdote pide a Dios: «Dirige tu mirada, Padre santo, sobre esta ofrenda; es Jesucristo que se ofrece con su Cuerpo y con su Sangre y, por este sacrificio, nos abre el camino hacia ti, Señor, Padre de misericordia, derrama sobre nosotros el Espíritu del Amor, el Espíritu de tu Hijo».[32] Luego añade, «Señor, que este sacrificio, que ha hecho nuestra paz contigo, avance la paz y la salvación de todo el mundo.»[33]

UNA RESPUESTA BÍBLICA

El concepto de un sacrificio continuo por los pecados es ajeno al cristianismo bíblico. Las Escrituras enseñan que «no hay más ofrenda por el pecado» (He. 10:18). Cristo nos ha reconciliado con Dios habiendo hecho «la paz mediante la sangre de su cruz» (Col. 1:20). Contrario a la doctrina catolicorromana, la Biblia enseña que:

- Cristo pidió que lo *recordaran*, no que lo *sacrificaran*.
- La obra de *redención* hecha por Cristo está terminada y no hace falta que continúe.
- Cristo hizo sacerdotes *a todos* los creyentes, no a una minoría selecta.

CRISTO PIDIÓ QUE LO RECORDARAN, NO QUE LO SACRIFICARAN

En la última cena, el Señor Jesús instruyó a sus discípulos: «Haced esto en memoria de mí» (Lc. 22:19). La palabra traducida «memoria» significa *traer a la mente*. El Señor quería que sus discípulos trajeran a la mente su obra de salvación en la cruz. Con el pan y el vino frente a ellos, símbolos de su cuerpo y sangre, proclamaban su muerte y segunda venida: «la muerte del Señor anunciáis hasta que él venga» (1 Co. 11:26). La reunión que los cristianos llegarían a llamar «el partimiento del pan» (Hch. 2:42) y la «Cena del Señor» (1 Co. 11:20) sería un memorial de su muerte.

Sin embargo, las Escrituras nunca se refieren a la última cena (la cena de la Pascua que comieron la noche que Cristo fue traicionado) o a la Cena del Señor (la comida conmemorativa celebrada por los cristianos) como un sacrificio. A pesar de esto, los teólogos catolicorromanos consideran que ambas cosas, la última cena y la Cena del Señor son sacrificios reales. Consideraremos tres argumentos que ellos presentan de las Escrituras en apoyo de la posición de la Iglesia Católica:

- Fue predicho por Malaquías.
  Malaquías profetizó que habría un sacrificio en todo lugar (Mal. 1:11).
- Fue predicho por Jesús.
  Jesús profetizó que habría un sacrificio en todo lugar (Jn. 4:21).
- El orden de Melquisedec.
  Jesús ofreció pan y vino como sacerdote según el orden de Melquisedec (Sal. 110:4).

Predicho por Malaquías

La Iglesia Católica Romana dice que Malaquías profetizó que un día todas las naciones ofrecerían sacrificios. La Biblia católica dice:

> Porque desde donde el sol nace hasta donde se pone, es grande mi nombre entre las naciones; y en todo lugar se ofrece a mi nombre incienso y ofrenda limpia....
>
> —Malaquías 1:11

La Iglesia Católica Romana enseña que la Eucaristía es el cumplimiento de la profecía de Malaquías [1350, 2643]. La misa

> ... es ciertamente aquella *oblación pura*, que no puede mancharse por indignidad o malicia alguna de los oferentes, que el Señor predijo por Malaquías *había de ofrecerse en todo lugar, pura*, a su nombre, que había de ser grande entre las naciones.
>
> —Concilio de Trento[34]

Tanto la traducción como la interpretación catolicorromana de Malaquías 1:11 son cuestionables. El versículo no usa la palabra hebrea común para sacrificio. En realidad, la palabra hebrea traducida «sacrificio» en la Biblia católica aparece sólo en Malaquías 1:11 en todas las Escrituras. Al igual que muchas palabras raras, su traducción es incierta. Se sabe que la palabra se deriva de una raíz que significa «hacer que se levante en humo».[35] Los traductores de sobresalientes Biblias no católicas entienden que la palabra se refiere a *incienso*: «...y en todo lugar se ofrece a mi nombre incienso...» (Mal. 1:11). La Septuaginta, una antigua traducción al griego de las Escrituras hebreas, también traduce dicha palabra como «incienso».

Además, la «ofrenda limpia» a que se refiere Malaquías no es necesariamente un sacrificio por el pecado. En otras partes del Antiguo Testamento, la palabra traducida «ofrenda» se refiere a una ofrenda de cereal, un acto voluntario de gratitud, no un sacrificio que expía el pecado (Lv. 6:14-23).

Finalmente, Malaquías habla de un tiempo cuando «el nombre [del Señor será] ... grande entre las naciones» (Mal. 1:11).

Ciertamente, ese no es el caso en la actualidad. Hoy en día, el nombre de Cristo es objeto del escarnio y el ridículo. El contexto de la profecía de Malaquías establece claramente que se está refiriendo a sucesos todavía futuros que acontecerán después de la Segunda Venida de Cristo.

Dicho sea de paso, la descripción anterior de la Iglesia Católica respecto a la misa como «oblación pura que no puede mancharse por indignidad o malicia alguna de los oferentes»[36] expresa otra de sus creencias erróneas. La Iglesia Católica enseña que el sacrificio de la misa es sagrado y aceptable a Dios sin tener en cuenta la condición espiritual del sacerdote que la ofrece [1128].[37] En otras palabras, si un sacerdote ordenado adecuadamente ofrece la misa, el sacrificio es santo al Señor aun si el sacerdote que la ofrece está personalmente practicando el más vil de los pecados. La Biblia, por otra parte, enseña que «el sacrificio de los impíos es abominación a Jehová...» (Pr. 15:8).

Predicho por Jesús

Los eruditos catolicorromanos afirman que Jesús predijo el sacrificio de la misa mientras hablaba a la mujer samaritana:

> Le dijo la mujer: ... nuestros padres adoraron en este monte [el monte Gerizim], y vosotros decís que en Jerusalén es el lugar donde se debe adorar. Jesús le dijo: Mujer, créeme, que la hora viene cuando ni en este monte ni en Jerusalén adoraréis al Padre.
>
> —Juan 4:19-21

El sacerdote Matías Premm, escritor católico, comenta:

> Por lo tanto, no en Jerusalén ni en el monte Gerizim, sino en toda la tierra («Porque desde donde el sol nace hasta donde se pone», dice Malaquías) habrá un sacrificio.
>
> —*Dogmatic Theology for the Laity*[38]

Sin embargo, Jesús no dijo que habría *sacrificio* en todo el mundo, sino que habría *adoración* (Jn. 4:21). En los versículos que siguen describe que la adoración es «en espíritu y en verdad» (Jn. 4:23). No menciona sacrificios expiatorios.

Orden de Melquisedec

Durante la misa, el sacerdote le pide a Dios que mire favorablemente sobre el pan y el vino consagrados y los acepte así como aceptó «el pan y el vino ofrecido por tu sacerdote Melquisedec».[39] La Iglesia Católica enseña que en Génesis 14:18 Melquisedec ofreció pan y vino a Dios. Esta ofrenda, dice, prefiguraba la ofrenda del cuerpo y la sangre de Cristo bajo las apariencias de pan y vino en la última cena [1333, 1350, 1544]. Por esta razón, continúa, a Cristo se le llama en las Escrituras «sacerdote para siempre según el orden de Melquisedec» (Sal. 110:4).

Sin embargo, las Escrituras nunca dicen que Melquisedec *ofreció* pan y vino. El pasaje al que se refiere la Iglesia Católica, Génesis 14:13-24, es una crónica del regreso victorioso de Abram y sus tropas de una gran batalla. Cuando se acercaban a Jerusalén, Melquisedec salió a saludar a Abram:

> Entonces Melquisedec, rey de Salem y sacerdote del Dios Altísimo, sacó pan y vino; y le bendijo, diciendo: Bendito sea Abram del Dios Altísimo, creador de los cielos y de la tierra; y bendito sea el Dios Altísimo, que entregó tus enemigos en tu mano....
>
> —Génesis 14:18-20

La interpretación más natural de este acontecimiento es que Melquisedec salió a alabar a Dios y a bendecir a Abram por la victoria. El pan y el vino eran nutrición para las cansadas tropas de Abraham. No se hace mención de ningún sacrificio.

¿Entonces por qué al Señor Jesús se le llama «sacerdote para siempre según el orden de Melquisedec» (Sal. 110:4)? La razón bíblica es que los dos, Cristo y Melquisedec, son presentados en las Escrituras como seres inmortales.

Desde un punto de vista judío, Melquisedec es como un hombre que nunca nació y nunca murió. En Génesis 14 aparece en la escena sin una introducción judía apropiada. No se menciona el linaje de su familia y ni siquiera el nombre de su padre ni su madre. Es como si él siempre hubiera vivido. Melquisedec interactúa recíprocamente con Abram y después se va. Puesto que nunca nos enteramos de su muerte, parece como si nunca muriera. La Escrituras dicen de Melquisedec:

> Sin padre, sin madre, sin genealogía; que ni tiene principio de días, ni

> fin de vida, sino hecho semejante al Hijo de Dios, permanece sacerdote para siempre.
>
> —Hebreos 7:3

La conexión bíblica entre Jesús y Melquisedec es una vida inmortal. Los dos son sacerdotes que no tienen ni principio de días, ni fin de vida» (He. 7:3). Por consiguiente, a Jesús se le llama «sacerdote según el orden de Melquisedec» (Sal. 110:4; He. 5:6; 7:17). Se dice que ni Jesús ni Melquisedec ofrecieron pan y vino sacrificialmente.

LA OBRA DE REDENCIÓN DE CRISTO ESTÁ COMPLETAMENTE TERMINADA

Justo antes de que el Señor Jesús entregara su espíritu sobre la cruz exclamó: «Consumado es» (Jn. 19:30). Su obra de redención sacrificatoria estaba hecha.

El verbo griego en Juan 19:30 está en *tiempo perfecto*. «Implica un proceso, pero ve a ese proceso como que ha alcanzado su consumación y existe en un estado terminado.»[40] En otras palabras, la obra salvadora de Cristo se completó en la cruz y continúa en un estado de conclusión. El versículo podría traducirse: «Se ha consumado y está completa» (Jn. 19:30).[41]

El catolicismo romano representa erróneamente la obra *consumada* de Cristo en la cruz diciendo que el sacrificio de la cruz se *continúa* en la misa. La Iglesia afirma que «... Dios mismo desea que haya una continuación del sacrificio....»[42] Y así Cristo «... se ha ofrecido y continúa ofreciéndose como víctima por nuestros pecados....»[43] Según la teología catolicorromana, en las más de 120 millones de misas que se celebran cada año ocurren cuatro cosas.[44]

Una inmolación

Como hemos visto, la Iglesia Católica enseña que en cada misa, mediante las palabras y acciones del sacerdote, Cristo es inmolado, hecho presente en su condición de víctima sobre el altar bajo la apariencia de pan y vino. Esto —dice— «no es una mera conmemoración vacía de la pasión y muerte de Jesucristo, sino un acto de sacrificio verdadero y apropiado ... una inmolación incruenta ... una víctima muy aceptable....»[45] Esta doctrina falsifica terriblemente el estado presente resucitado y glorificado del Señor Jesucristo. Las Escrituras enseñan que «Cristo, habiendo resucitado de los muertos, ya no muere; la muerte no se enseñorea más de él» (Ro. 6:9). Cristo se manifiesta a Sí mismo como «el que vivo, y estuve muerto; mas he aquí que vivo por los siglos de los siglos...» (Ap. 1:18). Luego añade: «Y tengo las llaves de la muerte y del Hades» (Ap. 1:18). ¿Puede el que vive y tiene el poder total sobre la muerte ser presentado continuamente en su muerte por las personas por quienes murió? Lógicamente que no. Además, la Biblia no menciona ninguna inmolación incruenta, sin sangre. Las Escrituras enseñan que «sin derramamiento de sangre no se hace remisión [o perdón de pecado]» (He. 9:22). Si no hay sangre, no hay propiciación, «y la misma sangre hará expiación de la persona» (Lv. 17:11).

Una nueva presentación

La Iglesia Católica enseña que en cada misa, Cristo «se ofrece a sí mismo como víctima muy aceptable al Padre Eterno, como lo hizo sobre la cruz».[46] En la *Oración Eucarística,* el sacerdote pide a Dios: «Dirige tu mirada, Padre santo, sobre esta ofrenda; es Jesucristo que se ofrece con su cuerpo y con su sangre, y por este sacrificio nos abre el camino hacia ti.»[47] La Iglesia Católica explica que el sacerdote está orando para que «el cuerpo y la sangre de Cristo sean el sacrificio aceptable que trae salvación a todo el mundo».[48]

Esta nueva presentación de Cristo en su condición de víctima ocurre alegadamente millones de veces cada año en la misa, representando falsamente la obra *ya aceptada* de Cristo. La Biblia enseña que Cristo presentó el sacrificio de su vida al Padre solamente una vez. En su muerte, el Señor Jesús pasó «por el más amplio y más perfecto tabernáculo» (He. 9:11). Su propósito fue entrar «en el cielo mismo para presentarse ahora por nosotros ante Dios» (He. 9:24). Jesús entró en la sala del trono celestial de Dios «no por sangre de machos cabríos ni de becerros, sino por su propia sangre» (He. 9:12). Su propósito fue «expiar los pecados del pueblo» (He. 2:17). Cristo Jesús «entró una vez para siempre en el Lugar Santísimo, habiendo obtenido eterna redención» (He. 9:12).

El Padre aceptó el sacrificio perfecto de Cristo sin reservas. La alabanza de miríadas de ángeles en el cielo por toda la eternidad será: «El Cordero que fue inmolado es digno» (Ap. 5:12).

En la tierra, el Padre expresó su aceptación del perfecto sacrificio de Cristo quitando dramáticamente uno de los principales símbolos de la separación que el pecado había puesto entre Dios y el hombre. En el templo judío, conforme Dios lo había instruido en el Antiguo Testamento, una gruesa cortina formaba una pared entre el área donde el sacerdote aarónico podía ministrar y el lugar santísimo, donde habitaba Dios. Las Escrituras registran que cuando Cristo entregó su espíritu: «Y he aquí, el velo del templo se rasgó en dos, de arriba abajo...» (Mt. 27:51). La eliminación de la barrera entre Dios y el hombre señaló que la obra de redención de Cristo había sido aceptada.

La más grandiosa manifestación de que el Padre había aceptado el sacrificio de Cristo vino tres días después. La Biblia dice que Jesús «fue ... resucitado para nuestra justificación» (Ro. 4:25). La ofrenda de Cristo por el pecado había sido aceptada (1 Co. 15:17, 20).

Las Escrituras enseñan además, hablando de Cristo: «...habiendo efectuado la purificación de nuestros pecados por medio de sí mismo, se sentó a la diestra de la Majestad en las alturas» (He. 1:3). Se sentó porque su obra estaba terminada. Allí permanecerá hasta un día futuro: «Pero Cristo, habiendo ofrecido una vez para siempre un solo sacrificio por los pecados, se ha sentado a la diestra de Dios, de ahí en adelante esperando hasta que sus enemigos sean puestos por estrado de sus pies» (He. 10:12, 13).

La misa catolicorromana tergiversa estas verdades cuando en efecto llama a Cristo de su trono decenas de miles de veces cada día para que entre de nuevo en el lugar santo y se presente a Sí mismo de nuevo en condición de víctima al Padre. Allí Cristo supuestamente está de pie mientras un sacerdote pide a Dios: «Mira con ojos de bondad esta ofrenda y acéptala....»[49] Esta constante y repetida presentación es una negación de la obra de Cristo que ya se ha consumado y aceptado.

Un apaciguamiento

El catolicismo romano enseña que el sacrificio de la misa es un sacrificio «verdaderamente propiciatorio»[50] de «infinito valor»:[51]

> Por eso, no sólo se ofrece legítimamente, conforme a la tradición de los apóstoles, por los pecados, penas, satisfacciones y otras necesidades de los fieles vivos, sino también por los difuntos en Cristo, no purgados todavía plenamente.
>
> —Concilio de Trento[52]

A través de cada misa, dice la Iglesia Católica Romana, se pacifica la ira de Dios contra el pecado [1371, 1414]:

> ... este es un sacrificio verdaderamente propiciatorio.... Puesto que el Señor es aplacado por la oblación de este sacrificio, concediendo la gracia y el don de la penitencia, perdona los crímenes y pecados, por más grandes que sean.
>
> —Concilio de Trento[53]

Al contrario, el Señor se ofende por la ofrenda del sacrificio de la misa. Dios nos ha dicho que está plenamente satisfecho con la ofrenda de Cristo en la cruz hecha una vez para siempre: «En quien tenemos redención por su sangre, el perdón de pecados según las riquezas de su gracia» (Ef. 1:7). «Y nos atestigua lo mismo el Espíritu Santo ... [que] añade: Y nunca más me acordaré de sus pecados y transgresiones» (He. 10:15, 17). La conclusión natural sigue: «Pues donde hay remisión de éstos, no hay más ofrenda por el pecado» (He. 10:18). Por esta razón, la Escritura repetidas veces se refiere a la cruz como la ofrenda que Cristo «hizo una vez para siempre» (He. 7:27; 9:12, 26, 28; 10:10; Ro. 6:10; 1 P. 3:18). Continuar tratando de apaciguar a Dios con un continuo sacrificio es un acto de incredulidad.

Una aplicación

Finalmente, el catolicismo romano enseña que en cada misa, las bendiciones del Calvario son repartidas a los católicos:

> El augusto sacrificio del altar es, por así decirlo, el instrumento supremo por el cual los méritos ganados por el divino Redentor en la cruz son distribuidos a los fieles....
>
> —*Mediator Dei*[54]

Puesto que los méritos de la cruz están disponibles principalmente mediante la misa, la Iglesia Católica insta a los sacerdotes a que celebren la Eucaristía, «el sacramento de redención»,[1846] con frecuencia, diariamente si es posible. Los sacerdotes deben hacer esto teniendo en cuenta la salvación del mundo:

> Recomendamos que [los sacerdotes] celebren misa diariamente de forma digna y devocional, para que ellos mismos y el resto de los fieles puedan gozar de los beneficios que fluyen con tanta abundancia del sacrificio de la cruz. Al hacerlo, también estarán haciendo una gran contribución a la salvación de la humanidad.
>
> —*Mysterium Fidei*[55]

Y de nuevo [1405]:

> En el misterio del sacrificio eucarístico, en el cual los sacerdotes cumplen su función principal, la obra de nuestra redención se lleva a cabo continuamente,
>
> —Concilio Vaticano II[56]

El papa Pío XII escribió que Cristo

> ... diariamente se ofrece a Sí mismo sobre nuestros altares para nuestra redención, a fin de que seamos rescatados de la maldición eterna y admitidos en la compañía de los elegidos.
>
> —*Mediator Dei*[57]

En la Liturgia de la Eucaristía también se expresa esta relación entre la obra de redención y la misa. El sacerdote ora sobre los dones diciendo:

> Que podamos celebrar estos ritos sagrados dignamente, O Señor, porque cada ofrenda de este sacrificio memorial continúa la obra de nuestra redención.
>
> —*Misal romano*[58]

Todo esto está en contra de lo que dice la Biblia. Las Escrituras enseñan que Dios gratuita e inmediatamente otorga a cada verdadero creyente «toda bendición espiritual en los lugares celestiales en Cristo» (Ef. 1:3). Dicha bendición la hace sobreabundar sobre sus hijos en Cristo (Ef. 1:7, 8). En ninguna parte exige Dios que los cristianos participen en un sacrificio continuo para obtener bendiciones en Cristo. La enseñanza de la Iglesia Católica Romana de que el sacrificio de la misa es «el instrumento supremo por el cual los méritos ganados por el divino Redentor en la cruz son distribuidos a los fieles»[60] es simplemente una forma más por la cual la Iglesia hace que la gente dependa de un ritual para recibir las bendiciones de Dios.

CRISTO HIZO DE CADA CREYENTE UN SACERDOTE

Puesto que los cristianos no necesitan un sacrificio continuo por el pecado, no tienen necesidad de un sacerdocio sacrificante como el que se encuentra en el catolicismo romano. En realidad, no tienen necesidad de otro hombre que funcione como su sacerdote en absoluto porque, según la Biblia, cada creyente es un sacerdote para Dios. En Apocalipsis 1:6, Juan escribe que Cristo ha hecho que todos los cristianos sean un reino de sacerdotes (véase también Ap. 5:10; 20:6). Pedro escribe que todo creyente verdadero es miembro de un «real sacerdocio» (1 P. 2:9). Todos los creyentes son «edificados como casa espiritual y sacerdocio santo, para ofrecer sacrificios espirituales aceptables» (1 P. 2:5). Dichos sacrificios son una vida rendida a Dios (Ro. 12:1), el apoyo financiero al ministerio cristiano (Fil. 4:18), y «sacrificio de alabanza, es decir, fruto de labios que confiesan su nombre» (He. 13:15), pero no un sacrificio continuo por el pecado.

La Iglesia Católica Romana reconoce que la Biblia habla de un sacerdocio *general* o *común* de los fieles [941, 1141, 1546, 1591].[61] La Iglesia Católica enseña que los católicos entran al mismo mediante el bautismo [784, 1268]. Este sacerdocio común califica a la persona para que haga cosas como participar en la Eucaristía, leer la Palabra de Dios en la asamblea litúrgica, recibir los sacramentos, rezar y realizar buenas obras [901-903, 1657].

Además del sacerdocio general, la Iglesia Católica enseña que existe el sacerdocio *ministerial* o *jerárquico* [1142, 1547, 1592].[62] Este sacerdocio está abierto sólo a los hombres [1577, 1598]. Normalmente, en la Iglesia Católica latina, los candidatos deben ser solteros y comprometidos a una vida célibe [1599]. Se entra al sacerdocio ministerial mediante la imposición de las manos por un obispo en el sacramento de ordenación, o *santas órdenes* [1573, 1597]. De esta manera, los hombres «son señalados para un carácter especial y así configurados a Cristo el sacerdote de tal forma que pueden actuar en la persona de Cristo la cabeza»[63] [1548]. Mediante la ordenación reciben la «potestad ... de consagrar y ofrecer el verdadero cuerpo y sangre del Señor y de perdonar los pecados»[64] [1411, 1461, 1566]. El nombramiento de los tales al sacerdocio ministerial es permanente: «...una vez que un hombre es ordenado sacerdote, su sacerdocio, como el de Cristo "en la línea de Melquisedec", es para siempre (He. 5—7)»[65] [1582]. Este sacerdocio, afirma la Iglesia, fue establecido por el Señor en la última cena cuando dijo: «Haced esto en memoria de mí» (Lc. 22:19) [611, 1337].

La Iglesia Católica Romana no puede establecer ninguna de estas aseveraciones basándose en las Escrituras. El Nuevo Testamento no hace ninguna distinción entre un sacerdocio *común* y uno *jerárquico*. La pretensión de que los sacerdotes católicos romanos comparten el sacerdocio de Melquisedec no puede justificarse. El sacerdocio de Melquisedec, como ya hemos visto, se basa en el «poder de una vida indestructible» (He. 7:16). Puesto que los sacerdotes catolicorromanos envejecen y mueren como todos nosotros, no pueden calificar para dicho cargo. Finalmente, el principal texto de prueba de la Iglesia Católica en apoyo del sacerdocio ordenado, «haced esto en memoria de mí» (Lc. 22:19), no dice nada acerca de una ordenación ni de un sacerdocio.

EL VEREDICTO BÍBLICO

El deseo de que haya un sacrificio continuo se remonta a los tiempos del Nuevo Testamento. La mayoría de los primeros cristianos eran judíos que estaban acostumbrados a tener una ofrenda de sacrificio cotidiano y todo lo que le acompañaba: el altar, el templo, los rituales, los días de fiesta, un sacerdocio expiatorio y un sumo sacerdote. Los nuevos creyentes descubrieron que era extremadamente difícil dejar el judaísmo. Cuando lo hacían, se convertían en víctimas del ostracismo para con sus familiares y amigos, quienes los perseguían como a apóstatas.

No todos los primeros judíos convertidos que abandonaron el judaísmo y se unieron a la comunidad cristiana se mantuvieron firmes en su decisión. Algunos comenzaron a considerar la idea de volver al judaísmo; de volver a la ley; de volver al templo; de volver a las ofrendas de sacrificio.

La Epístola a los Hebreos en el Nuevo Testamento se escribió para ayudar a esos judíos cristianos débiles y vacilantes (He. 12:12). El libro recuerda a los lectores que los cristianos no tienen necesidad de más sacrificios: «En esa voluntad somos santificados mediante la ofrenda del cuerpo de Jesucristo hecha una vez para siempre» (He. 10:10). Alienta a los cristianos dudosos a que «mantengamos firme, sin fluctuar, la profesión de nuestra esperanza, porque fiel es el que prometió» (He. 10:23). Les exhorta: «No perdáis, pues, vuestra confianza» (He. 10:35), les dice que «es necesaria la paciencia» (He. 10:36), y que «el justo vivirá por fe» (He. 10:38). El escritor expresa la confianza de que estos cristianos «tienen fe para preservación del alma» (He. 10:39). Describe esa fe como «la certeza de lo que se espera, la convicción de lo que no se ve» (He. 11:1).

El libro de Hebreos también publica una solemne advertencia: «Mirad, hermanos, que no haya en ninguno de vosotros corazón malo de incredulidad para apartarse del Dios vivo» (He. 3:12). El escritor advierte a los lectores que no sean «de los que retroceden para perdición» (He. 10:39), porque volver al judaísmo y los sacrificios del templo sería un acto de incredulidad. Sería un rechazo de Cristo y de su obra de salvación consumada en la cruz.

Algunos ya se habían vuelto (He. 6:4-6). Según ellos, un solo sacrificio para siempre no era suficiente. Reunirse alrededor de meros símbolos, pan y vino, para recordar a Cristo les parecía algo sin sentido. El cristianismo daba la impresión de que les ofrecía nada más que promesas *invisibles*: un llamado celestial (He. 3:1), un tabernáculo celestial (He. 9:23, 24), un sumo sacerdote celestial (He. 8:1, 2), y una patria celestial (He. 11:16). Necesitaban una religión que ellos pudieran *ver*: un templo visible, un sacerdocio visible y un sacrificio visible. Por tanto, se volvieron al judaísmo porque pensaron que tenía mucho más que ofrecerles.

El catolicismo romano hoy sostiene una atracción similar para los que son de mente religiosa, pero que no han encontrado descanso en la obra que Cristo ha consumado. Les ofrece una religión que pueden *ver*. La Iglesia Católica se describe a sí misma como «una organización visible»[66] y una «sociedad visible»[67] con una «estructura social visible»[68] [771]. A la cabeza está el Papa, la «cabeza visible de toda la iglesia».[69] Cada sacramento es una «forma visible de la gracia invisible».[70] Estas son administradas por un «sacerdocio visible y externo»,[71] cuyas obligaciones principales son perdonar pecados y ofrecer misa, «un sacrificio visible (conforme lo requiere la naturaleza humana)»[72] [1366].

LA MISA: ERROR VERSUS VERDAD

La Iglesia Católica enseña que	Pero la Biblia enseña que
1. La última cena fue un sacrificio real en el cual la sangre de Cristo fue vertida por nuestros pecados en la copa [610-611, 621, 1339].	La última cena fue una comida de Pascua. La sangre de Cristo fue derramada por nuestros pecados en la cruz (1 P. 2:24).

2. El pan y el vino se vuelven el cuerpo y la sangre reales de Cristo [1373-1377].	El pan y el vino son símbolos del cuerpo y la sangre de Cristo (1 Co. 11:23-25).
3. El cuerpo y la sangre de Cristo existen íntegra y substancialmente en cada fragmento de pan y vino consagrados en cada Iglesia Católica Romana en todo el mundo [1374, 1377].	Cristo está corporalmente presente en el cielo (He. 10:12, 13).
4. El pan y el vino consagrados son el alimento celestial que ayuda a uno a alcanzar la vida eterna [1392, 1405, 1419].	El pan y el vino son símbolos que ayudan a uno a recordar a Cristo (Lc. 22:19).
5. Dios desea que el pan y el vino consagrados sean adorados como divinos [1378-1381].	Dios prohíbe la adoración de cualquier objeto, aun de los que pretenden representarlo a él (Éx. 20:4, 5; Is. 42:8).
6. Cristo ha ordenado ciertos hombres para un sacerdocio ministerial para perpetuar el sacrificio de la cruz [1141, 1547, 1577].	Cristo ha ordenado a todo creyente a un sacerdocio santo y real para ofrecer sacrificios espirituales, la alabanza de sus labios, y vidas rendidas a Dios (1 P. 2:5-10; He. 13:15; Ro. 12:1).
7. El sacrificio de la misa es el sacrificio de la cruz [1085, 1365-1367]. Sólo la manera en que se ofrece es diferente [1367].	El sacrificio de la cruz fue un acontecimiento histórico. Sucedió una vez hace unos 2.000 años, en las afueras de Jerusalén (Mr. 15:21-41).
8. El sacrificio de la cruz se perpetúa en el sacrificio de la misa [1323, 1382].	El sacrificio de la cruz está terminado (Jn. 19:30).
9. La misa hace presente a Cristo en su muerte y condición de víctima [1353, 1362, 1364, 1367, 1409].	Cristo no debería ser presentado en su muerte y condición de víctima, puesto que ha resucitado y está «vivo por los siglos de los siglos» (Ap. 1:17, 18; Ro. 6:9, 10).

10. En cada misa, el sacerdote presenta de nuevo al Padre el sacrificio de Cristo [1354, 1357].	Cristo presentó el sacrificio de sí mismo al Padre «en la consumación de los siglos, se presentó una vez para siempre» (He. 9:24-28).
11. La misa es un sacrificio sin sangre que expía los pecados de los vivos y los muertos [1367, 1371, 1414].	Sin derramamiento de sangre no hay perdón de pecados (Lv. 17:11; He. 9:22).
12. Cada sacrificio de la misa aplaca la ira de Dios contra el pecado [1371, 1414].	El sacrificio de la cruz hecho una vez para siempre aplacó totalmente la ira de Dios contra el pecado (He. 10:12-18).
13. Los fieles reciben los beneficios de la cruz en plena medida mediante el sacrificio de la misa [1366, 1407].	Los creyentes reciben la medida total de los beneficios de la cruz mediante la fe en Cristo (Ef. 1:3-14).
14. La obra sacrificatoria de redención se lleva a cabo continuamente mediante el sacrificio de la misa [1364, 1405, 1846].	La obra sacrificatoria de redención se terminó cuando Cristo dio su vida por nosotros en la cruz (Ef. 1:7; He. 1:3).
15. La Iglesia debe continuar el sacrificio de Cristo para la salvación del mundo [1323, 1382, 1405, 1407].	La iglesia debe proclamar la muerte del Señor por la salvación del mundo (1 Co. 11:26).

NOTAS

1. La liturgia de la misa catolicorromana está abreviada en esta introducción. Para el rito completo véase *The Vatican II Sunday Missal* (Boston: Daughters of St. Paul, 1974), pp. 583-627.
2. Oración posterior a la comunión, 15 de agosto, fiesta de la Asunción.
3. Concilio de Trento, sesión 22, «Enseñanza y cánones sobre el santísimo sacrificio de la misa», capítulo 1.
4. *Ibid.*
5. *Ibid.*
6. *Ibid.*
7. *Ibid.*
8. Concilio Vaticano II, «Liturgia sagrada», «Instrucción sobre la adoración del misterio eucarístico», nº 9.

9. Concilio Vaticano II, «Liturgia sagrada», «Instrucción general sobre el misal romano», capítulo 2, sección 55.
10. Papa Juan Pablo VI, *On the Mystery and Worship of the Eucharist*, nº 9.
11. Concilio Vaticano II, «Liturgia sagrada», «Instrucción general sobre el misal romano», capítulo 2.
12. Papa Pío XI, «Ad Catholici Sacerdotii», 20 de diciembre de 1935.
13. Concilio Vaticano II, «Liturgia sagrada», «La constitución sobre la liturgia sagrada», nº 47.
14. Concilio Vaticano II, «Liturgia sagrada», «Instrucción general sobre el misal romano», nº 2.
15. Concilio de Trento, sesión 22, «Enseñanza y cánones sobre el santísimo sacrificio de la misa», capítulo 1.
16. John A. McHugh, O.P. y Charles J. Callan, O.P., trads., *The Roman Catechism: The Catechism of the Council of Trent* (Rockford, IL: Tan Books and Publishers, 1982), p. 227.
17. Papa Pío XII, *Mediator Dei*, nº 70.
18. Concilio Vaticano II, «Liturgia sagrada», «Instrucción sobre la adoración del misterio eucarístico», nº 3b, citando a Pablo VI, *Mysterium Fidei*.
19. Papa Pío XII, *Mediator Dei*, nº 70.
20. McHugh y Callan, *The Roman Catechism...*, p. 258.
21. El código de la ley canónica, canon 899.
22. La oración recordatoria de la primera oración eucarística.
23. Papa Pío XII, *Mediator Dei*, nº 68.
24. Concilio Vaticano II, «Liturgia sagrada», «Instrucción general sobre el misal romano», nº 270.
25. Papa Pío XII, *Mediator Dei*, nº 79.
26. Concilio Vaticano II, «Instrucción sobre la manera de distribuir la Santa Comunión», nº 55.
27. Oración eucarística, Aclamación recordatoria.
28. McHugh y Callan, *The Roman Catechism...*, p. 255.
29. Concilio de Trento, sesión 22, «Enseñanza y cánones sobre el santísimo sacrificio de la misa», capítulo 2.
30. *Ibid.*
31. McHugh y Callan, *The Roman Catechism...*, p. 259; citando la Oración Secreta del noveno domingo después de Pentecostés.
32. Tercera Oración Eucarística, la oración recordatoria.
33. Tercera Oración Eucarística, la oración de intercesión por la Iglesia.
34. Concilio de Trento, sesión 22, «Enseñanza y cánones sobre el santísimo sacrificio de la misa», capítulo 1.
35. Harris, Archer y Waltke, eds., *Theological Wordbook of the Old Testament* (Chicago: Moody, 1980), tomo II, pp. 796.
36. Concilio de Trento, sesión 22, «Enseñanza y cánones sobre el santísimo sacrificio de la misa», capítulo 1.
37. Este principio se aplica a todos los sacramentos. La Iglesia Católica enseña que un sacramento es válido si el sacerdote observa adecuadamente todos los elementos esenciales del rito. No se requiere que él mismo esté

en estado de gracia (Concilio de Trento, sesión 7, «Primer decreto sobre los sacramentos», canon 12).

38. Matthias Premm, *Dogmatic Theology for the Laity* (Rockford, IL: Tan Books, 1967), p. 355.
39. Liturgia de la Eucaristía, Oración Eucarística I.
40. H. E. Dana y Julius R. Mantey, *A Manual Grammar of the Greek New Testament* (Toronto: Macmillan Company, 1955), p. 200.
41. Kenneth S. Wuest, *The New Testament, An Expanded Translation* (Grand Rapids: Eerdmans Publishing company, 1956), p. 262.
42. Papa Pío XII, *Mediator Dei*, nº 79.
43. Papa Pío XI, *Quas Primas*, 11 de diciembre de 1925.
44. Esta cifra se basa en cada uno de los 404.031 sacerdotes católicos del mundo que ofrecen la misa 300 veces por año. El total anual sería 121.2 millones de misas. (El número de sacerdotes se basa en las cifras del *1994 Catholic Almanac* [Huntington, IN: Our Sunday Visitor Publishing Division, 1993], p. 367. La cifra es al 31 de diciembre de 1991.)
45. Papa Pío XII, *Mediator Dei*, nº 68.
46. *Ibid.*
47. Tercera Oración Eucarística.
48. Concilio Vaticano II, «Liturgia Sagrada», «Instrucción general sobre el misal romano», nº 2.
49. Primera Oración Eucarística, la oración recordatoria.
50. Concilio de Trento, sesión 22, «Decreto y cánones sobre el santísimo sacrificio de la misa», capítulo 1.
51. Tanquerey, *A Manual of Dogmatic Theology* (Nueva York: Desclee, 1959), tomo II, p. 279. Compárese también *Fundamentals of Catholic Dogma*, de Ludwig Ott (Rockford, IL: Tan Book Publishers, 1960), p. 414.
52. Concilio de Trento, sesión 22, «Enseñanza y cánones sobre el santísimo sacrificio de la misa», capítulo 2.
53. *Ibid.*
54. Papa Pío XII, *Mediator Dei*, nº 79.
55. Papa Pablo VI, *Mysterium Fidei*, nº 33.
56. Concilio Vaticano II, «La vida de los sacerdotes», nº 13. Véase también el canon 904 del código de la Ley Canónica.
57. Papa Pío XII, *Mediator Dei*, nº 73.
58. El misal romano, «Oración sobre las ofrendas», noveno domingo después de Pentecostés. Esta oración la cita el Concilio Vaticano II en «La vida de los sacerdotes», nº 13, nota al pie nº 14.
60. Papa Pío XII, *Mediator Dei*, nº 79.
61. Concilio Vaticano II, «Decreto sobre el ministerio y la vida de los sacerdotes», nº 2.
62. Concilio Vaticano II, «Constitución dogmática sobre la Iglesia», nº 10; Concilio Vaticano II, «Decreto sobre el ministerio y la vida de los sacerdotes», nº 2.
63. *Ibid.*
64. Concilio de Trento, sesión 23, «Cánones sobre el sacramento del orden», canon 1.

65. John A. Hardon, S.J., *Pocket Catholic Dictionary* (Nueva York: Image Books, 1985), p. 256.
66. Concilio Vaticano II, «Constitución dogmática sobre la Iglesia», nº 8.
67. *Ibid.*
68. Concilio Vaticano II, «La Iglesia en el mundo moderno», nº 44.
69. Primer Concilio Vaticano, sesión 4, «Primera constitución dogmática de la Iglesia de Cristo», capítulo 1.
70. Concilio de Trento, sesión 13, «Decreto sobre al santísimo sacramento de la eucaristía», capítulo 3.
71. Concilio de Trento, sesión 23, «La verdadera y católica doctrina del sacramento del orden», capítulo 1.
72. Concilio de Trento, sesión 22, «Enseñanza y cánones sobre el santísimo sacrificio de la misa», capítulo 1.

TERCERA PARTE

MARÍA

¿Por qué los católicos romanos oran a María? ¿Por qué algunos católicos parecen ser más devotos a María que a Cristo? ¿Cuáles son las doctrinas de la Inmaculada Concepción de María y de su Asunción al cielo? ¿Adoran realmente a María los católicos?

La tercera parte de este libro analizará el papel «preeminente» y «único en su género» de María en el catolicismo romano.[1] La Iglesia Católica dice que «ella sobrepasa a todas las criaturas, tanto en el cielo como en la tierra»,[2] y ocupa una posición que es segunda sólo respecto a la de Cristo. El catolicismo romano enseña que María merece justamente este honor, porque:

- María es la inmaculada, siempre virgen, Madre de Dios (Capítulo 8, *La Madre de Dios*).
- María, habiendo participado en la redención, ahora se sienta a la diestra de Cristo como mediadora de toda gracia (Capítulo 9, *La Reina del cielo y de la tierra*).

También se explicará de la devoción personal del papa Juan Pablo II a María, y de por qué le acredita a María el haberle salvado la vida.

8

La Madre de Dios

Plaza de San Pedro, Roma, 13 de mayo de 1981

El monseñor Stanislaus, secretario polaco del papa Juan Pablo II, se puso tenso cuando el largo auto blanco en que estaban viajando dobló hacia la Plaza de San Pedro. Frente a él estaba el Papa, de pie y saludando desde el techo abierto del vehículo a la enorme multitud que llenaba la plaza. A pesar de que había estado sólo dos años y medio en su cargo, Juan Pablo ya se había ganado los corazones de millones.

Sin embargo, Stanislaus, sentado en la parte de atrás del vehículo, temía que el Papa fuese demasiado vulnerable en una multitud tan grande. Sólo tres días antes, el monseñor Andrew Mary Deskur, un prelado del Vaticano, había hablado de un presentimiento que había tenido. Mientras estaba de pie ante una imagen de la Virgen de Czestochowa, patrona de Polonia, Deskur se sintió abrumado de temor por la vida del Papa. Después de un momento de concentración silenciosa, miró a la imagen de la Virgen y con calma dijo: «Su Señora lo protegerá».[3]

Stanislaus estaba pensando en ese incidente cuando el vehículo atravesaba el perímetro exterior de la plaza. Con los nervios de punta verificó que la fuerza de seguridad vestida de civil del Vaticano estaba ubicada alrededor del vehículo. Varios de los agentes eran ex *carabinieri*, la fuerza policial paramilitar italiana. *Dan la impresión de ser forzudos* —pensó el secretario para sus adentros— *pero ¿qué pueden hacer en una multitud como ésta?*

Aparentemente poco, porque ninguno de los guardas ni siquiera pudo darse cuenta de un joven turco con mirada glacial que estaba esperando en el lado norte de la galería Bernini. Un hombre de veintitrés años de edad con rasgos angulares y vestido de chaqueta deportiva y camisa blanca de cuello abierto que aparentaba ser una persona normal. Sin embargo, la pistola Browning automática de 9 mm que apretaba con la mano en el bolsillo de la chaqueta decía otra cosa.

Su nombre era Mehmet Ali Agca, un asesino convicto como tal, un psicópata adiestrado para el terrorismo. La policía turca tenía órdenes de matarlo cuando lo viera. Sin embargo, esa tarde, Agca tenía sus propios planes. Tan pronto logró vislumbrar al Pontífice que se acercaba, cuidadosamente quitó el mecanismo de seguridad de la pistola. Sólo él pudo oír el golpe seco amortiguado por el ruido de la multitud.

Un momento más tarde, el vehículo del Papa apareció a plena vista. El insólito carisma de Juan Pablo sorprendió a Agca. También le impresionó el entusiasmo de la multitud por el sonriente Pontífice. Agca nunca había visto semejante devoción hacia un hombre. La confianza del joven turco se vio sacudida, y en ese momento de indecisión, el vehículo del Papa se escurrió a su paso y se alejó del peligro.

Agca maldijo su propia estupidez. El Papa había pasado tan cerca de él que podría haberlo tocado. Tendría que haberle tirado en ese momento.

La rabia de Agca aumentó hasta que repentinamente se dio cuenta de que todos se habían quedado inmóviles. Nadie salía de la plaza. El vehículo del Papa estaba haciendo otra parada.

El monseñor Stanislaus comenzó a tranquilizarse cuando vio que el Papa intercambiaba saludos con la multitud. Peregrinos de todo el mundo trataban de alcanzar alegremente la mano del Pontífice para entregarle sus hijos y permitir que los abrazara y los besara.

Era un día de regocijo, especialmente para el Papa, porque era un día de fiesta en honor a María, hacia quien Juan Pablo tenía una profunda devoción. Cuando lo designaron obispo auxiliar de Krakovia en 1958, había escogido como escudo de armas episcopal una cruz con la inicial «M» al pie de la misma en honor a María. Había adoptado como su lema *Totus tuus*, que significa, con referencia a María: «Totalmente tuyo».[4] Esto era una expresión de su completa consagración a la Bendita Virgen. La relación del Papa con María hizo de sus días de fiesta ocasiones especiales para todo el personal del Vaticano. Aquel era un día particularmente especial: el aniversario de la primera aparición de Nuestra Señora de Fátima.

El Papa estaba sonriendo cuando devolvía una niñita, que sostenía un globo, a la madre que estaba del lado izquierdo del vehículo. Luego fue al otro lado del coche para saludar a los peregrinos del lado opuesto. Al hacerlo, casi se enfrentó cara a cara con Agca.

El asesino se dio cuenta de que tenía su presa. Con una sonrisa burlona se felicitó a sí mismo por su propia astucia. Luego, en un movimiento que había practicado mil veces, levantó su arma por sobre la multitud, la niveló, y comenzó a disparar sin misericordia.

La primera bala rompió el dedo índice de la mano izquierda del Papa y continuó su trayectoria mortal a través de su abdomen. Otra bala pasó por el lado derecho del Papa hiriéndole el codo. Mientras continuaba el asalto, dos mujeres norteamericanas de la multitud recibieron impactos.

Aturdido por las ensordecedoras explosiones, monseñor Stanislaus no sabía qué pensar. Había una bala usada entre él y Juan Pablo, pero no había señal de sangre en los mantos blancos del Papa. Fue sólo cuando Juan Pablo comenzó a tambalearse que Stanislaus se dio cuenta de que su buen amigo había sido herido. Se levantó rápidamente para sostener al Pontífice que se estaba cayendo.

«¿Dónde lo hirieron?» —preguntó Stanislaus.

«En el estómago» —contestó el Papa con calma.

Stanislaus estaba estupefacto. «¿Le duele?»

«Sí» —contestó el Papa mientras cerraba los ojos y comenzaba a orar.

A medida que el vehículo corría hacia una ambulancia que ya lo esperaba, Stanislaus pudo oír al Pontífice implorando: «¡María, madre mía! ¡María, madre mía!»[5]

La oración todavía estaba en los labios de Juan Pablo cuando finalmente se desmayó en el Hospital Gemelli quince minutos más tarde. La hemorragia interna le había bajado la presión a un nivel que amenazaba su vida. A medida que los cirujanos se apresuraban para salvarle la vida, monseñor Stanislaus se dio cuenta de que la responsabilidad de cuidar por el alma del Pontífice había caído sobre él. Con la señal de la cruz, Stanislaus comenzó a administrarle el último sacramento.

Las noticias del acontecimiento sacudieron al mundo. Roma quedó paralizada y la multitud en la Plaza de San Pedro comenzó a aumentar. Los peregrinos polacos pusieron un cuadro de la patrona de su país, Nuestra Señora de Czestochowa, en el trono donde el Papa normalmente se habría sentado. En el reverso del cuadro alguien había escrito previamente: *Que nuestra Señora proteja del mal al Santo Padre*. La gente se congregó alrededor del cuadro a medida que los altoparlantes del Vaticano comenzaban a transmitir el rosario.

A las 8:00 horas de esa noche, la multitud todavía estaba rezando en la plaza cuando llegaron noticias de la condición de Juan Pablo. A pesar de que todavía lo estaban operando, su condición se había estabilizado. Confiados en que Dios había oído las plegarias de María por la vida del Papa, la multitud comenzó a dispersarse.

MARÍA EN LA IGLESIA ACTUAL

La devoción a María por parte del papa Juan Pablo II es característico de un creciente movimiento mundial entre los católicos romanos. Esto comenzó en 1830 con lo que se ha convertido en la primera de una serie de alegadas apariciones de María en diferentes partes del mundo, más notablemente en Europa. Las más conocidas entre estas apariciones son:

París, Francia (1830); La Salette, Francia (1846), Lourdes, Francia (1858); Knock, Irlanda (1879); Fátima, Portugal (1917); Beauraing, Bélgica (1932); y Banneux, Bélgica (1933). La Iglesia Católica Romana ha reconocido oficialmente todas estas apariciones como revelaciones auténticas [67].

Mediante estas apariciones, María ha llamado a los católicos al arrepentimiento, a realizar actos de penitencia, y a rezar el rosario por la conversión de pecadores y por la paz del mundo. También ha pedido a los católicos que consagren sus vidas a mayores devociones a ella bajo los títulos de Inmaculado Corazón y su Inmaculada Concepción.

Como resultado de estas apariciones también se han desarrollado prácticas religiosas como la de usar medallas milagrosas y escapularios que llevan la imagen de María. En una aparición anterior al papa Juan XXII (1316-1334), se dice que María había instruido a los católicos a usar el escapulario, dos telas cuadradas, que a menudo tienen imágenes, sujetadas con hilo y colgadas del cuello. María prometió al papa Juan XXII que los católicos que murieran usando el escapulario serían liberados del purgatorio el primer sábado después que muriesen.[6]

Los sitios de las apariciones de María se han convertido en centros importante de devoción católica. Cada año, cinco millones y medio de peregrinos católicos romanos visitan Lourdes. Casi tantos más visitan Fátima y el sitio donde María apareció anteriormente en Guadalupe, Méjico (1531).

En Europa central, el principal foco de la devoción a María se ha convertido en el santuario de Nuestra Señora de Czestochowa, un ícono de madera de una Madona Negra que data del siglo XIV. La creciente popularidad de Nuestra Señora de Czestochowa es principalmente el resultado de la propia devoción del papa Juan Pablo II a ella y a sus visitas a ese santuario. Cinco millones de católicos romanos todos los años visitan la ciudad polaca de Krakovia.

A medida que la devoción a María ha ido aumentando, también han aumentado las afirmaciones de que se han visto más apariciones. Las más conocidas entre las apariciones recientes son las que actualmente están ocurriendo en Medjugorje, en Bosnia-Herzegovina. Seis campesinos jóvenes dicen que la Virgen se aparecía allí a uno o a más de ellos casi diariamente desde 1981. A pesar de que la Iglesia Católica no ha reconocido oficialmente sus afirmaciones, más de diez millones de católicos han viajado a Medjugorje desde que comenzaron las apariciones.

El papa Juan Pablo II es sólo uno de varios papas recientes que han promovido el actual movimiento mariano. Han publicado varias encíclicas loando las virtudes de María, de su supuesta perpetua virginidad y acciones intercesoras como Madre de Dios. Dos documentos son especialmente importantes: *Ineffabilis Deus*, del papa Pío IX, definiendo la

Inmaculada Concepción de María (1854), y *Munificentissimus Deus*, del papa Pío XII, definiendo la Asunción de María (1950).

LA INMACULADA CONCEPCIÓN

[411, 490-493, 508]

La Iglesia Católica enseña que para que María fuese «una habitación idónea para Cristo»,[7] Dios decidió protegerla de la corrupción del pecado de Adán. En 1854, la Iglesia Católica definió formalmente esta doctrina, conocida como la Inmaculada Concepción de María [491]:

> Declaramos, proclamamos y definimos que la doctrina que sostiene que la beatísima Virgen María fue preservada inmune de toda mancha de la culpa original en el primer instante de su concepción por singular gracia y privilegio de Dios Omnipotente, en atención a los méritos de Cristo Jesús Salvador del género humano, está revelada por Dios y debe ser por tanto firme y constantemente creída por todos los fieles.
>
> —*Ineffabilis Deus*[8]

Nótese que la Inmaculada Concepción se refiere a la *concepción de María*, no a la concepción de Cristo ni al nacimiento de la virgen. Ella, dice la Iglesia Católica, fue creada sin una naturaleza de pecado y fue «por siempre absolutamente liberada de toda mancha de pecado, toda bella y perfecta,[9] permaneciendo libre de todo pecado personal durante toda su vida».[493] Su santa inocencia y santidad son tan excelentes que «uno ni siquiera podría imaginar nada superior, y la cual, fuera de Dios, ninguna mente podría tener éxito en comprender plenamente».[10]

LA VIRGEN MADRE DE DIOS

[484-489, 495-511]

De acuerdo con las Escrituras, la Iglesia Católica Romana enseña que cuando el ángel Gabriel se apareció a María para anunciarle el plan de Dios de que ella diera a luz al «Hijo del Altísimo» (Lc. 1:32), María respondió: «He aquí la sierva del Señor; hágase conmigo conforme a tu palabra» (Lc. 1:38).

Según la Biblia, después de eso ocurrió una concepción milagrosa en la cual María, a pesar de ser virgen, «se halló que había concebido del Espíritu Santo» (Mt. 1:18). Al término de este embarazo, María dio a luz un Hijo y le llamó Jesús.

La Iglesia Católica Romana enseña que el nacimiento de Jesús fue tan milagroso como su concepción, porque, según dicha iglesia, María no experimentó dolor al dar a luz al niño: «A la mujer [Eva] dijo: ... *con dolor darás a luz los hijos...* (Gn. 3:16). María estaba exenta de esa ley....»[11] Además, afirma la Iglesia Católica, Dios preservó «inviolable la integridad virginal»[12] de María [499]. Es decir, Cristo

> ... nació de su madre sin disminuir en nada su virginidad maternal ... así como los rayos del sol penetran sin romper o dañar en lo más mínimo la sólida sustancia del cristal, así también, de manera semejante pero mucho más exaltada, Jesucristo salió del vientre de su madre sin dañar la virginidad maternal de ella.
>
> —*The Roman Catechism*[13]

Además, a pesar de que estaba casada con José, los católicos enseñan que, después del nacimiento de Jesús, María siguió siendo una virgen «inmaculada y perpetua»,[14] absteniéndose de relaciones sexuales con su esposo. La Iglesia Católica llama a María «la Bendita María, siempre virgen»,[15] la «Virgen de Vírgenes»,[16] y la «santísima Madre de Dios, la siempre virgen».[721]

LA ASUNCIÓN DE MARÍA

[966, 974]

En vista de la perfección inmaculada de María, la Iglesia Católica Romana enseña que el cuerpo de María no sufrió descomposición al fin de su vida. Dios milagrosamente la llevó al cielo. Esta doctrina, conocida como la Asunción de María, fue definida por la Iglesia en 1950:

> ...por la autoridad de nuestro Señor Jesucristo, de los bienaventurados apóstoles Pedro y Pablo y nuestra, proclamamos, declaramos y definimos ser dogma divinamente revelado: que la Inmaculada Madre de Dios, siempre Virgen María, cumplido el curso de su vida terrestre, fue asunta en cuerpo y alma a la gloria celestial.
>
> —*Munificentissimus Deus*[17]

UNA RESPUESTA BÍBLICA

La descripción que la Biblia registra de María difiere radicalmente de la que nos presenta el catolicismo romano. El Antiguo Testamento menciona a María sólo de paso en unos cuantos pasajes proféticos.[18] Por ejemplo, Isaías escribe: «He aquí que la virgen concebirá, y dará a luz un hijo, y llamará su nombre Emanuel» (Is. 7:14). Miqueas habla del tiempo en que una mujer judía experimentaría alumbramiento y daría a luz al Mesías en Belén (Mi. 5:2, 3).

En el Nuevo Testamento, María, como podría esperarse, juega un papel de significativa importancia en el nacimiento de Cristo, su infancia y huida a Egipto (Mt. 1, 2; Lc. 1:26—2:40). La Biblia luego la menciona junto con José cuando llevan a Jesús a Jerusalén cuando el niño tenía doce años (Lc. 2:41-52). Cada uno de estos relatos presenta a María como una mujer que era una fiel y humilde sierva de Dios (Lc. 1:38, 46-55).

La siguiente referencia a María en el Nuevo Testamento es cuando Jesús comienza su ministerio público a la edad de treinta años. Allí la encontramos con Él en las bodas de Caná de Galilea (Jn. 2:1-11). Después de informarle a Jesús que se había acabado el vino, María dijo a los sirvientes de la casa: «Haced todo lo que os dijere» (Jn. 2:5). Estas son las últimas palabras que las Escrituras registran de ella. Son un excelente consejo para cualquiera que busca agradar a Dios.

Después María viajó con Jesús a Capernaum, donde se quedaron «no muchos días» (Jn. 2:12). Puesto que no se hace ninguna otra mención de que María estaba con Jesús cuando Él continuaba su ministerio itinerante, aparentemente ella se volvió a Nazaret.

En lo que queda de los relatos históricos del Nuevo Testamento, sólo hay otras tres referencias a María. La primera ocurre hacia la mitad del ministerio de Jesús (Mr. 3:20, 21, 31-35). María y sus otros hijos fueron a Capernaum buscando a Jesús, a quien «vinieron para prenderle; porque decían: Está fuera de sí» (Mr. 3:21). Este suceso arroja dudas respecto a lo bien que hasta la misma María entendió cuáles eran la identidad y la misión del Señor.

Las Escrituras después mencionan a María en la crucifixión del Señor. Allí Juan describe que ella estaba «junto a la cruz de Jesús» (Jn. 19:25). En ese momento extremadamente difícil se muestran claramente su amor y lealtad por su Hijo.

La última referencia a María en las crónicas históricas del Nuevo Testamento ocurre después de la ascensión del Señor al cielo. Los apóstoles, que habían regresado de Jerusalén, se reunieron en el aposento alto. Allí oraban, «con las mujeres, y con María la madre de Jesús» (Hch. 1:14).

En las epístolas Pablo se refiere a María dos veces sin nombrarla. En Romanos se refiere al Hijo de Dios, «que era del linaje de David según la carne» (Ro. 1:3). En Gálatas Pablo escribe: «Pero cuando vino el cumplimiento del tiempo, Dios envió a su Hijo, nacido de mujer y nacido bajo la ley» (Gá. 4:4).

Las Escrituras no nos dicen nada acerca de los últimos años de la vida de María, ni de su muerte ni de su sepultura. No hay una descripción de su carácter, virtud o apariencia física. Tampoco hay ejemplos bíblicos de ninguna clase de ninguna persona que ora a ella o la venera.

Muchos católicos, cuando leen la Biblia por primera vez, se sorprenden de lo poco que dice de María. Aun más significativo es el hecho de que la Biblia contradice gran parte de lo que la Iglesia Católica enseña acerca de María:

- María era la madre de Jesús, pero no la madre de Dios.
- María era una virgen, pero no una virgen perpetua.
- María era una pecadora, no una santa inmaculada.

MARÍA ERA LA MADRE DE JESÚS

A pesar de no hay un precedente bíblico para ello, el catolicismo romano honra a María como la Madre de Dios [963, 971, 2677]. Puesto que Jesús es Dios y María es la madre de Jesús, entonces María debe ser la *Madre de Dios*, o al menos, ese es el argumento [495, 509].

Por otra parte, la Biblia nunca llama a María la Madre de Dios por una razón muy simple: Dios no tiene madre. Como alguien bien lo ha dicho, así como la naturaleza humana de Cristo no tuvo padre, así también su naturaleza divina no tuvo madre. La Biblia, por lo tanto, correctamente llama a María la «madre de Jesús» (Jn. 2:1; Hch. 1:14), pero nunca la Madre de Dios.

Los eruditos catolicorromanos contradicen eso diciendo que la tradición establece firmemente el uso del título. Nos recuerdan que el Concilio de Éfeso (431) aprobó formalmente la práctica de referirse a María como la Madre de Dios [466, 495].[19]

Sin embargo, el Concilio de Éfeso estaba lejos de ser una reunión de cristianos espirituales que oraban buscando la mente de Dios en el asunto. Los coemperadores Teodosio II y Valentiniano II convocaron el Concilio de Éfeso en el año 431 ante la solicitud de Nestorio (quien murió *ca.* 451), patriarca de Constantinopla. Nestorio estaba buscando la oportunidad de defenderse. Un concilio regional convocado en Roma el año anterior lo había condenado por su crítica del uso de la palabra griega *theotokos*, que significa *portador de Dios*, para describir a María. Nestorio era un fuerte oponente del arrianismo y sus enseñanzas de que Cristo era un ser creado. Nestorio temía que al llamar a María portadora de Dios implicaba la misma herejía, es decir, que María había engendrado un miembro de la Trinidad.

El Concilio de Éfeso estaba dominado por fuertes rivalidades y políticas eclesiásticas. Los historiadores han descrito a dicho concilio como una de las contiendas más repugnantes en la historia de la iglesia. Antes de que todos los obispos hubiesen siquiera llegado a Éfeso y con Nestorio ausente, sus oponentes le acusaron de dividir a Cristo en dos personas distintas. Aunque no está claro que Nestorio realmente apoyaba dicha creencia, el concilio lo declaró hereje y a los treinta y cuatro obispos que lo apoyaban los declararon apóstatas. El concilio procedió a afirmar el uso del título *theotokos*, portadora de Dios, con relación a María, aunque se cuidó de mantenerse alejado de cualquier implicación de que Cristo era un ser creado [466].

Es a este término, *theotokos*, que la Iglesia Católica Romana lo traduce en su sentido más glorioso como *Madre de Dios*. No obstante, en vista de la posición superexaltada que María ha llegado a ocupar en el catolicismo romano, la falta de un precedente bíblico para el título, y el contexto histórico del concilio de Éfeso, los cristianos actuarían con sabiduría si evitaran el uso del título y usaran en cambio los términos bíblicos.

MARÍA NO FUE UNA VIRGEN PERPETUA

Las Escrituras enseñan que María, a pesar de ser virgen, concibió un niño por el poder del Espíritu Santo (Lc. 1:26-35). La Biblia no dice nada de que Dios preservó «inviolable la integridad virginal» de María[20] durante el proceso de nacimiento, ni de que María se abstuvo de todo contacto sexual con su esposo después del nacimiento de Cristo. Efectivamente, las Escrituras, en vez de apoyar la doctrina de la virginidad perpetua de María, nos guían a creer en algo que es categóricamente opuesto.

Hay varias referencias bíblicas a sucesos que involucran a los medio hermanos y media hermanas del Señor Jesús. El primer suceso ocurre después de las bodas de Caná. La Biblia dice que Jesús descendió a Capernaum con «su madre, sus hermanos y sus discípulos» (Jn. 2:12). Después leemos que «su madre y sus hermanos» fueron a buscarlo a Capernaum (Mt. 12:46; véanse también Mr. 3:31 y Lc. 8:19). Poco tiempo después, la Biblia cita a los oponentes de Cristo que preguntan: «¿No es éste el hijo del carpintero? ¿No se llama su madre María, y sus hermanos, Jacobo, José, Simón y Judas? ¿No están todas sus hermanas con nosotros?...» (Mt. 13:55, 56; véase también Mr. 6:3, 4). Durante el último año de su vida encontramos a los hermanos de Cristo burlándose de Él (Jn. 7:2-10). Juan comenta: «Porque ni aun sus hermanos creían en él» (Jn. 7:5).

Tiempo después, los hermanos del Señor aparentemente se arrepintieron y tuvieron fe en Él. Lucas escribe que después de la ascensión, los apóstoles se reunieron para orar «con las mujeres, y con María la madre de Jesús, y con sus hermanos» (Hch. 1:14). Mucho tiempo después, Pablo escribe que cuando él visitaba Jerusalén fue a ver a «Jacobo el hermano del Señor» (Gá. 1:19), quien para entonces era un destacado líder en la iglesia en Jerusalén (Gá. 2:9-12; Hch. 15:13-21). En su carta a los corintios, Pablo también se refiere a «los hermanos del Señor» (1 Co. 9:5).

Los eruditos catolicorromanos dejan de lado estas citas de las Escrituras diciendo que todas ellas se refieren a los primos del Señor y no a sus verdaderos medio hermanos y media hermanas. Afirman que los judíos a menudo usaban términos como «hermanos» para incluir a parientes cercanos [500].

No está claro cómo es que estos eruditos saben que el Nuevo Testamento se está refiriendo a primos, en vez de hermanos y hermanas. Es

Los santos

[828, 946-962, 2683-2684]

La Iglesia Católica Romana ha *canonizado* o dado el título de *santo* a muchos héroes de la fe que han fallecido. Se cree que los santos, debido a su excelente virtud y mérito, ya están en el cielo. Que sirven a los fieles que todavía están en la tierra como «modelos e intercesores».[828]

Los católicos pueden pedir a los santos, lo mismo que le piden a María, que intercedan ante Dios a favor de ellos. Esto es posible debido a lo que la Iglesia Católica llama la *comunión de los santos* [954-962, 1474-1475]. La Iglesia Católica describe esta comunión como una relación mística y cooperación entre todos los católicos, ya sea que estén viviendo en la tierra, sufriendo en el purgatorio, o gozando de las glorias del cielo [954, 1689].

Se dice que las oraciones de los santos son «particularmente eficaces, puesto que ellos aman a Dios tan íntimamente y pueden señalar a todo el mérito y los sacrificios de sus vidas en la tierra».[21] [956]. La Iglesia Católica aconseja a sus seguidores que se acerquen a Dios mediante los santos, porque: «Hay muchas cosas que Dios no otorga sin un mediador e intercesor.»[22]

Los católicos escogen a cuál santo van a orar basado en la necesidad, la ocupación o el país. Aquí se mencionan sólo unos cuantos de los santos y sus esferas particulares de patrocinio:

cierto que las palabras griegas para hermano, *adelphos*, y hermana, *adelphe*, pueden entenderse en un sentido más amplio. Pero su principal significado habla de una relación de linaje compartido. A menos que el contexto lo sugiera de otra forma, el principal significado de una palabra es el que se intenta comunicar. Si el Espíritu Santo hubiera querido que los cristianos veneraran a María como *siempre virgen*, no se hubiera referido a estos familiares de Jesús como sus hermanos y hermanas sin otra cualificación.

Además, si el Espíritu Santo hubiera deseado expresar un parentesco más distante, hubiera usado otras dos palabras que están disponibles. Pablo usa la palabra *anepsios*, que significa primo, para identificar a Marcos como «el primo de Bernabé» (Col. 4:10). Lucas usa *sungenis*, que tiene un significado más general como pariente, para identificar a Elizabet como la «parienta» de María (Lc. 1:36).

Además, entre los salmos mesiánicos encontramos una profecía de la animosidad que el Señor Jesús inicialmente experimentó de parte de sus hermanos. Allí, el Mesías lamenta: «Extraño he sido para mis hermanos,

- San Juan de Dios: pacientes cardíacos
- San Blas: dolencias de la garganta
- Sta. Lucía: enfermedades oculares
- San Francisco de Sales: sordos
- San José: carpinteros
- San Francisco de Asís: animales
- Sta. Clara de Asís: televisión
- San Antonio: artículos extraviados
- San Judas: causas irremediables
- Nuestra Señora de Guadalupe: Méjico
- La Inmaculada Concepción: Brasil

La Biblia, por otra parte, se refiere a todos los verdaderos creyentes como santos en virtud de su posición en Cristo (Ef. 1:1). Son «santificados en Cristo Jesús, llamados a ser santos» (1 Co. 1:2). Con respecto a la práctica catolicorromana de los vivos que invocan los espíritus de los muertos, esto tiene aspectos más en común con el espiritismo y la adivinación, cosas que las Escrituras condenan, que con cualquier otra práctica cristiana (Dt. 18:10, 11).

y desconocido para los hijos de mi madre» (Sal. 69:8). La relación entre los hermanos de Jesús y su madre no podría ser más explícita.

Finalmente, Mateo escribe que José, después de recibir a María como su esposa, «no la conoció [la mantuvo virgen] hasta que dio a luz a su hijo primogénito» (Mt. 1:25). La implicación no podría ser más clara.

MARÍA NO ERA UNA SANTA INMACULADA

Por el hecho de que era descendiente de Adán, María, como todos nosotros, nació pecadora. La Biblia dice: «Por tanto, como el pecado entró en el mundo por un hombre, y por el pecado la muerte, así la muerte pasó a todos los hombres, por cuanto todos pecaron» (Ro. 5:12).

Sin embargo, la Iglesia Católica Romana sostiene la doctrina de la Inmaculada Concepción, es decir, que María «...en el primer instante de su concepción ... fue preservada libre de toda mancha de pecado original...»[23] [491]. Los eruditos católicos afirman que esta creencia se enseña en las Escrituras en la *Anunciación*, el anuncio del ángel Gabriel a María referente a la encarnación de Cristo: «Salve, llena de gracia, el

Señor es contigo; bendita tú entre las mujeres» (Lc. 1:28, Douay-Rheims) [490-491]. Esto, dice la Iglesia Católica, revela que María «nunca estuvo sujeta a la maldición»[24] y que ella era «inmune de todo pecado, personal o heredado».[25]

Sin embargo, el ángel nunca dijo que María era «llena de gracia» (Lc. 1:28, Douay-Rheims). Esta traducción catolicorromana se basa en los textos en latín. Las traducciones del griego original dicen: «¡Salve, muy *favorecida*! El Señor es contigo...» (Lc. 1:28). Dios favoreció a María al escogerla para que diera a luz su Hijo, no para preservarla del pecado de Adán. Dios bendijo a María «*entre* las mujeres» (Lc. 1:28, RV), no *sobre* las mujeres.

La Biblia enseña que el único que alguna vez nació sin pecado en este mundo fue el Señor Jesucristo (2 Co. 5:21; 1 P. 2:22; 1 Jn. 3:5). Las Escrituras no dan lugar a ninguna otra excepción: «Ciertamente no hay hombre justo en la tierra, que haga el bien y nunca peque» (Ec. 7:20). Los ángeles en el cielo adoran al Señor proclamando, «...pues sólo tú eres santo...» (Ap. 15:4). El Señor Jesús dijo: «Ninguno hay bueno, sino sólo Dios» (Lc. 18:19). Pablo escribió: «Por cuanto todos pecaron, y están destituidos de la gloria de Dios» (Ro. 3:23). Y de nuevo:

> No hay justo, ni aun uno ...
> No hay quien haga lo bueno
> No hay ni siquiera uno.
> —Romanos 3:10-12

María, al igual que cualquier otro ser humano, era una pecadora que necesitaba ser redimida. Ella misma reconoció eso cuando oró: «Engrandece mi alma al Señor; y mi espíritu se regocija en Dios mi Salvador» (Lc. 1:46, 47).

La Iglesia Católica admite que María fue redimida, pero sólo de la *deuda* del pecado original. Asevera que no fue redimida de la *mancha* del pecado, porque María «fue preservada libre de toda mancha de pecado original»[26] [491-492, 508].

Las Escrituras no reconocen tal distinción. El hecho de que María murió es prueba suficiente de que estaba sujeta a la pena *total* del pecado (Gn. 2:17; 3:19; Ro. 6:23).

La Iglesia Católica tampoco está de acuerdo con esto. Dice que María no murió debido al pecado, ya fuese personal o heredado.[27] Más bien, murió porque «a Dios le agradó que María se asemejara en todas las cosas a Jesús; y como el Hijo murió, era conveniente que la madre también muriera....»[28] Además, la Iglesia Católica afirma que Dios llevó a María corporalmente al cielo. Su cuerpo no se descompuso en la tumba bajo la maldición del pecado, puesto que ella era sin pecado.

En el documento que define la Asunción de María, el papa Pío XII cita varios versículos en un esfuerzo por demostrar la base bíblica de la doctrina.[29] Al hacer esto, reconoce que la mayoría de las referencias de las Escrituras habían sido presentadas por teólogos y predicadores que habían sido «más bien liberales en el uso de los acontecimientos y las expresiones tomadas de las Sagradas Escrituras para explicar sus creencias en la Asunción».[30] El hecho es que ninguno de los versículos que el papa cita dice nada acerca de la Asunción de María. Sólo una, Lucas 1:28, apenas se refiere a María. Sin embargo, el papa las usa de todos modos.

OTRA MARÍA

La María del catolicismo romano no es la María de la Biblia. Las Escrituras no dicen nada de una mujer concebida sin pecado, perfectamente inmaculada, siempre virgen, que fue asumida al cielo.

No obstante, la Iglesia Católica, teniendo más en cuenta la tradición y la razón humana que las Sagradas Escrituras, ha declarado que la virgen María es la *María siempre virgen*, que la madre de Jesús es *la Madre de Dios*, y que la mujer favorecida es la *María llena de gracia*. En su determinación por exaltar a María, le Iglesia ha tergiversado y desatendido la simple enseñanza de la Biblia. En dicho proceso, habiendo abandonado la verdad y seguridad de las Escrituras, la Iglesia Católica Romana ha expuesto a sus feligreses a las apariciones místicas y hasta extrañas de un espíritu autopromotor que se identifica como María. Estas apariciones han alejado a los católicos de la devoción sin distracción a Cristo y de la dependencia de Él solamente para la salvación. Si estas apariciones son reales o imaginarias, por sus frutos han demostrado que no provienen de Dios.

NOTAS

1. Concilio Vaticano II, «Constitución dogmática sobre la Iglesia», nº 53.
2. *Ibid.*
3. Reportaje de Virgilio Levi, *L'Osservatore Romano* (Roma), 18 mayo 1991, p. 7.
4. El lema *Totus Tuus* viene de una oración latina por San Louis de Montford (1673-1716): *Tuus totus ego sum, et omnia mea tua sunt, O Virgo super omnia benedicta*, o sea: «Pertenezco a ti enteramente, y todo lo que poseo es tuyo, Virgen bendita sobre todas» (Arthur Burton Calkins, *Totus Tuus* [Libertyville, IL: Academy of the Immaculate, 1992], p. 27).
5. El diálogo se basa en una entrevista con el monseñor Stanislaus realizada y grabada por Andre Frossard, *¡Be Not Afraid!* (Nueva York: St. Martin's Press, 1982), p. 226.
6. Alfonso de Ligorio, *The Glories of Mary* (Brooklyn, Nueva York: Redemptorist Fathers, 1931), p. 235.
7. Papa Pío IX, *Ineffabilis Deus.*
8. *Ibid.*

9. *Ibid.*
10. *Ibid.*
11. John A. McHugh, O.P. y Charles J. Callan, O.P., trads., *The Roman Catechism: The Catechism of the Council of Trent* (Rockford, IL: Tan Books and Publishers, 1982), p. 46.
12. *Ibid.*
13. *Ibid.*, pp. 45-46.
14. *Ibid.*, pp. 45-46.
15. Letanía de la Bendita Virgen María, aprobada por el papa Sixto V.
16. *Ibid.*
17. Papa Pío XII, *Munificentissimus Deus*, nº 44.
18. La Iglesia Católica Romana dice que María está prefigurada en la mujer de Génesis 3:15. Sin embargo, el contexto inmediato habla de Eva, no María.
19. Concilio de Éfeso, «Tercera carta de Cirilo a Nestorio», canon 1.
20. John A. McHugh, O.P. y Charles J. Callan, O.P., traductores, *The Roman Catechism*, p. 46.
21. Matthias Premm, *Dogmatic Theology for the Laity* (Rockford, IL: Tan Books, 1967), p. 313.
22. McHugh y Callan, *Op. cit.*, pp. 371-372, citando a Agustín.
23. Papa Pío IX, *Ineffabilis Deus.*
24. *Ibid.*
25. Papa Pío XII, *Mystici Corporis.*
26. Papa Pío IX, *Ineffabilis Deus.*
27. Algunos documentos catolicorromanos evitan declarar que María realmente murió. En cambio, usan eufemismos ambiguos como «cumplido el curso de su vida terrena»,[974] «al final de su vida terrenal» (papa Pablo VI, *The Credo of the People of God*, nº 15), y «terminado el curso de su vida terrena» (Concilio Vaticano II, «Constitución Dogmática sobre la Iglesia», 59). En la definición dogmática de la Asunción de María, el papa Pío XII escogió no definir la cuestión. Más bien, escribió de María «habiendo completado el curso de su vida terrena» (papa Pío XII, *Munificentissimus Deus*, nº 44). A pesar de que algunos continúan debatiendo la cuestión, casi todos los teólogos católicos enseñan que María murió.
28. Alfonso de Ligorio, *The Glories of Mary* (Brooklyn, NY: Redemptorist Fathers, 1931), p. 407.
29. Génesis 3:15; Salmo 131:8; 44:10-14; Cantar de los Cantares 3:6; 4:8; 6:9; 8:5; Isaías 61:13; Lucas 1:28; Romanos 5—6; 1 Corintios 15:21-26, 54-57; Apocalipsis 12.
30. Papa Pío XII, *Munificentissimus Deus*, nº 26.

9

La Reina del cielo y de la tierra

Fátima, Portugal, 13 de mayo de 1982

Desde el podio elevado al frente de la Basílica de Nuestra Señora de Fátima, el papa Juan Pablo II miraba a la inmensa multitud. Ante él estaban más de 200.000 católicos. El comienzo del discurso marcaba un momento histórico tanto para la Iglesia Católica como para él:

> Vengo hoy a este lugar porque en este mismo día el año pasado, en la Plaza de San Pedro en Roma, se perpetró un atentado contra la vida del Papa, en misteriosa coincidencia con el aniversario de la primera aparición en Fátima, la cual ocurrió el 13 de mayo de 1917.[1]

La visita del papa Juan Pablo a Fátima fue el cumplimiento de una promesa tácita que había hecho después del atentado contra su vida en 1981. Cuando recobró el conocimiento, el Papa dijo que sus primeros pensamientos fueron para Nuestra Señora de Fátima. Más tarde decidió visitar Fátima en el primer aniversario del atentado de asesinato. El propósito, como dijo el Papa, sería «colocar en el corazón de la Madre celestial mis gracias por haberme salvado del peligro. En todo lo que estaba pasando pude ver —y nunca me canso de repetirlo— una protección maternal especial de nuestra Señora».[2] Estaba convencido de que cuando Mehmet Ali Agca apretó el gatillo de su arma un año antes, había ocurrido un milagro. «Una mano disparó —decía el Papa— y otra guió la bala.»[3] El Papa estaba seguro de que la mano que guió la bala pertenecía a María.

Los médicos confirmaron que, efectivamente, Juan Pablo había sido afortunado. La bala que le había perforado el estómago también le había lacerado el colon y los intestinos. Además le había dañado seriamente el sistema de la vena sacra causándole una profusa hemorragia interna. Pero si la bala hubiera dado en la aorta, en vez de errarle por unos cuantos milímetros, lo hubiera matado instantáneamente. La bala había atravesado su cuerpo en una trayectoria directa sin dañar ningún órgano vital.

Ahora, un año más tarde y totalmente recuperado, el papa Juan Pablo II había ido a Fátima, no sólo para dar gracias a María, sino para consagrarle a ella toda la raza humana:[4]

> Podemos recurrir a tu protección, santa Madre de Dios.... Abraza, con el amor de la Madre y Sierva, este nuestro mundo humano, que nosotros te confiamos y consagramos a ti....[5]

LA CORREDENTORA

[494, 963-973]

A pesar de que la intensa devoción de Juan Pablo II a María y su consagración del mundo a ella pueda parecer extraño a los que no son católicos, esto de ninguna manera podría considerarse como algo insólito dentro del catolicismo romano. Efectivamente, dicha devoción es el objetivo de la enseñanza que la Iglesia procura lograr con respecto a María. Porque en el catolicismo romano, María es mucho más que un modelo de virtud; ella es la corredentora de la raza humana [964, 968, 970].

Según la Iglesia Católica Romana, cuando María aceptó la invitación de Dios de ser la madre de su Hijo, ella « ya estaba colaborando con toda la obra que su Hijo debía realizar»[973]:

> El Padre de las misericordias quiso que la Encarnación fuese precedida por el consentimiento de parte de la madre predestinada, de forma que así como una mujer tuvo parte en causar la muerte, así también una mujer debía contribuir a la vida.... Debidamente, por lo tanto, los Padres ven a María no pasivamente comprometida por Dios, sino cooperando libremente en la obra de la salvación del hombre mediante la fe y la obediencia.
>
> —Concilio Vaticano II[6]

Según la Iglesia Católica Romana, la participación de María en la encarnación fue sólo el comienzo de su misión en la salvación. La Iglesia Católica enseña que «fue el designio de Dios que la Bendita Virgen María, aparentemente ausente de la vida pública de Jesús, lo asistiese cuando estaba muriendo en la cruz».[7] Al estar unida con Cristo, María lo ofreció a Él como sacrificio a Dios en la cruz:

> Fue ella quien, inmune de todo pecado, personal o heredado, y más estrechamente que nunca unida con su Hijo, lo ofreció en el Gólgota al Padre Eterno junto con el holocausto de sus derechos maternales y amor de madre...
>
> —*Mystici Corporis*[8]

María no sólo ofreció su Hijo a Dios, sino que permaneció ante la cruz para sufrir con Cristo [964]:

> Por lo tanto, la Bienaventurada Virgen avanzó en la peregrinación de la fe y mantuvo fielmente la unión con su Hijo hasta la cruz. Allí, por voluntad de Dios, estuvo de pie, sufrió intensamente con su Hijo, y se unió a su sacrificio con corazón de madre que, llena de amor, daba su consentimiento a la inmolación de su Hijo como víctima.
>
> —Concilio Vaticano II[9]

Según la Iglesia Católica, los sufrimientos de María fueron tan intensos que la llevaron ante el umbral mismo de la muerte. Ella, dice esa iglesia, «participó con Jesucristo en el acto dolorosísimo de la redención»:[10]

> María sufrió y, por así decirlo, casi murió con su sufriente Hijo; por la salvación de la humanidad renunció a sus derechos de madre y, en cuanto a lo que dependía de ella, ofreció a su Hijo para aplacar la justicia divina; por tanto podemos decir bien que ella y Cristo redimieron la humanidad.
>
> —*Inter Sodalicia*[11]

Por lo tanto, María, en un papel subordinado a Cristo, tuvo «parte con él en la redención de la raza humana».[12] Por consiguiente, la Iglesia Católica la llama «la cooperadora en la redención del hombre»,[13] «nuestra corredentora».[14] Porque ante la cruz, María triunfó «totalmente sobre la serpiente antigua».[15]

La Iglesia Católica Romana dice que después de la muerte y resurrección de Cristo, María fue una fuerza importante en la diseminación del evangelio [965]:

> No es exageración decir que es debido principalmente a su liderazgo y ayuda que la sabiduría y enseñanzas del evangelio se diseminaron tan rápidamente a todas las naciones del mundo, a pesar de las dificultades más obstinadas y las más crueles persecuciones, y trajo a su paso un nuevo reino de justicia y paz.
>
> —*Adiutricem Populi*[16]

Finalmente, la Iglesia Católica Romana enseña que cuando la vida de María en la tierra llegó a su fin, Dios milagrosamente la llevó al cielo y allí la coronó Reina del cielo y de la tierra [966]:

> La Bienaventurada Virgen María ha de ser llamada Reina, no sólo debido a su maternidad divina sino también porque por la voluntad de Dios tuvo una gran parte en la obra de nuestra salvación.... En esta obra de redención, la bendita Virgen María estuvo estrechamente asociada con su Cristo.... Así como Cristo, porque nos redimió, es por un título especial nuestro Rey y Señor, así también es la Bienaventurada María nuestra Reina y nuestra Señora, debido a la forma singular en la que cooperó en nuestra redención. Ella le proveyó a Él la sustancia misma para el cuerpo, lo ofreció de buena voluntad por nosotros, y participó extraordinariamente en nuestra salvación, deseándola, orando por ella, y obteniéndola....
>
> —*Ad Coeli Reginam*[17]

LA MEDIADORA DE TODA GRACIA
[968-971, 975, 2673-2682]

El catolicismo romano enseña que María, por su participación en nuestra redención, también ganó el privilegio de ser la única mediante la cual Dios dispensaría toda la gracia al mundo:

> Cuando llegó la hora suprema del Hijo, al pie de la cruz de Jesús estaba María su Madre, no sólo ocupada en contemplar el cruel espectáculo, sino regocijándose de que su Único Hijo era ofrecido por la salvación de la humanidad, participando así enteramente en su pasión, que si hubiera sido posible ella hubiera gustosamente soportado todos los tormentos que soportó su Hijo. Y de esta comunidad de voluntad y sufrimiento entre Cristo y María, ella mereció volverse más dignamente la reparadora del mundo perdido y la dispensadora de todos los dones que nuestro Salvador adquirió para nosotros por su muerte y por su sangre.
>
> —*Ad Diem*[18]

Según la Iglesia Católica, María es el único canal de bendición de Dios. Cristo «otorga todas las gracias a la humanidad a través de ella»,[19] y «nada es impartido a nosotros excepto a través de María».[20] Ella es «el asiento de todas las gracias divinas ... un tesoro casi infinito»[21] a quien la Iglesia Católica exhorta a los fieles que acudan en tiempo de necesidad:

> Que todos los hijos de la Iglesia Católica que nos son tan queridos oigan estas palabras de nosotros. Con un celo aun más ardiente por piedad, religión y amor, que continúen venerando, invocando y orando a la más Bienaventurada Virgen María, Madre de Dios, concebida sin pecado original. Que acudan con una confianza total a esta dulcísima Madre de misericordia y gracia en todos los peligros, dificultades, necesidades, dudas y temores. Bajo su guía, bajo su patronato, bajo su bondad y protección, no hay que temer nada; nada es sin esperanza ... Lo que ella pide, lo obtiene. Sus súplicas no pueden dejarse de oír.
>
> —*Ineffabilis Deus*[22]

La Iglesia Católica enseña que «nada viene a nosotros excepto mediante la mediación de María, porque esa es la voluntad de Dios».[23] María es ... la más poderosa mediadora y abogada de todo el mundo con su Divino Hijo»,[24] una «intermediaria gloriosa».[25] El popular axioma en latín de San Bernardo de Clairvaux, *Ad Jesum per Mariam*, «A Jesús mediante María», resume bien la enseñanza de dicha iglesia. Los católicos suplican por su intercesión cuando oran el *Salve, Santa Reina*, una de las oraciones tradicionales con que terminan el rosario:

> Dios te salve, Reina y Madre de misericordia, vida, dulzura y esperanza nuestra, Dios te salve, a ti llamamos los desterrados, hijos de Eva, a ti suspiramos gimiendo y llorando en este valle de lágrimas. ¡Ea, pues, Señora, abogada nuestra! Vuelve a nosotros esos tus ojos misericordiosos, y después de este destierro, muéstranos a Jesús, fruto bendito de tu vientre. Oh clemente, oh piadosa, oh dulce siempre Virgen María. Ruega por nosotros, Santa Madre de Dios, para que seamos dignos de alcanzar las divinas promesas de Cristo.

VENERACIÓN DE MARÍA

[971, 2676-2679, 2682]

En vista del papel de María como la Madre de Dios, su virtud ejemplar y santidad, su participación en nuestra redención, y su designación como mediadora de la gracia y Reina del cielo y de la tierra, la Iglesia Católica Romana enseña que los católicos deben venerar muchísimo a María:

> María, que por gracia de Dios, después de su Hijo, fue exaltada por encima de todos los ángeles y los hombres, por ser la Santísima Madre de Dios, que tomó parte en los misterios de Cristo, es honrada justamente con especial culto por la Iglesia Católica.
>
> —Concilio Vaticano II[26]

A este culto especial o forma de devoción se le llama *hiperdulía*. Es uno de los tres grados de honor reconocidos por la Iglesia Católica:

- *Latría*: esta es la forma suprema de adoración. La iglesia enseña a los fieles que sólo adoren a Dios de esta manera.
- *Hiperdulía*: la hiperdulía es un paso debajo de la latría. Es el grado más alto de veneración que puede dársele a un ser creado. La iglesia enseña que solamente María merece esta forma de honor.
- *Dulía*: esta es una simple veneración. Los católicos deben mostrar este grado de honor hacia los santos y los ángeles.

La forma más común en que los católicos veneran a María es diciendo el rosario [971, 1674, 2708]. La iglesia lo considera la «síntesis de todo el evangelio».[971] Consiste en una serie de oraciones contadas en un hilo de cuentas. Las cuentas están arregladas en grupos de diez cuentas pequeñas separadas por una cuenta grande. Hay cinco juegos de diez. El *Padre Nuestro* se dice en la cuenta grande. En cada una de las diez cuentas pequeñas, los católicos oran el Ave María [2676-2677]:

> Dios te salve, María, llena eres de gracia. El Señor es contigo. Bendita tú eres entre todas las mujeres y bendito es el fruto de tu vientre, Jesús. Santa María, Madre de Dios, ruega por nosotros, los pecadores, ahora y en la hora de nuestra muerte. Amén.

La Iglesia Católica ofrece una indulgencia parcial, la remisión de parte de la pena temporal por el pecado, a los católicos que oran el rosario [1471-1479, 1498]. Ellos también pueden ganar una indulgencia plenaria, una remisión completa de toda la pena temporal acumulada hasta esa fecha, rezando el rosario, recibiendo los sacramentos de la confesión y la Eucaristía, y ofreciendo oraciones por las intenciones del papa [1471].

UNA RESPUESTA BÍBLICA

A pesar de que las Escrituras presentan a María bajo una luz favorable, la alabanza irrestringida y efusión sentimental tan común en el catolicismo romano no se encuentran en la Biblia. Mucho menos todavía hay indicio alguno de que María participó en la redención, y es por lo tanto la mediadora de todas las gracias. Al contrario, la Biblia enseña que:

- Hay un solo Redentor, no dos.
- Hay un solo mediador, no dos.

HAY UN SOLO REDENTOR

Las Escrituras son claras cuando afirman que solamente el Señor es nuestro Redentor. A Israel Dios proclamó: «Yo, Jehová [el Señor] soy Salvador tuyo y Redentor tuyo, el Fuerte de Jacob» (Is. 49:26). Las Escrituras del Nuevo Testamento revelan que es en Jesucristo, el amado Hijo de Dios «en quien tenemos redención por su sangre, el perdón de pecados» (Col. 1:13, 14). Dios justifica a los pecadores «mediante la redención que es en Cristo Jesús» (Ro. 3:24).

La afirmación de la Iglesia Católica de que María ofreció a Cristo «en el Gólgota al Padre Eterno»[27] contradice las Escrituras. La Biblia dice que Cristo «se ofreció *a sí mismo* sin mancha a Dios» (He. 9:14, énfasis añadido).

Asimismo, no hay apoyo bíblico para lo que dice la Iglesia Católica de que María «y Cristo redimieron la humanidad».[28] Al hablar de María, la Iglesia Católica dice:

> En ella, los numerosos e intensos sufrimientos se juntaron de una manera tan interconectada que no sólo fueron una prueba de su fe inconmovible, sino también una contribución a la redención de todos.
>
> ... fue en el Calvario que el sufrimiento de María, además del sufrimiento de Jesús, alcanzó una intensidad que difícilmente podría imaginarse desde el punto de vista humano, pero que fue misteriosa y sobrenaturalmente fructífera para la redención del mundo.
>
> —*Salvifici Doloris*[29]

En vez de describir a María como pecadora redimida agradecida a los pies de su Salvador, la Iglesia Católica la describe aquí haciendo «una contribución a la redención de todos»[30] mediante sus propios sufrimientos. En palabras del Concilio Vaticano II [968]:

> Ella concibió, dio a luz y alimentó a Cristo, lo presentó al Padre en el templo, compartió los sufrimientos de su Hijo cuando moría en la cruz. Colaboró de manera totalmente singular a la obra del Salvador por su fe, esperanza y ardiente amor para restablecer la vida sobrenatural de los hombres.
>
> —Concilio Vaticano II[31]

Génesis 3:15

Algunos eruditos católicos señalan a Génesis 3:15 en apoyo de la enseñanza de la Iglesia Católica de María como la corredentora. En muchas versiones de la Biblia, como la Douay-Rheims (la Biblia inglesa catolicorromana corriente hasta mediados del siglo xx), la maldición de Dios sobre Satanás reza así:

> Yo pondré enemistad entre ti y la mujer, y tu simiente y su simiente: ella aplastará tu cabeza, y tú acecharás su talón.
>
> —Génesis 3:15, Douay-Rheims

Basado en este versículo, muchas estatuas y pinturas de María la muestran aplastando una serpiente con el pie, una representación gráfica de su papel como corredentora. Estas imágenes también se encuentran en documentos católicos:

> Por consiguiente, así como Cristo, el mediador entre Dios y el hombre, asumió naturaleza humana, borró la escritura del decreto que nos era contrario, y lo clavó triunfalmente en la cruz, así también la santísima Virgen, unida a Él por un vínculo muy íntimo e indisoluble, estaba, con Él y por medio de Él, eternamente enemistada con la malvada serpiente, y triunfó completamente sobre ella, y así le aplastó la cabeza con su inmaculado pie.
>
> —*Ineffabilis Deus*[32]

No obstante, dicha imagen se basa en una traducción equivocada de Génesis 3:15 de los textos en latín de la Biblia Vulgata, la Biblia oficial de la Iglesia Católica Romana desde el siglo IV. Hasta hace poco, la Vulgata latina sirvió como texto base para todas las traducciones católicas, incluyendo la Biblia Douay-Rheims.

En el texto hebreo, el idioma original del Antiguo Testamento, el sujeto de Génesis 3:15 es masculino, no femenino. Por consiguiente, en vez de rezar «ella aplastará tu cabeza» (Gn. 3:15, Douay-Rheims), el versículo debe traducirse «ésta [la simiente de la mujer, Jesucristo] te herirá en la cabeza» (Gn. 3:15, RV). El versículo está hablando proféticamente de la victoria de Cristo sobre Satanás, no de la victoria de María.

A pesar de que las traducciones catolicorromanas recientes han corregido el error, la teología catolicorromana sigue igual, sin la corrección.

Lucas 2:34, 35

Otro pasaje que la Iglesia Católica usa para apoyar su enseñanza de la «unión de la madre con el Hijo en la obra de salvación»[33] es Lucas 2:34, 35. José y María habían llevado al niño Jesús a Jerusalén para presentarlo en el templo. Simeón, un hombre justo que estaba esperando la venida del Mesías, tomó el niño en sus brazos y dijo a María:

> He aquí, éste está puesto para caída y levantamiento de muchos en Israel, y para señal que será contradicha (y una espada traspasará tu alma), para que sean revelados los pensamientos de muchos corazones.
>
> —Lucas 2:34, 35

Según la Iglesia Católica, la espada aquí habla de la participación de María con Cristo en el sufrimiento por nuestra redención [618]. El papa Juan Pablo II escribió que ella hizo «una contribución a la redención de todos»:[34]

> ... fue en el Calvario que el sufrimiento de María, además del sufrimiento de Jesús, alcanzó una intensidad que difícilmente podría imaginarse desde el punto de vista humano, pero que fue misteriosa y sobrenaturalmente fructífero para la redención del mundo.
>
> —*Salvifici Doloris*[35]

La afirmación de la Iglesia Católica Romana de que María sufrió por la redención del mundo no se justifica por tres razones.

1. *María no sufrió por el pecado.* Cuando María contemplaba a su Hijo clavado en la cruz, indudablemente sufrió muchísimo. No obstante, lo mismo podría decirse de los otros que estaban presentes que amaban al Señor y eran testigos de sus sufrimientos: Juan, María Magdalena, Salomé, y María la mujer de Cleofas (Jn. 19:25-27; Mr. 15:40). Podríamos describir la naturaleza de esta clase de tristeza como el *sufrimiento de compasión.*

También es probable que María, así como Cristo, soportara las mofas y el ridículo de hombres malvados. Eso lo hizo voluntariamente sabiendo que Dios la había llamado a servir como la madre de Jesús. Las Escrituras describen esta clase de persecución como *padecimiento por causa de la justicia* (1 P. 3:14).

Sin embargo, estas dos clases de sufrimiento deben distinguirse de lo que Cristo experimentó en la cruz. Él sufrió *por el pecado.* Cristo fue «hecho por nosotros maldición» (Gá. 3:13), se volvió el objeto de la ira de Dios porque el Padre «cargó en él el pecado de todos nosotros» (Is. 53:6). Esa clase de sufrimiento lo sufrió el Señor Jesús, «herido de Dios y abatido» (Is. 53:4), en solitaria agonía:

> El escarnio ha quebrantado mi corazón, y estoy acongojado. Esperé quien se compadeciese de mí, y no lo hubo.
>
> —Salmo 69:20

Aparentemente, ni María ni ninguno de los otros al pie de la cruz era siquiera consciente de que ante ellos el Hijo de Dios estaba sufriendo por los pecados del mundo.

2. *María no sufrió la muerte por el pecado.* A pesar de la intensidad de los sufrimientos físicos de Cristo, las Escrituras nunca vinculan nuestra redención a su dolor sino a su muerte. Pablo escribe que «fuimos reconciliados con Dios por la *muerte* de su Hijo» (Ro. 5:10, énfasis del autor).

El escritor de Hebreos nos recuerda que intervino «muerte para la remisión de las transgresiones» (He. 9:15). Juan nos dice que Jesús «nos lavó de nuestros pecados con su sangre» (Ap. 1:5).

Como es lógico, la razón es que la pena de nuestro pecado es la muerte (Gn. 2:17; Ro. 6:23). Por consiguiente, una vida debía darse para redimirnos. Por eso vino Cristo: «para dar su vida en rescate por muchos» (Mr. 10:45). Cristo «padeció una sola vez por los pecados, el justo por los injustos, para llevarnos a Dios» (1 P. 3:18). En ninguna parte las Escrituras enseñan que fuimos redimidos por la vida justa de Cristo, por su fiel obediencia, o ni siquiera por sus sufrimientos a manos de hombres crueles.

Aquí tampoco los sufrimientos de María son suficientes para redimir a nadie.[36] La Iglesia Católica afirma que «María sufrió y, por así decirlo, casi murió con su sufriente Hijo»,[37] que ella, «en su corazón murió con Él, traspasada por la espada de la tristeza».[38] Pero el hecho es que María no murió en el Calvario. Sólo Cristo dio su vida por nuestra redención.

3. *María no calificaba para redimir a la humanidad.* Aun si María hubiera muerto en el Calvario, su muerte no habría redimido a nadie. Como vimos en el último capítulo, María misma era pecadora. Como tal, era culpable ante Dios e inadecuada para redimir a nadie. Lo mismo sucede con cualquier otra persona, sea hombre o mujer. Las Escrituras enseñan:

> Ninguno de ellos podrá en manera alguna redimir al hermano, ni dar a Dios su rescate (porque la redención de su vida es de gran precio, y no se logrará jamás).
>
> —Salmo 49:7, 8

Por eso Dios envió a su Hijo, el Señor Jesucristo, para redimirnos. *Sólo Él estaba calificado.* Puesto que era el Hijo de Dios, su vida era de un valor infinito y podía redimir a toda la humanidad. Habiendo sido «hecho semejante a los hombres» (Fil. 2:7), pudo representar a la humanidad ante Dios muriendo físicamente (He. 2:14-17). Puesto que era sin pecado, su vida fue un sacrificio aceptable (1 P. 1:19, 2:22). Por consiguiente, *solamente* Cristo merece el título de Redentor: «El Cordero que fue inmolado es digno...» (Ap. 5:12).

SÓLO HAY UN MEDIADOR

No hay apoyo bíblico alguno para la aseveración catolicorromana de que María sirve como intermediaria entre Dios y el hombre. Tampoco hay un ejemplo bíblico de un cristiano que ora a María u obtiene una bendición de Dios mediante la intercesión celestial de María.

La Iglesia Católica Romana no está de acuerdo con lo anterior y dice que hay un apoyo bíblico claro en favor de la mediación de María. Señala a las bodas de Caná diciendo que allí María «mediante su intercesión, produjo el comienzo de los milagros de Jesús el Mesías (cp. Jn. 2:1-11)».[39] La Iglesia Católica enseña que de la misma manera hoy, «María es todopoderosa con su divino Hijo».[40]

Sin embargo, una mirada más de cerca al relato de las bodas de Caná revela un énfasis más bien diferente. María, dándose cuenta de que se había acabado el vino, mencionó la necesidad a Jesús, diciendo: «No tienen vino» (Jn. 2:3). Jesús le respondió: «¿Qué tienes conmigo, mujer? Aún no ha venido mi hora» (Jn. 2:4). El Señor quería que María entendiera que en su misión divina Él no estaba sometido a sus solicitudes. Jesús había venido a hacer la voluntad de su Padre celestial, no de su madre terrenal. Habiendo aclarado esto, el Señor magnánimamente y con un mínimo de fanfarria, proveyó vino para los invitados. Si el pasaje tiene algo que decir con respecto a la oración intercesora enseña que debemos elevar nuestras solicitudes directamente al Señor Jesús, tal como lo hizo María personalmente. Jesús es nuestro único mediador: «Porque hay un solo Dios, y un solo mediador entre Dios y los hombres, Jesucristo hombre» (1 Ti. 2:5).

El Concilio Vaticano II afirmó la mediación singular de Cristo, diciendo: «No hay sino un mediador».[41] Hasta cita el pasaje de 1 Ti. 2:5. No obstante, al mismo tiempo, el Concilio reafirma los papeles de María como «Abogada, Auxiliadora, Benefactora y Mediadora»,[42] siendo este último título una forma femenina de *mediador* [969].

El Concilio ofrece tres razones por las que el papel de María como mediadora no infringe sobre la misión de Cristo como único mediador:

Explicación 1: La mediación de María muestra el poder de la mediación de Cristo [970]

> La función de María como madre de los hombres de ninguna forma oscurece ni disminuye esta mediación única en su género de Cristo, sino más bien muestra su poder.
>
> —Concilio Vaticano II[43]

No obstante, esta negación suena falsa cuando la mediación de María como madre de los hombres y Madre de Dios llega a comprenderse plenamente.

Según la Iglesia Católica, María llegó a ser nuestra madre y mediadora en el Calvario. Cuando Cristo estaba en la cruz, sus ojos enfocaron a su madre. Al lado de ella estaba el apóstol Juan, a quien el Señor dijo: «He ahí tu madre» (Jn. 19:27). La Iglesia Católica dice que por esas palabras María se volvió la «madre de la raza humana»[44] y la «madre de la Iglesia».[963]

El catolicismo romano enseña que los fieles, por tanto, «naturalmente se dirigen a la poderosa Madre de Dios ... siempre el principal y soberano refugio de los católicos en las tribulaciones que sobrellevan».[45] La Iglesia Católica aconseja: «Confíen en María, imploren su ayuda»,[46] porque su capacidad de influir a su Hijo es incomparable:

> La Iglesia Católica, siempre y con justicia, ha puesto toda su esperanza y confianza en la Madre de Dios. Ella está asociada con Él en la obra de la salvación del hombre, y junto con su Hijo tiene favores y poderes mayores que los que jamás obtuvo o podría alguna vez obtener cualquier otra criatura humana o angélica.
>
> —*Supreme Apostolatus*[47]

La Iglesia Católica afirma que María puede persuadir a Dios para otorgar solicitudes que de otra manera podrían rechazarse:

> Además, todos los hombres están llenos de esperanza y confianza en que las oraciones que podrían recibirse con menos favor de los labios de hombres indignos serán aceptadas por Dios cuando sean recomendadas a Él por la Santísima Madre, y serán oídas favorablemente.
>
> —*Octobri Mense*[48]

A María la presentan como una madre compasiva:

> San Doménico sabía bien que mientras por una parte María es todopoderosa con su divino Hijo, quien otorga todas las gracias a la humanidad a través de ella, por la otra ella es por naturaleza tan bondadosa y tan misericordiosa que inclinada a ayudar espontáneamente a los que sufren es absolutamente incapaz de rehusar su ayuda a los que la invocan. La Iglesia Católica tiene la costumbre de saludar a la Virgen como la *Madre de Gracia* y *Madre de Misericordia*, y así ella se ha mostrado siempre, especialmente cuando recurrimos a ella por medio del Sagrado Rosario.
>
> —*Fausto Appetente Die*[49]

Por otra parte, a Dios lo presentan como un benefactor más bien frío y renuente, a quien debemos acercarnos mediante María:

> Tenemos la esperanza segura de que Dios a la larga permitirá ser movido a misericordia y tendrá lástima del estado de su Iglesia, y prestará oído a las oraciones que se le dirijan mediante ella, a quien ha escogido como la dispensadora de todas las gracias celestiales.
>
> —*Superiore Anno*[50]

El papa Pío XII enseñó que: «Aunque Pedro tenga las llaves del cielo, María tiene la llave del corazón de Dios....»[51] Cuando ella usa esa llave, la Iglesia Católica garantiza de que la cerradura se abrirá:

> No podríamos encontrar una protectora más poderosa ni más irresistible ante Dios. Para nosotros ella es la mejor de nuestras madres, nuestra confidente y de hecho el verdadero motivo de nuestra esperanza; ella obtiene todo lo que pide y sus oraciones son siempre oídas.
>
> —*Exultavit Cor Nostrum*[52]

Como Madre de Cristo, «María es todopoderosa con su divino Hijo»,[53] porque «ella es la poderosa Madre de Dios»:[54]

> Porque, mientras las oraciones de los que están en el cielo tienen ciertamente algún reclamo sobre el vigilante ojo de Dios, las oraciones de María colocan su seguridad en el derecho de una madre. Por esa razón, cuando [María] se acerca al trono de su Divino Hijo, implora como abogada, ora como la doncella, pero rige como madre.
>
> —*Tanto Studio*[55]

La Iglesia Católica dice que los poderes de María en la mediación se extienden hasta la salvación. Cuando rezan el Ave María, los católicos le piden: «Ora por nosotros pecadores, ahora y en la hora de nuestra muerte» [1014]. La Iglesia Católica comenta:

> Pidiendo a María que ruegue por nosotros, nos reconocemos pecadores y nos dirigimos a la «Madre de la Misericordia», a la Virgen Santísima. Nos ponemos en sus manos «ahora», en el hoy de nuestras vidas. Y nuestra confianza se ensancha para entregarle desde ahora, «la hora de nuestra muerte». Que esté presente en esa hora, como estuvo en la muerte en Cruz de su Hijo y que en la hora de nuestro tránsito nos acoja como madre nuestra (cp. Jn. 19:27) para conducirnos a su Hijo Jesús, al Paraíso.
>
> —*Catecismo de la Iglesia Católica*[2677]

Por supuesto, todo esto es erróneo. La idea de que María es más receptiva a nuestras oraciones que nuestro Padre celestial, que dio a su Hijo unigénito por nosotros, es contrario al carácter de Dios. De igual manera, la sugerencia de que la madre de Jesús tiene autoridad sobre Él es una imposibilidad teológica. El eterno Dios no tiene madre, mucho menos una «Madre poderosa»[56] a quien debemos obedecer. Además, Jesús jamás hizo a María la madre de la humanidad ni la madre de la Iglesia cuando estaba muriendo en la cruz. Sus palabras son lo suficientemente claras cuando las leemos en el contexto:

> Cuando vio Jesús a su madre, y al discípulo a quien él amaba, que estaba presente, dijo a su madre: Mujer, he ahí tu hijo. Después dijo al discípulo: He ahí tu madre. Y desde aquella hora el discípulo la recibió en su casa.
>
> —Juan 19:26, 27

Jesús estaba arreglando las cosas para que alguien cuidara de su madre después que Él muriera. El pasaje no dice nada de que Cristo hace a María la madre de la humanidad ni de la Iglesia.

Los católicos que han rendido la hora de la muerte «totalmente a su cuidado»[2677] se van a desilusionar trágicamente. Aparte del Señor Jesús, «no hay otro nombre bajo del cielo, dado a los hombres, en que podamos ser salvos» (Hch. 4:12).

Explicación 2: La mediación de María extrae su poder de la mediación de Cristo [970]

La segunda razón que ofrece el Concilio para explicar cómo la mediación de María no infringe sobre la misión de Cristo como único mediador tiene que ver con el mérito. El Concilio dice que la mediación de María

> ... brota de la superabundancia de los méritos de Cristo, se apoya en su mediación, depende totalmente de ella, y de ella saca toda su eficacia.
>
> —Concilio Vaticano II[57]

El papa Pío X dijo algo similar, pero añadió una cualificación muy importante:

> Estamos, como puede verse, muy lejos de atribuir a la Madre de Dios un poder de gracia productivo, un poder que sólo pertenece a Dios. Sin embargo, puesto que María lo lleva sobre todos en santidad y unión con Jesucristo y ha sido asociada por Jesús en la obra de redención, merece para nosotros *de congruo*, en el lenguaje de los teólogos, lo que Jesucristo merece para nosotros *de condigno*, y ella es la Ministra suprema de la distribución de las gracias.
>
> —*Ad Diem*[58]

En otras palabras, si al mérito se lo define estrictamente como el derecho a una recompensa justamente ganada, entonces solamente Cristo mereció la gracia. Pero si al mérito no se lo define tan estrictamente —si la recompensa involucra un elemento de la generosidad de Dios— entonces, según la declaración anterior, María también mereció para nosotros «lo que Jesucristo merece para nosotros». Además, sus méritos, junto con los de Cristo y los de los santos forman un gran tesoro [1476-1477]:

> El «tesoro de la Iglesia» es el valor infinito e inagotable que tienen ante Dios las expiaciones y los méritos de Cristo nuestro Señor, ofrecidos para que la humanidad quedara libre del pecado y llegase a la comunión con el Padre. Sólo en Cristo, Redentor nuestro, se encuentran en abundancia las satisfacciones y los méritos de su redención. Pertenecen igualmente a este tesoro el precio verdaderamente inmenso, inconmensurable y prístino que tienen ante Dios las oraciones y las buenas obras de la Bienaventurada Virgen María.
>
> —Concilio Vaticano II[59]

No sólo se dice que los méritos de María, llamados «insondables»,[60] forman parte del tesoro de la Iglesia, sino que ella también ha ganado el derecho de dispensar todos estos tesoros a los fieles:

> Y desde esta comunidad de voluntad y sufrimiento entre Cristo y María, ella mereció volverse la dignísima Reparadora del mundo perdido y la Dispensadora de todos los dones que nuestro Salvador adquirió para nosotros por su muerte y por su sangre.
>
> —*Ad Diem*[61]

En el catolicismo romano, María más bien que Cristo es la «Ministra suprema de la distribución de las gracias».[62]

Explicación 3: La mediación de María promueve la unión inmediata con Cristo

La razón final que el Concilio Vaticano II dio para justificar el papel de María como comediadora fue que su mediación

> … de ninguna manera oscurece ni disminuye esta única mediación de Cristo, antes bien muestra su eficacia.
>
> —Concilio Vaticano II[63]

No está claro cómo es que María promueve la unión *inmediata* con Cristo, puesto que la Iglesia Católica en realidad desalienta a los católicos a que traten de acudir directamente a Cristo. Comienza diciendo a los fieles que el custodio de todas las bendiciones no es Cristo, sino María. Ella es «el asiento de todas las gracias divinas y está adornada con todos los dones del Espíritu Santo… un tesoro casi infinito, un abismo inagotable….»[64] Según la Iglesia Católica:

> Dios le ha asignado a ella el tesoro de todas las cosas buenas a fin de que todos sepan que a través de ella se obtienen toda esperanza, toda gracia y toda salvación. Porque esta es su voluntad, que obtengamos todo a través de María.
>
> —*Ubi Primum*[65]

Si los católicos desean recibir cualquier cosa de Dios, la iglesia les dice que primero deben hablar con María. Ella se sienta «a la diestra de su Hijo, un refugio tan seguro y una ayuda de tanta confianza contra todos los peligros que no tenemos nada que temer ni desesperar bajo su guía, su patrocinio, su protección».[66] Allí actúa como la «Mediadora para el Mediador».[67] Toda solicitud al trono de Dios debe primero pasar su escrutinio: «...así como ninguno puede acercarse al Padre altísimo excepto a través del Hijo, de la misma forma nadie puede acercarse al Hijo sin primero ir a través de su Madre.»[68] El intento de llegar a Dios sin primero pasar por María es como «tratar de volar sin alas».[69]

Además, todas las bendiciones que vienen desde el cielo deben primero pasar a través de María:

> Toda gracia otorgada a los hombres tiene tres pasos sucesivos: Es comunicada por Dios a Cristo, de Cristo pasa a la Virgen, y de la Virgen desciende a nosotros.
>
> —*Jucunda Semper*[70]

Cristo es la fuente de bendición, pero María es el canal: «...toda bendición que viene a nosotros del Dios Todopoderoso nos llega a través de las manos de Nuestra Señora».[71] Esto incluye la salvación. Se dice que María es la «mediadora de Nuestra Salvación»[72] y el «instrumento y guardiana de nuestra salvación».[73] El papa León XIII oró con estas palabras:

> O Virgen Santísima, nadie abunda en el conocimiento de Dios excepto mediante ti; ninguno, O Madre de Dios, obtiene salvación excepto mediante ti, ninguno recibe un don del trono de misericordia excepto mediante ti.
>
> —*Adiutricem Populi*[74]

La oración del papa León XIII sería correcta si hubiera estado hablando del Señor Jesús en vez de María. Sólo mediante Cristo podemos conocer a Dios (Jn. 1:18), obtener salvación (Jn. 14:6), y recibir misericordia ante el trono de la gracia (He. 4:14-16). Es «por medio de Él que tenemos entrada por un mismo Espíritu al Padre» (Ef. 2:18). Esta es la fórmula bíblica para acercarse a Dios: a través del Hijo, en el Espíritu, al Padre. Cristo enseñó a sus discípulos a orar en el nombre del Hijo directamente al Padre (Jn. 16:26, 27). En consecuencia, los cristianos bíblicos oran en el nombre de Jesús, no de María (Jn. 14:13, 14).

El creyente que se acerca al trono de Dios mediante Jesús puede hacerlo asegurado de la aceptación: «...teniendo libertad [confianza] para entrar en el Lugar Santísimo por la sangre de Jesucristo» (He. 10:19). En Cristo Jesús «tenemos seguridad y acceso con confianza por medio de la fe en él» (Ef. 3:12). Las Escrituras exhortan: «Acerquémonos, pues, confiadamente al trono de la gracia, para alcanzar misericordia y hallar gracia para el oportuno socorro» (He. 4:16).

La enseñanza de la Iglesia Católica Romana de que los fieles deben ir a Jesús a través de María contradice estas verdades. Destruye el contacto estrecho y directo entre Cristo y los redimidos, pues de los tales es dicho privilegio.

La Biblia describe esta relación en términos de un cuerpo. Cristo «es la cabeza del cuerpo que es la iglesia» (Col. 1:18). Todos «somos miembros de su cuerpo» (Ef. 5:30). Esta metáfora habla de la unión inmediata y sin estorbo de cada creyente con Cristo. No da lugar para la mediación de María como lo enseña erróneamente la Iglesia Católica Romana.

Aunque dicha iglesia concuerda en que los fieles son el cuerpo de Cristo y que Él es la cabeza de ese cuerpo [787-796], no obstante añade que María es

> ... la porción de conexión cuya función es unir el cuerpo con la cabeza y transmitir al cuerpo las influencias y voliciones de la cabeza, es decir el cuello. Sí, dice San Bernardín de Siena, «ella es el cuello de Nuestra Cabeza por el cual Él comunica a su cuerpo místico todos los dones espirituales».
>
> —*Ad Diem*[75]

La función de María como cuello del cuerpo de Cristo también carece de apoyo bíblico. Entre Dios y los hombres hay *un sólo* mediador, no dos (1 Ti. 2:5). La función de María como dispensadora de todos los dones espirituales es igualmente antibíblico. Las Escrituras, sin mencionar a María para nada, dicen que todas las bendiciones espirituales vienen del Padre celestial:

> Toda buena dádiva y todo don perfecto desciende de lo alto, del Padre de las luces, en el cual no hay mudanza, ni sombra de variación.
>
> —Santiago 1:17

UN VEREDICTO BÍBLICO

A pesar de que durante su ministerio terrenal se presentaron oportunidades para hacerlo, Jesús jamás enseñó que María debía recibir honor especial. En una ocasión, mientras el Señor hablaba a la gente, una mujer de la multitud le gritó: «Bienaventurado el vientre que te trajo, y los senos que mamaste» (Lc. 11:27). Pero Jesús desvió ese honor dirigido a María y, en cambio, respondió: «Antes bienaventurados los que oyen la palabra de Dios, y la guardan» (Lc. 11:28). En otra oportunidad le anunciaron a Jesús: «He aquí tu madre y tus hermanos están afuera, y te quieren hablar» (Mt. 12:47). Nuevamente Jesús rehusó elevar a María y, en cambio, contestó:

> ¿Quién es mi madre, y quiénes son mis hermanos? Y extendiendo su mano hacia sus discípulos, dijo: He aquí mi madre y mis hermanos. Porque todo aquel que hace la voluntad de mi Padre que está en los cielos, ése es mi hermano, y hermana, y madre.
>
> —Mateo 12:48, 49

En este pasaje, el Señor Jesús afirmó su independencia de las relaciones meramente humanas. Enseñó que una relación personal espiritual con Él que originara de la sumisión a Dios era de una importancia mucho más grandiosa que el parentesco físico basado en vínculos de la carne. Pablo se hace eco de este tema diciendo del Señor Jesús: «...y aun si a Cristo conocimos según la carne, ya no lo conocemos así» (2 Co. 5:16).

En contraste con el ejemplo de Cristo, el catolicismo romano aprovecha toda oportunidad para exaltar a María. La Iglesia Católica expresa esta intención en el axioma en latín *De Maria Nunquam Satis*, que significa: «Respecto a María uno nunca puede decir lo suficiente».

Sin embargo, como hemos visto, ya se ha dicho demasiado de ella. Al contradecir las Escrituras, la Iglesia Católica ha declarado que María es la Inmaculada Concepción, la Madre de Dios, la Virgen Perpetua, la Corredentora, la Asunción, la Reina del Cielo y de la Tierra y la Mediadora de todas las gracias.

Estas doctrinas han sustraído de la gloria de Dios y han resultado en que incontables católicos muestren mayor devoción a María que a Cristo mismo. Uno debe preguntar: ¿Ha guiado la Iglesia Católica a sus feligreses a la idolatría? Para responder a esta pregunta debemos primero considerar el significado bíblico de idolatría. En los Diez Mandamientos Dios dijo:

> Yo soy Jehová tu Dios ... No tendrás dioses ajenos delante de mí. No te harás imagen, ni ninguna semejanza [ídolos]... No te inclinarás a ellas, ni las honrarás, porque yo soy Jehová tu Dios, fuerte, celoso....
>
> —Éxodo 20:2-5

Si se entiende que estos mandamientos simplemente prohiben la adoración de otros dioses por encima del Señor, entonces nadie podría acusar a la Iglesia Católica Romana de promover la idolatría entre sus feligreses. El catolicismo romano enseña que María es un ser creado. Su función en la salvación es secundaria a la de Cristo. La devoción que los teólogos de la Iglesia Católica dicen que ella merece es de un grado inferior a la devoción que debe dársele a Dios.

Pero en los Diez Mandamientos el Señor no prohibe a su pueblo que tenga otros dioses por *encima* de él sino *delante* de él. El mandamiento de Dios es: «No tendrás dioses ajenos delante de mí» (Éx. 20:3), o literalmente, «en mi presencia». Dios se revela a Sí mismo en los versículos que siguen como un «Dios celoso» (Éx. 20:5). Exige lealtad y devoción *íntegras*. Su pueblo no debía tener ningún otro dios «además»[76] de Él.

Es aquí que la devoción catolicorromana a María cruza por primera vez la línea hacia la idolatría. Cuando los católicos mal aconsejados se arrodillan ante una estatua de María le besan los pies y le ofrecen las alabanzas y peticiones más sinceras, le dan a una criatura la devoción que sólo le pertenece a Dios. No viene al caso que la Iglesia defina este honor como secundario al que se le da a Dios. Dios no quiere tener dioses ajenos *delante* de Él, no importa cuán inferiores sean. Y aunque la María catolicorromana no sea un ser infinito y eterno como lo es el Dios de la Biblia, ella de ningún modo es inferior a los dioses y las diosas del mundo antiguo. La gente se imaginaba que estas deidades paganas en general eran seres finitos con características y pasiones muy humanas. María, conforme ha sido promovida por la Iglesia Católica, excede por mucho a la mayoría de esas deidades en excelencia, poder y realizaciones.

Efectivamente, según lo ha definido la Iglesia Católica Romana, María es virtualmente indistinguible del Hijo de Dios mismo en excelencia, poder y realizaciones. Difieren solamente en unos grados.

Según las Escrituras, el Señor Jesucristo era sin pecado (1 Jn. 3:5). Según la Iglesia Católica, María era «inmaculada en todo respecto».[77] Dicha iglesia enseña que cuando se habla de pecado, «la santa Virgen María ni siquiera debe mencionarse».[78]

Jesús agradó al Padre en todo lo que hizo (Lc. 3:22). En cuanto a María, según la Iglesia, «en ella el Padre tenía complacencia con deleite singular».[79]

Así como Jesús sufrió y murió por nuestra redención, así también María «sufrió en las mismas profundidades de su alma con sus más amargos sufrimientos y tormentos de Él... [y] en su corazón murió con Él, traspasada por la espada de la tristeza».[80] Además, debido a la unión física de ellos, la Iglesia Católica dice que «la sangre de Cristo derramada por amor a nosotros, y esos miembros en los que él ofrece al Padre las heridas que recibió como el precio de nuestra libertad no son otros sino la carne y sangre de la Virgen....»[81] Por lo tanto, «ella con

Cristo redimió a la humanidad»,[82] y «ha aplastado la venenosa cabeza de la serpiente».[83]

La Iglesia Católica dice que María, «terminado el curso de su vida en la tierra», al igual que Cristo, murió. Pero así como su Hijo, María no murió debido a sus propios pecados. Más bien, María murió para que ella «en todas las cosas se asemejara a Jesús; y como el Hijo murió, era conveniente que la madre también muriera....»[84]

Luego, dice la Iglesia Católica, María fue resucitada corporalmente así como Cristo.[85] Ella «sufrió muerte temporal, pero aun así no pudo ser sujeta por las ataduras de la muerte....»[86] Por lo tanto, «fue asunta en cuerpo y alma a la gloria celestial semejante de su Hijo resucitado en anticipación de la suerte futura de todos los justos....»[87]

La Iglesia Católica dice que, una vez que llegó al cielo, María, fue «enaltecida por Dios como Reina del Universo, para ser conformada más plenamente a su Hijo, Señor de los señores...»[88] [966]. Ahora, así como Cristo se sienta a la diestra del Padre (He. 1:13), «María se sienta a la diestra de su Hijo...»[89] [1053]. Así comenzó su glorificación celestial siguiendo el ejemplo de su unigénito Hijo, Jesucristo....»[90] Su dominio es igual al de su Hijo; ella es «Reina del Cielo y de la Tierra».[91] Su gloria no puede compararse a la de ninguno, excepto la de Cristo:

> ... Dios ha prodigado sobre esta amorosa asociada de nuestro Redentor privilegios que alcanzan un plano tan exaltado que, excepto por ella, nada creado por Dios, aparte de la naturaleza humana de Jesucristo, ha alcanzado jamás este nivel.
>
> —*Munificentissimus Deus*[92]

Desde este plano exaltado, el catolicismo romano enseña que María presta servicio como «Abogada, Auxiliadora, Benefactora y Mediadora»[93] [969]. De esta forma, ella cumple las funciones que las Escrituras le atribuye al Padre (Stg. 1:17), al Hijo (1 Jn. 2:1; 1 Ti. 2:5), y al Espíritu Santo (Jn. 14:16).

Estableciendo un paralelo con las descripciones bíblicas del Señor Jesús, la Iglesia Católica llama a María el «don inefable del Omnipotente»,[94] la «causa de nuestro gozo»,[95] el «Lucero de la mañana»,[96] la «Puerta del Cielo»,[97] el «Refugio de los pecadores»,[98] y «Nuestra Señora del perpetuo socorro».[99] Se dice que ella, con Cristo, es «el instrumento y la guardiana de nuestra salvación».[100] La Iglesia Católica promete que «todos los que buscan la protección de María serán salvos por toda la eternidad».[101]

La Iglesia Católica Romana hace comparaciones similares entre Dios el Padre y María. Así como Dios es nuestro Padre, «María es nuestra Madre».[102] Así como Jesús es el Hijo unigénito del Padre, por lo tanto

María siguió siendo virgen para que Jesús fuese el «Hijo unigénito de su Madre».[103] Las Escrituras describen a Dios como «Dios Todopoderoso (Gn. 17:1). La Iglesia Católica describe a María como la «Virgen Poderosísima».[104] Ella es «la poderosa Madre de Dios».[105] El poder «en sus manos es casi ilimitado».[106] Las Escrituras describen a Dios como la fuente de toda sabiduría (Stg. 1:5). La Iglesia Católica describe a María como el «asiento de la sabiduría».[107] La Biblia dice que Dios es el Dios de los vivos (Mr. 12:27). La Iglesia Católica dice que María es la «Madre de los vivientes».[108] Dios es el «Padre de misericordias» (2 Co. 1:3). María es la «Madre de la Misericordia».[2677] Dios mora en perfecta santidad, sentado en un trono, rodeado de serafines (Is. 6:1-3). María, según la Iglesia Católica, es «"la Santísima" (*Panaghia*)»:[493]

> Exceptuando sólo a Dios, María es más excelente que todos, y por naturaleza bella y hermosa y más santa que los querubines y serafines. Todas las lenguas del cielo y de la tierra no serían suficientes para alabarle.
>
> —*Ineffabilis Deus*[109]

Esta es la María del catolicismo romano, una mujer a quien la Iglesia Católica ha exaltado por encima de todo otro ser y le ha asignado atributos, títulos, poderes y prerrogativas que en las Escrituras sólo pertenecen a Dios. Para ella la Iglesia Católica ha erigido estatuas, santuarios, iglesias, catedrales y basílicas. Esa iglesia llama a todos los fieles a que le dirijan a ella las oraciones, peticiones y alabanzas.

Esto no es nada más que la adoración a una diosa pagana vestida de ropaje catolicorromano. Es tan idólatra como el culto antiguo de la diosa semítica Astarté. Entre los babilonios se la conocía como Istar, y Dios condenó a la apóstata Judá por rendirle culto a ella, así como la Iglesia Católica Romana adora a María, bajo el título de «reina del cielo» (Jer. 7:18; 44:17-19, 25). La veneración demostrada a María en el catolicismo romano no es menos ofensiva a Dios que el culto que el impío rey Manasés rindió a la diosa siria Asera. Puso en la casa de Jehová una imagen de Asera que él había hecho (2 R. 21:7). Por esa abominación Dios dijo: «He aquí yo traigo tal mal sobre Jerusalén y sobre Judá, que al que lo oyere le retiñirán ambos oídos» (2 R. 21:12). De la misma manera, la Iglesia Católica Romana ha formado un ídolo con sus propias manos y le ha llamado María. Su imagen puede encontrarse virtualmente en todas las iglesias católicas. En su doctrina, la Iglesia Católica entrona a María en el cielo a la diestra de Cristo. ¿Puede esa iglesia esperar escaparse del juicio de Dios?

MARÍA: ERROR VERSUS VERDAD

La Iglesia Católica enseña que	Pero la Biblia enseña que
1. María fue protegida de toda mancha de pecado original desde el primer instante de su concepción (según la Doctrina de la Inmaculada Concepción) [490-492].	María, al ser descendiente de Adán, nació en pecado (Sal. 51:5; Ro. 5:12).
2. María, «la Santísima», vivió una vida inmaculada perfecta [411, 493].	María era pecadora; sólo Dios es santo (Lc. 18:19; Ro. 3:23; Ap. 15:4).
3. María fue una virgen antes, durante y después del nacimiento de Cristo [496-511].	María fue virgen hasta el nacimiento de Cristo (Mt. 1:25). Después tuvo otros hijos (Mt. 13:55, 56; Sal. 69:8).
4. María es la Madre de Dios [963, 971, 2677].	María era la madre terrenal de Jesús (Jn. 2:1).
5. María es la Madre de la Iglesia [963, 975].	María es un miembro de la Iglesia (Hch. 1:14; 1 Co. 12:13, 27).
6. María es la corredentora porque participó con Cristo en el doloroso acto de la redención [618, 964, 968, 970].	Sólo Cristo es Redentor, porque sólo Él sufrió y murió por el pecado (1 P. 1:18, 19).
7. Al final de su vida, María fue asunta en cuerpo y alma al cielo (la Doctrina de la Asunción) [966, 974].	Después de muerta, el cuerpo de María regresó al polvo (Gn. 3:19).
8. María es la comediadora a quien podemos confiar todos nuestros cuidados y nuestras peticiones [968-970, 2677].	Cristo Jesús es el único mediador a quien podemos confiar todos nuestros cuidados y nuestras peticiones (1 Ti. 2:5; Jn. 14:13, 14; 1 P. 5:7).
9. Debemos confiar en María aban-	Debemos confiar en el Señor Jesús

donando «la hora de nuestra muerte totalmente a su cuidado» [2677].	dejando la hora de nuestra muerte totalmente a su cuidado (Ro. 10:13; Hch. 4:12).
10. Dios exaltó a María en la gloria celestial como Reina del Cielo y de la Tierra [966]. Debe ser alabada con devoción especial [971, 2675].	El nombre del Señor debe ser alabado, porque sólo Él es exaltado arriba en el cielo y en la tierra (Sal. 148:13). Dios ordena: «No tendrás dioses ajenos delante de mí» (Éx. 20:3).

NOTAS

1. Papa Juan Pablo II, *Portugal: Message of Fátima* (Boston: St. Paul's Editions, 1983), p. 74.
2. *Ibid.*, pp. 49, 50.
3. Basado en una entrevista con el monseñor Stanislaus realizada y grabada por Andre Frossard, *¡Be Not Afraid!* (Nueva York: St. Martin's Press, 1982), p. 251.
4. Esta no es la primera vez que un papa consagra el mundo a María ni será la última. Para una historia, desde el punto de vista catolicorromano, del programa de Juan Pablo para la consagración de María, véase *Totus Tuus*, de Arthur Burton Calkins (Libertyville, IL: Academy of the Immaculate, 1922).
5. Papa Juan Pablo II, *L'Osservatore Romano*, 24 mayo 1982, pp. 5, 12.
6. Concilio Vaticano II, «Constitución dogmática sobre la Iglesia», nº 56.
7. Papa Benedicto XV, *Inter Sodalicia*. Esta cita y algunas de las otras que le siguen pueden encontrarse en una colección de declaraciones hechas por recientes papas recopilada por Francis J. Ripley, *Mary, Mother of the Church* (Rockford, IL: Tan Books, 1969).
8. Papa Pío XII, *Mystici Corporis*.
9. Concilio Vaticano II, «Constitución dogmática sobre la Iglesia», nº 58.
10. Papa Pío XI, *Explorata Res*.
11. Papa Benedicto XV, *Inter Sodalicia*.
12. Papa Pío XII, *Ad Coeli Reginam*.
13. Papa León XIII, *Ubi Primum*.
14. Decreto de la Sagrada Congregación del Santo Oficio, «Indulgencias», 26 de junio de 1913, publicado en *Acta Apostolicae Sedis*. Véanse también a *Sources of Catholic Dogma*, de Henry Denzinger (St. Louis: Herder Book Co., 1957), p. 502, artículo 1978a y nota al pie nº 2; A. Tanquerey, *A Manual of Dogmatic Theology* (Nueva York: Desclee, 1959), tomo II, pp. 108-109; y *Fundamentals of Catholic Dogma*, de Ludwig Ott (Rockford, IL: Tan Books and Publishers, 1960), pp. 212-213.
15. Papa Pío IX, *Ineffabilis Deus*.
16. Papa León XIII, *Adiutricem Populi*.
17. Papa Pío XII, *Ad Coeli Reginam*.

18. Papa Pío X, *Ad Diem Illum Laetissimum*, nº 12.
19. Papa Benedicto XV, *Fausto Appetente Die*.
20. Papa León XIII, *Octobri Mense*.
21. Papa Pío IX, *Ineffabilis Deus*.
22. *Ibid.*
23. Papa León XIII, *Octobri Mense*.
24. Papa Pío X, *Ad Diem Illum Laetissimum*, nº 12.
25. Papa León XIII, *Octobri Mense*.
26. Concilio Vaticano II, «Constitución dogmática sobre la Iglesia», nº 66.
27. Papa Pío XII, *Mystici Corporis*.
28. Papa Benedicto XV, *Inter Sodalicia*.
29. Papa Juan Pablo II, *Salvifici Doloris*, nº 25.
30. *Ibid.*
31. Concilio Vaticano II, «Constitución dogmática sobre la Iglesia», nº 61.
32. Papa Pío IX, *Ineffabilis Deus*.
33. Concilio Vaticano II, «Constitución dogmática sobre la Iglesia», nº 57.
34. Papa Juan Pablo II, *Salvifici Doloris*, nº 25.
35. *Ibid.*
36. La teología catolicorromana no establece claramente la diferencia entre los sufrimientos redentores de Cristo para nuestra salvación y los sufrimientos personales de los hombres y las mujeres [618, 964, 1505, 1521, 1532]. Considérese, por ejemplo, el tratamiento que el papa Juan Pablo II da al sufrimiento humano en su carta apostólica *Salvifici Doloris*, «Sobre el significado cristiano del sufrimiento humano», publicada en 1984. El tema se desarrolla en torno a Colosenses 1:24, donde Pablo escribe:

> Ahora me gozo en lo que padezco por vosotros, y cumplo en mi carne lo que falta de las aflicciones de Cristo por su cuerpo, que es la iglesia.

El Papa dice que Pablo aquí está «declarando el poder del sufrimiento salvífico...» (*Salvifici Doloris*, nº 1). De María escribe:

> ...[María] verdaderamente tiene un título especial para poder reclamar que ella «cumple en su carne» —ya en su corazón— «lo que falta de las aflicciones de Cristo».
>
> —*Salvifici Doloris*, nº 25

Asimismo, según el papa Juan Pablo II, todo sufrimiento humano contribuye a la redención:

> Todo hombre tiene su propia parte en la redención.... Al producir la redención mediante el sufrimiento, Cristo también ha elevado el sufrimiento humano al nivel de la redención. Por lo tanto, cada hombre, en su sufrimiento, puede también volverse participante en el sufrimiento redentor de Cristo.
>
> —*Salvifici Doloris*, nº 19

Sin embargo, el contexto de Colosenses 1:24 no dice nada acerca de que Pablo sufre por la salvación o participa en la redención. Más bien está hablando de su sufrimiento por amor de la justicia en el curso de cumplir su ministerio. Cuando los cristianos, el cuerpo de Cristo en la tierra, sufren, el Señor en el cielo comparte sus sufrimientos (Hch. 9:4; 1 Co. 12:26). Es en este sentido que la Iglesia cumple lo que falta de los sufrimientos de Cristo. Estos sufrimientos de los cristianos no deben confundirse con el sufrimiento y la muerte redentora de Cristo en la cruz por nuestros pecados.

37. Papa Benedicto XV, *Inter Sodalicia.*
38. Papa León XII, *Jucunda Semper.*
39. Concilio Vaticano II, «Constitución dogmática sobre la Iglesia», nº 60.
40. Papa Benedicto XV, Fausto *Appetente Die.*
41. Concilio Vaticano II, «Constitución dogmática sobre la Iglesia», nº 60.
42. *Ibid.*, nº 62.
43. *Ibid.*, nº 60.
44. Código de la Ley Canónica, canon 1186.
45. Papa León XIII, *Ubi Primum.*
46. Papa León XIII, *Adiutricem Populi.*
47. Papa León XIII, *Supreme Apostolatus.*
48. Papa León XIII, *Octobri Mense.*
49. Papa Benedicto XV, *Fausto Appetente Die.*
50. Papa León XIII, *Superiore Anno.*
51. Papa Pío XII, alocución dada el 21 de abril de 1940.
52. Papa Pío IX, *Exultavit Cor Nostrum.*
53. Papa Benedicto XV, *Fausto Appetente Die.*
54. Papa León XIII, *Octobri Mense.*
55. Papa Pío X, *Tanto Studio.*
56. Papa León XIII, *Octobri Mense.*
57. Concilio Vaticano II, «Constitución dogmática sobre la Iglesia», nº 60.
58. Papa Pío X, *Ad Diem Illum Laetissimum*, nº 14.
59. Concilio Vaticano II, «Liturgia sagrada», «Constitución apóstólica sobre la revisión de indulgencias», nº 5.
60. *Ibid.*
61. Papa Pío X, *Ad Diem Illum Laetissimum*, nº 12.
62. Papa Pío X, *Ad Diem Illum Laetissimum*, nº 14.
63. Concilio Vaticano II, «Constitución dogmática sobre la Iglesia», nº 60.
64. Papa Pío IX, *Ineffabilis Deus.*
65. Papa Pío IX, *Ubi Primum.*
66. Papa Pío X, *Ad Diem Illum Laetissimum*, nº 14.
67. Papa León XIII, *Fidentem Piunque.*
68. Papa León XIII, *Octobri Mense.*
69. Papa León XIII, *Augustissimae.*
70. Papa León XIII, *Jucunda Semper.*
71. Papa Pío XI, *Ingravescentibus Malis.*
72. Papa León XIII, *Jucunda Semper.*
73. Papa León XIII, *Parta Humano Generi.*

74. Papa León XIII, *Adiutricem Populi.*
75. Papa Pío X, *Ad Diem Illum Laetissimum*, nº 13.
76. Traducción del hebreo «delante de mí» (Éx. 20:3), de C. F. Keil y F. Delitzsch, *Commentary on the Old Testament* (Grand Rapids: Eerdmans, reimpreso 1985), The Pentateuch, tomo 2, p. 114.
77. Papa Pío IX, *Ineffabilis Deus.*
78. *Ibid.*
79. *Ibid.*
80. Papa León XIII, *Jucunda Semper.*
81. Papa León XIII, *Fidentem Piumque.*
82. Papa Benedicto XV, *Inter Sodalicia.*
83. Papa Pío IX, *Ineffabilis Deus.*
84. Alfonso de Ligorio, *The Glories of Mary* (Brooklyn, NY: Redemptorist Fathers, 1931), p. 407.
85. Cp. *Munificentissimus Deus*, del papa Pío XII, nº 39.
86. Papa Pío XII, *Munificentissimus Deus,* nº 17.
87. Papa Pablo VI, *The Credo of the People of God*, nº 15.
88. Concilio Vaticano II, «Constitución dogmática sobre la Iglesia», nº 59.
89. Papa Pío X, *Ad Diem Illum Laetissimum*, nº 14.
90. Papa Pío XII, *Munificentissimus Deus*, nº 20.
91. Papa León XII, *Magnae Dei Matris.*
92. Papa Pío XII, *Munificentissimus Deus,* nº 14.
93. Concilio Vaticano II, «Constitución dogmática sobre la Iglesia», nº 62.
94. *Catecismo de la Iglesia Católica*, nº 722. Cp. 2 Corintios 9:15.
95. Letanía de la bendita Virgen María, aprobada por el papa Sixto V. Compárese con Juan 15:11.
96. *Ibid.* Compárese con Apocalipsis 22:16.
97. *Ibid.* Compárese con Juan 10:9; 14:6.
98. *Ibid.* Compárese con Mateo 11:19, 28.
99. La veneración de María bajo el título de «Nuestra Señora del Perpetuo Socorro» o «Nuestra Señora de la Perpetua Ayuda» fue oficialmente aprobada por el papa Pío IX (1846-1878). Compárese con Hebreos 7:25; 13:5, 6.
100. Papa León XIII, *Parta Humano Generi.* Compárese con 1 Pedro 2:25.
101. Papa Benedicto XV, *Inter Sodalicia.* Compárese con Romanos 10:13.
102. Papa Pío VIII, *Praestantisiumum Sane.*
103. Tomás de Aquino, *Summa Theologica*, parte III, preg. 28, artículo 3.
104. Letanía de la Bendita Virgen María, aprobada por el papa Sixto V.
105. Papa León XIII, *Octobri Mense.*
106. Papa León XIII, *Adiutricem Populi.*
107. Letanía de la Bendita Virgen María, aprobada por el papa Sixto V.
108. Concilio Vaticano II, «Constitución dogmática sobre la Iglesia», nº 56. Véase también *Catecismo de la Iglesia Católica*, nº 726.
109. Papa Pío IX, *Ineffabilis Deus.*

CUARTA PARTE

LA AUTORIDAD

¿Cómo llegó el papa a ser líder de la Iglesia Católica Romana? ¿Quién determina lo que creen los católicos? ¿Por qué es el evangelio según Roma tan diferente del evangelio del cristianismo basado únicamente en la Biblia?

La Cuarta parte de este libro contestará estas preguntas examinando la estructura de autoridad de la Iglesia Católica Romana. Dicha autoridad es un sistema que se basa en tres creencias:

- Los obispos católicos, con el papa como cabeza, son los sucesores de los apóstoles (Capítulo 10, *El papa y los obispos*).
- Los obispos católicos son los maestros y guardianes autorizados de la fe catolicorromana (Capítulo 11, *El magisterio*).
- La fe católica está contenida en las Escrituras escritas y en la tradición no escrita (Capítulo 12, *Escrituras y tradición*).

En esta Cuarta parte, el lectoı también vislumbrará cómo funciona la autoridad catolicorromana. En el Capítulo 10 volverá a los días del Imperio Romano y el surgimiento del poder papal. Allí conocerá a Silvestre, obispo de Roma, y se enterará de su nuevo y poderoso aliado, el emperador Constantino. En el Capítulo 11 asistirá al Primer Concilio Vaticano. En esa reunión histórica escuchará mientras los obispos de la Iglesia Católica Romana debaten la doctrina de la infalibilidad papal. Finalmente, en el Capítulo 12 verá cómo se desarrollan las creencias catolicorromanas. Allí podrá ver por encima del hombro del papa Pío XII cuando firma el documento que hizo de la Asunción de María un dogma de la Iglesia Católica.

10

EL PAPA Y LOS OBISPOS

Roma, 20 de mayo del año 325

Desde el balcón de su palacio, Silvestre, obispo de Roma, miraba con fascinación mientras la multitud de obreros debajo de él llevaba piedras al lugar de un edificio adyacente. *¡Gracias a Dios por el Emperador!* Silvestre pensó para sus adentros, plenamente consciente de que si el emperador Constantino no hubiera dejado de perseguir a los cristianos, él mismo podría estar allá abajo acarreando rocas. Más probable sería que estuviera encarcelado en las minas de plomo de Sardinia. ¡Mucho más probable aún que estuviera muerto!

Silvestre podía rastrear su buena fortuna hasta un suceso que había ocurrido trece años antes.[1] En el año 312 el emperador Constantino, mientras se preparaba para la batalla contra su archirrival Maxencio, vio una cruz en el sol de mediodía inscrita con las palabras *En esta señal conquista*. Constantino inmediatamente ordenó que sus soldados marcaran sus escudos con la señal de Cristo y atacaran al enemigo. El resultado fue una extraordinaria victoria que todos atribuyeron a la intervención del Dios del cristianismo. Poco después, este Constantino ordenaba el cese de la persecución de los cristianos en todo el imperio y comenzaba a favorecer al cristianismo por sobre todas las otras religiones.

¡Gracias a Dios por el Emperador!, se repetía a sí mismo el obispo Silvestre mientras se retiraba a la parte fresca de su palacio. Anteriormente, el palacio había sido la residencia de Fausta, la segunda esposa del Emperador. Constantino había donado el palacio al obispo de Roma. Silvestre se reclinaba allí en un sofá grande. Eso también era regalo del Emperador. También lo eran el resto de los muebles, las obras de arte y los sirvientes. En realidad, todo lo que estaba a la vista era del Emperador, hasta los mantos con brocado de seda que usaba el obispo. ¡Todo! Y todavía vendrían otras cosas más.

Constantino, un hombre enérgico, tenía grandes planes para la Iglesia. Ya había ordenado que una porción fija de los ingresos provinciales se depositaran directamente en los cofres de la Iglesia. Había otorgado al clérigo una exención de impuesto especial. Había hecho del domingo un feriado público. Había aprobado planes para que se construyeran magníficos santuarios en Belén, el lugar de nacimiento de Cristo, y en Jerusalén, en el sitio del Santo Sepulcro. Roma sería adornada con tres grandes basílicas: una para Pedro, una para Pablo y una para el obispo de Roma.

La última estructura, ya en construcción adyacente al palacio de Silvestre, serviría como catedral del obispo. El diseño requería siete altares de oro. Los obreros estaban preparando un dosel de plata sólida para cubrir el altar mayor. Cincuenta candelabros coronarían la iglesia.

El emperador también había puesto a disposición de Silvestre los servicios de correo y transporte imperiales. Ahora sería posible convocar concilios mundiales. En realidad, mientras Silvestre descansaba, estaba en curso la apertura del primer concilio ecuménico o general.[2] La ubicación era Nicea, a casi 2.000 kilómetros del lugar. Constantino había invitado a 300 obispos para que asistieran, con todos los gastos pagos. En ese momento, en realidad, el Emperador estaba dando a los obispos las instrucciones de apertura.

CIUDAD DEL VATICANO

El favor imperial moldeó el destino del obispo de Roma y de la Iglesia Católica Romana más que cualquier otro factor temporal. Los efectos todavía pueden verse en la Iglesia de hoy.

Los más aparentes son los monumentos físicos. La basílica que se construyó contigua al palacio de Silvestre, San Juan de Letrán, todavía se considera la iglesia catolicorromana de mayor jerarquía. No obstante, la Basílica de San Pedro ha llegado a ser el centro de las ceremonias papales. Fue originalmente construida por Constantino en el siglo IV, pero se reconstruyó en el siglo XVI siguiendo un diseño de Miguel Ángel. La estructura actual es de cuarenta pisos de alto y tiene capacidad para 50.000 personas, tanto como un estadio de deportes moderno.

La Basílica de San Pedro está ubicada en Ciudad del Vaticano, un estado independiente dentro de la ciudad de Roma. Su tamaño, de aproximadamente el terreno de una universidad, la hace la nación soberana más pequeña del mundo. La Ciudad del Vaticano tiene su propio gobierno, bandera, sistema postal, sistema monetario, estación de radio y cuerpo diplomático. Es también la residencia del papa y la ubicación de las oficinas de la Curia romana, el brazo administrativo y judicial de la Iglesia Católica.

La influencia imperial en moldear la Iglesia Católica Romana puede verse todavía en las divisiones geográficas que dicha institución ha pedido prestada de la estructura política del imperio. Alrededor del mundo, las iglesias catolicorromanas de los vecindarios atienden los distritos llamados *parroquias* [2179]. Estas se agrupan en unas 2.000 regiones llamadas *diócesis* o *sedes*, de la palabra latina para asiento, cada una de las cuales está gobernada por un obispo [833, 1560]. La Iglesia Católica ha agrupado además a estas diócesis en unas 500 jurisdicciones llamadas *provincias*. A la diócesis principal de una provincia se le llama *arquidiócesis* y está gobernada por un *arzobispo* [887]. Se considera que Roma es la principal diócesis de la Iglesia [834]. Roma es la *Sede Apostólica*, porque, según la Iglesia Católica, Pedro fue el primer obispo de Roma.

LOS CATÓLICOS ROMANOS

Hay alrededor de 945 millones de católicos romanos en el mundo actual.[3] Dicha suma representa el 18% de la población del mundo. Los católicos romanos son el grupo religioso principal en Sudamérica (89%) y Centro América (87%). Un gran porcentaje de europeos (40%), oceánicos (27%), y norteamericanos (24%) son también católicos romanos. También pueden hallarse en el África (14%) y Asia (3%).

Las naciones con las poblaciones católicas más grandes son el Brasil (135,2 millones), Méjico (83,8 millones), los Estados Unidos (56,4 millones), Italia (55,7 millones), las Filipinas (52,3 millones), Francia (47,6 millones), España (37,0 millones), Polonia (36,6 millones), Colombia (31,3 millones) y Alemania (28,6 millones). Los católicos de estos países representan casi un 60% de la feligresía total de la Iglesia Católica Romana.

EL PAPA Y LOS OBISPOS

[551-553, 857-896, 1555-1561]

La Iglesia Católica Romana es una organización jerárquica que está organizada en rangos, muy parecida a un ejército [771, 779]. En la cima están los *obispos*. Se considera que ellos son «los sucesores de los apóstoles»[4] [77, 861-862, 869, 880, 938, 1087, 1562, 1594]:

> ... que los obispos han sucedido por institución divina en el lugar de los apóstoles como pastores de la Iglesia y quien a ellos escucha, a Cristo escucha, y quien los desprecia, desprecia a Cristo, y al que lo envió.
>
> —Concilio Vaticano II[5]

El catolicismo romano enseña que los obispos de la Iglesia han heredado un poder triple de los apóstoles [873, 939, 1536, 1558]:

- El poder de enseñar [77, 888-892].
  Los obispos tienen la autoridad «para enseñar a todos los pueblos».[6] Sólo ellos tienen el derecho de interpretar y enseñar revelación con autoridad [85, 100].
- El poder de santificar [893].
  La Iglesia Católica enseña que los obispos tienen el poder «para santificar hombres en la verdad y para darles nutrición».[7] Sólo los obispos tienen la autoridad para ordenar sacerdotes u otros obispos [1559, 1575-1576]. También supervisan la administración de los sacramentos [1369].
- El poder de gobernar [883, 894-896].
  Los obispos pastorean y gobiernan la Iglesia, «tienen autoridad plena y suprema sobre la Iglesia universal».[8]

El catolicismo romano reconoce al obispo de Roma como la cabeza de los obispos de la Iglesia [880-883]. Él es el *papa*, que quiere decir padre, porque es el maestro supremo y pastor de la Iglesia [882, 937].

La autoridad papal tiene sus raíces en una doctrina que se conoce como *primado*, de la palabra latina que significa *primero* [881]. Pedro, dice la Iglesia Católica, ocupa el primer lugar entre los apóstoles y es el gobernador primado de la Iglesia [552, 765, 862]:

> Enseñamos, pues, y declaramos que, según los testimonios del Evangelio, el primado de jurisdicción sobre la iglesia universal de Dios fue prometido y conferido inmediata y directamente al bienaventurado Pedro por Cristo nuestro Señor.
>
> —Primer Concilio Vaticano[9]

Según la Iglesia Católica, tiempo después de Pentecostés Pedro se trasladó a Roma y fue su primer obispo. Desde allí gobernó la iglesia universal como cabeza de los obispos del mundo. Por lo tanto, todo aquel que sucede a Pedro como obispo de Roma, también le sucede como papa [834, 862, 880, 882, 936].

El catolicismo romano enseña que el papa es el vicario o representante de Cristo sobre la tierra [869, 936]. Sus otros títulos oficiales incluyen Sucesor de San Pedro, Príncipe de los Apóstoles, Supremo Pontífice de la Iglesia Universal, Patriarca del Occidente, Primado de Italia, Arzobispo del Metropolitano de la Provincia Romana, y Soberano del Estado de la Ciudad del Vaticano.

Hay un grupo selecto de hombres, generalmente obispos ordenados llamados *cardenales*, que prestan servicio al papa como consejeros y administradores superiores. Si el papa muriera o renunciara, el deber de los cardenales sería elegir al papa siguiente.

Debajo del papa y los obispos en el orden jerárquico están los *sacerdotes* [1562-1568]. La mayoría de los sacerdotes presta servicio en iglesias parroquiales donde son responsables de pastorear y administrar los sacramentos [1595]. Sus principales obligaciones son ofrecer el sacrificio de la misa y perdonar pecados mediante el sacramento de la penitencia [1566, 1411, 1461]. Los *diáconos* [1569-1571] asisten a los sacerdotes con los sacramentos, la predicación y la administración de la parroquia. Son ordenados por un obispo y pueden administrar los sacramentos del bautismo y casamiento, pero no tienen autoridad para ofrecer el sacrificio de la misa ni oír confesiones [1256, 1411, 1495, 1570, 1596, 1630].

Hay hombres y mujeres no ordenados que también prestan servicios en la Iglesia Católica en cientos de institutos religiosos [914-945]. A los hombres en estas organizaciones se les llama *hermanos* y a las mujeres *hermanas* o *monjas*. Estos hombres y mujeres ministran en una amplia variedad de especialidades, incluyendo la educación, el cuidado de la salud, el bienestar social, la administración y las misiones.

LA IGLESIA CATÓLICA ROMANA[10]

Papa	1
Cardenales	148
Patriarcas	10
Arzobispos	777
Obispos	3.250
Sacerdotes	404.031
Diáconos	18.408
Hermanos	62.184
Hermanas	875.332
Laicos	943.213.859
Total	944.578.000

UNA RESPUESTA BÍBLICA

La autoridad de la jerarquía catolicorromana descansa sobre tres creencias: Cristo hizo a Pedro cabeza de los apóstoles y de la iglesia universal; los apóstoles designaron obispos como sus sucesores; el papa, como obispo de Roma, es el sucesor de Pedro.

Sin embargo, ninguna de estas pretensiones puede apoyarse en las Escrituras. Se mostrará que:

- Pedro no era cabeza de los apóstoles ni de la Iglesia.
- Los obispos no son sucesores de los apóstoles.
- El papa no es sucesor de Pedro.

PEDRO NO ERA CABEZA DE LOS APÓSTOLES NI DE LA IGLESIA

A pesar de que la Iglesia Católica Romana concuerda con que las Escrituras enseñan que Cristo es cabeza de la Iglesia (Col. 1:17, 18), no obstante añade que el papa es la «príncipe de todos los Apóstoles y cabeza visible de toda la iglesia»[11] [669, 882, 936]:

> ... el mismo Romano Pontífice es sucesor del bienaventurado Pedro, príncipe de los apóstoles y verdadero vicario de Jesucristo y cabeza de toda la iglesia, y padre y maestro de todos los cristianos; y que a él le fue entregada por nuestro Señor Jesucristo, en la persona del bienaventurado Pedro, plena potestad de apacentar, regir y gobernar a la Iglesia universal.
>
> —Primer Concilio Vaticano[12]

Examinaremos los cuatro argumentos principales que el catolicismo romano presenta de las Escrituras en apoyo de estos reclamos:

- Sobre esta roca
  Jesús dijo que Pedro era la roca sobre la cual Él edificaría su Iglesia (Mt. 16:18).
- Las llaves del reino
  Jesús dio a Pedro las llaves del reino de los cielos (Mt. 16:19).
- Apacienta mis ovejas
  Jesús hizo a Pedro pastor de la iglesia universal (Jn. 21:16).
- Pedro fue guía de los apóstoles
  El Nuevo Testamento tiene muchos ejemplos del liderazgo de Pedro sobre los apóstoles y la iglesia.

Sobre esta roca

En el Evangelio según San Mateo leemos:

> Viniendo Jesús a la región de Cesarea de Filipo, preguntó a sus discípulos, diciendo: ¿Quién dicen los hombres que es el Hijo del Hombre? Ellos dijeron: Unos, Juan el Bautista; otros, Elías; y otros, Jeremías, o alguno de los profetas. El les dijo: Y vosotros, ¿quién decís que soy yo? Respondiendo Simón Pedro, dijo: Tú eres el Cristo, el Hijo del Dios viviente. Entonces le respondió Jesús: Bienaventurado eres, Simón, hijo de Jonás, porque no te lo reveló carne ni sangre, sino mi Padre que está en los cielos. Y yo también te digo, que tú eres Pedro, y sobre esta roca edificaré mi iglesia; y las puertas del Hades no prevalecerán contra ella.
>
> —Mateo 16:13-18

La Iglesia Católica Romana interpreta que en este pasaje Jesús dice: «Tú eres Pedro, y sobre ti, Pedro, edificaré mi iglesia.» Pedro sería la roca sobre la que se edificaría la Iglesia [552, 586, 881]. Sería el «príncipe de todos los Apóstoles y cabeza visible de toda la iglesia».[13]

Hay varios problemas con esta interpretación. El primero es que alguien que leyera el Evangelio de Mateo en griego, el idioma original del Nuevo Testamento, no llegaría a la conclusión inmediata de que Pedro era la roca. En el Evangelio de Mateo, cuando Jesús le dijo a Simón: «Tú eres Pedro, y sobre esta roca edificaré mi iglesia» (Mt. 16:18), las palabras que escogió son de trascendental importancia. Aunque el nombre Pedro significa roca (*petros*), Jesús no dijo: «Tú eres Pedro (*Petros*), y sobre esta roca (*petros*) edificaré mi iglesia.» Lo que Jesús dijo fue: «Tú eres Pedro (*Petros*), y sobre esta roca (*petra*) edificaré mi iglesia.»

La palabra que Jesús escogió usar para roca, *petra*, es un sustantivo femenino que se refiere a una *masa de roca*. El Nuevo Testamento usa esta palabra en Mateo 7:24, 25 para referirse a la roca de fundamento sobre la cual el hombre sabio edificó su casa. *Petra* también se encuentra después en el Evangelio de Mateo con referencia a la tumba de Jesús, que los obreros tallaron en la roca sólida (Mt. 27:60).

Por otra parte, el nombre de Pedro, *Petros*, es género masculino y se refiere a un *canto rodado* o *piedra suelta*. La literatura griega también usa esta palabra para referirse a una piedra que puede recogerse y arrojarse.

Los que Jesús le dijo a Pedro podría traducirse: «Tú eres una *Piedra*, y sobre este *fundamento sólido* edificaré mi iglesia.» Las palabras que seleccionó Jesús indicarían que la roca sobre la que se edificaría la iglesia era algo distinto a Pedro.

Cualquiera que hubiera leído el Evangelio de Mateo en el idioma griego original habría notado la diferencia. El lector se habría detenido y decidido qué significaba «sobre esta roca» (Mt. 16:18). El lector no habría equiparado inmediatamente la roca (*petra*) con Pedro (*Petros*), porque las palabras eran diferentes.

Para determinar la mejor interpretación, el lector tendría que fijarse detalladamente en el contexto. Esta es la segunda y mayor debilidad de la interpretación catolicorromana: no da el énfasis apropiado al contexto.

El contexto de Mateo 16:13-20 no es acerca de Pedro sino acerca de Jesús. Comienza con una pregunta que Jesús plantea acerca de su identidad: «¿Quién dicen los hombres que es el Hijo del Hombre?» (Mt. 16:13). Esto llega a un punto culminante con la declaración de Pedro: «Tú eres el Cristo, el Hijo del Dios viviente» (Mt. 16:16). Concluye con la advertencia del Señor a sus discípulos «que a nadie dijesen que él era Jesús el Cristo» (Mt. 16:20).

Cuando Pedro contestó correctamente la pregunta respecto a la identidad de Jesús, el Señor recalcó: «Bienaventurado eres, Simón, hijo de

Jonás, porque no te lo reveló carne ni sangre, sino mi Padre que está en los cielos» (Mt. 16:17). El discernimiento de Pedro acerca de la verdadera identidad de Jesús era una revelación de Dios. En este contexto, Jesús, formando un juego de palabras, dice: «Tú eres Pedro, y sobre esta roca edificaré mi iglesia» (Mt. 16:18).

El contexto favorece la interpretación de «esta roca» como algo que se refiere a la revelación y su contenido. En otras palabras, el Señor Jesús como «el Cristo, el Hijo del Dios viviente» (Mt. 16:16) sería la roca sólida sobre la cual descansaría la fe cristiana. Toda la doctrina y práctica se fundaría sobre él, Cristo. Todo verdadero creyente se atendría a una convicción común: Jesús es «el Cristo, el Hijo del Dios viviente» (Mt. 16:16).[14]

El contexto cultural del pasaje también apoya que interpretemos que «esta roca» se refiere a Jesús en su identidad como Hijo de Dios. Mateo escribió su evangelio para una congregación judía. Esperaba que sus lectores estuviesen familiarizados con las metáforas del Antiguo Testamento.

¿Cómo interpretaría un lector judío «sobre esta roca»? G. Campbell Morgan contesta diciendo: «Si rastreamos el uso figurativo de la palabra roca a lo largo de las Escrituras hebreas descubrimos que nunca se usa simbólicamente del hombre, sino siempre de Dios.»[15] Por ejemplo:

> No hay santo como Jehová [el Señor];
> Porque no hay ninguno fuera de ti,
> Y no hay refugio [roca] como el Dios nuestro.
>
> —1 Samuel 2:2

> Porque ¿quién es Dios sino sólo Jehová?
> ¿Y qué roca hay fuera de nuestro Dios?
>
> —Salmo 18:31

> ...No hay Dios sino yo. No hay Fuerte [roca];
> No conozco ninguno.
>
> —Isaías 44:8

El contexto más amplio del Nuevo Testamento también confirma que Jesús, no Pedro, es la roca. Por ejemplo, Pedro mismo escribió de Cristo como de una roca (*petra*):

> Por lo cual también contiene la Escritura: He aquí, pongo en Sion la principal piedra del ángulo, escogida, preciosa: y el que creyere en él, no será avergonzado. Para vosotros, pues, los que creéis, él es precioso; pero para los que no creen, la piedra que los edificadores desecharon,

> ha venido a ser la cabeza del ángulo; y: Piedra de tropiezo, y roca [*petra*] que hace caer.
>
> —1 Pedro 2:6-8

Pablo también se refiere a Cristo por la palabra griega *petra*. En Romanos escribió de Cristo como «roca [*petra*] de caída» (Ro. 9:33) sobre la cual los judíos habían tropezado. En 1 Corintios escribió de una roca espiritual que Israel encontró en el desierto. Pablo identifica esa roca diciendo: «...y la roca [*petra*] era Cristo» (1 Co. 10:4).

Asimismo, el interpretar a Cristo como la roca sobre la cual sería edificada la Iglesia armoniza bien con otras declaraciones de las Escrituras. Pablo advirtió: «Porque nadie puede poner otro fundamento que el que está puesto, el cual es Jesucristo» (1 Co. 3:11). Aquí Pablo recalca que Cristo es el *fundamento* sobre el cual está edificada la Iglesia. En Efesios Pablo habla de la Iglesia como «edificados sobre el fundamento de los apóstoles y profetas, siendo la principal piedra del ángulo Jesucristo mismo» (Ef. 2:20). Aquí Pablo describe a Cristo como la piedra principal y a los apóstoles como piedras secundarias.

Los proponentes católicos, al darse cuenta de que la palabra *petra* que usa Mateo en la frase «sobre esta roca» no ayuda a la causa de ellos, contradicen arguyendo que Jesús enseñaba en arameo, no en griego. Dicen que cuando Jesús habló las palabras registradas en Mateo 16:18 no cambió sus palabras, sino que repitió el nombre arameo de Pedro, *Kefa*. Dicen que lo que Cristo dijo fue: «Tú eres *Kefa*, y sobre esta *kefa* edificaré mi iglesia.» Por lo tanto, dicen ellos, está claro que Pedro iba a ser el fundamento sobre el cual se edificaría la Iglesia.

Lo que está claro es que la interpretación de Roma de Mateo 16:18 no puede resistir el escrutinio de un examen minucioso. Como consecuencia, los defensores del catolicismo romano se ven obligados a transferir la discusión de la página inspirada y pasarla al campo de la especulación.

Las Escrituras inspiradas del Nuevo Testamento fueron escritas en griego, no en arameo. Lo que Jesús podría haber dicho en arameo es conjetura. Además, si, como algunos contienden, el arameo está claro pero el griego inadecuado o confuso, ¿por qué el Espíritu Santo no importó las palabras arameas? Hay muchos de estos ejemplos en el Nuevo Testamento.[16] Hay hasta nueve pasajes en los que las Escrituras se refieren a Pedro como *Cefas*, la forma aramea de su nombre.[17] ¿O por qué el Espíritu Santo no repitió la palabra *petros*, como especulan los defensores católicos que lo hizo en el arameo? Entonces Mateo 16:18 diría: «Tú eres Pedro (*Petros*), y sobre esta roca (*petros*) edificaré mi iglesia.»

Pero en vez de especular, ¿por qué no dejar que el pasaje hable por sí mismo? Cuando el Espíritu Santo inspiró el texto griego del Nuevo

Testamento hizo una diferencia entre Pedro (*Petros*) y la roca (*petra*). La razón de la diferencia se desprende claramente del contexto.

Las llaves del reino

Después que Jesús dijo a Pedro que Él edificaría su iglesia le dijo:

> Y a ti te daré las llaves del reino de los cielos; y todo lo que atares en la tierra será atado en los cielos; y todo lo que desatares en la tierra será desatado en los cielos.
>
> —Mateo 16:19

La Iglesia Católica Romana enseña que las llaves aquí representan *autoridad suprema* [553]. Pedro sería la cabeza de los apóstoles y de la Iglesia [552-553, 1444-1445].

Las llaves pueden, efectivamente, representar autoridad. Sin embargo, esta interpretación debe rechazarse por el hecho de que ningún otro pasaje de las Escrituras confirma que Pedro alguna vez ejerció autoridad suprema sobre los apóstoles o la iglesia.

Además, otras referencias figuradas en las Escrituras en cuanto a llaves especifican que su significado es la autoridad para *otorgar acceso* o *negar acceso,* el poder *para abrir* o *para cerrar* (Is. 22:22; Lc. 11:52; Ap. 3:7, 8; 9:1, 2; 20:1-3). Hay ejemplos bíblicos de cuando Pedro ejerce esta clase de autoridad.

Fue mediante Pedro, junto con los once, que Dios ofreció por primera vez la salvación a la nación judía después que sus gobernantes habían crucificado a Cristo (Hch. 2:14-36). Fue mediante Pedro, junto con Felipe y Juan, que el evangelio llegó por primera vez a los samaritanos (Hch. 8:4-25). Dios también usó a Pedro para abrir el reino de los cielos a los primeros creyentes gentiles (Hch. 9:32—10:48). Pedro inicialmente y Pablo después fueron los instrumentos humanos por los cuales Dios «había abierto la puerta de la fe a los gentiles» (Hch. 14:27).

La segunda parte de Mateo 16:19 provee más información acerca de la clase de autoridad que Pedro debía ejercer. Allí habla de que Pedro tiene la autoridad para «atar» y «desatar». Cristo otorgó esta misma autoridad a todos los discípulos en Mateo 18:18. El contexto allí es la *disciplina en la iglesia*. El Señor les dijo a sus discípulos que si ellos seguían sus instrucciones en disciplinar a un miembro no arrepentido de la iglesia, Dios honraría su decisión: «De cierto os digo que todo lo que atéis en la tierra, será atado en el cielo; y todo lo que desatéis en la tierra, será desatado en el cielo» (Mt. 18:18). Puesto que esta es la misma promesa que Cristo dio antes a Pedro, es razonable llegar a la conclusión de que los dos pasajes están hablando de la misma clase y grado de autoridad.

Pastorea mis ovejas

Cristo dijo a Pedro:

> Simón, hijo de Jonás, ¿me amas? Pedro le respondió: Sí, Señor; tú sabes que te amo. Le dijo: Pastorea mis ovejas.
>
> —Juan 21:16

La Iglesia Católica Romana dice que en Juan 21:15-17 Cristo declaró que Pedro iba a ser el pastor supremo de la Iglesia universal [553, 816, 937]. Los eruditos católicos dicen que las dos palabras que Jesús usa en este pasaje, «apacienta» (Jn. 21:15, 17) y «pastorea» (Jn. 21:16), denotan

> ... autoridad en la sociedad. Puesto que esta autoridad es dada sólo a Pedro, entonces Pedro tiene el verdadero primado mediante el cual desempeña los oficios de pastor supremo de la Iglesia de Cristo.
>
> —*Manual of Dogmatic Theology*[18]

Sin embargo, en otra parte de la Biblia, la palabra traducida «apacienta» (Jn. 21:15, 17) no parece tener exactamente un significado tan amplio y noble como el que le asignan los eruditos católicos. Los otros siete usos de la palabra en el Nuevo Testamento se refieren a apacentar o alimentar cerdos. Por ejemplo, Lucas, al hablar del hijo pródigo, dice que el patrono del joven «le envió a su hacienda para que apacentase cerdos» (Lc. 15:15). Es dudoso que el hijo pródigo haya entendido que esta directiva le otorgaba cierta clase de primado.

La palabra traducida «pastorea» significa *cuidar*, *proteger* y *nutrir*. Puede significar *conducir*, *guiar* y hasta *gobernar*. Pero no hay nada en el contexto de Juan 21:23 que pudiera indicar que Jesús le pedía a Pedro que hiciera algo más que cuidar de sus ovejas, es decir, que mostrara preocupación pastoral por los que se convertirían en cristianos.

Las Escrituras enseñan que pastorear es una responsabilidad compartida. Pablo instruyó a los ancianos que en la iglesia local la responsabilidad de ellos era «apacentar la iglesia del Señor» (Hch. 20:28). Pedro personalmente enseñó lo mismo:

> Ruego a los ancianos que están entre vosotros, yo anciano también con ellos, y testigo de los padecimientos de Cristo, que soy también participante de la gloria que será revelada: Apacentad la grey de Dios que está entre vosotros, cuidando de ella, no por fuerza, sino voluntariamente; no por ganancia deshonesta, sino con ánimo pronto; no como teniendo señorío sobre los que están a vuestro cuidado, sino

siendo ejemplos de la grey. Y cuando aparezca el Príncipe de los pastores, vosotros recibiréis la corona incorruptible de gloria.

—1 Pedro 5:1-4

En este pasaje, Pedro describe el ministerio de pastorear como liderazgo mediante el ejemplo. Este es un ministerio de los ancianos de la iglesia local. Se describe a sí mismo, no como *pastor supremo*, sino como «anciano también con ellos» (1 P. 5:1). Pedro prohibe explícitamente a cualquiera el pastorear la congregación con autoridad dictatorial «como teniendo señorío» (1 P. 5:3) sobre los otros cristianos. Identifica al «Príncipe de los pastores» (1 P. 5:4), no como a sí mismo, sino como al Señor Jesucristo.

Pedro guió a los apóstoles

Los eruditos catolicorromanos afirman que el primado de Pedro está demostrado en todo el Nuevo Testamento:

- Pedro desempeñó un papel clave en numerosos acontecimientos.
- El nombre de Pedro está primero en las listas de nombres de los apóstoles.
- Pedro era el portavoz de los apóstoles.
- Pedro fue el primer testigo de la resurrección.
- Pedro escribió dos epístolas del Nuevo Testamento.
- Pedro ejerció un liderazgo supremo en el concilio de Jerusalén.
- Pedro fue el primero en predicar a judíos y gentiles

¿Prueban estos puntos realmente que Pedro era la cabeza suprema de los apóstoles y de la iglesia universal? Consideremos estas afirmaciones individualmente y luego colectivamente.

¿Desempeñó Pedro un papel clave en numerosos acontecimientos?

No se disputa si Pedro desempeñó o no un papel importante durante el ministerio terrenal de Jesús y de la iglesia primitiva. Como apóstol, tenía autoridad. Como hombre de Dios, era respetado. Era franco, de firmes convicciones y valiente. En muchas maneras fue la figura dominante entre los apóstoles. Sin embargo, no hay evidencia de que Pedro gobernara a los apóstoles ni de que ejerciera autoridad suprema sobre la iglesia primitiva.

¿Por qué el nombre de Pedro aparece primero en las listas de los apóstoles? (Mt. 10:2-4; Mr. 3:16-19; Lc. 6:14-16)?

El papel importante y a menudo dominante de Pedro entre los apóstoles puede ser la explicación de que su nombre se mencione primero en las listas. No obstante, dicho orden no puede indicar nada más que Pedro era el más anciano. Los judíos eran escrupulosos en cuanto a honrar a los más ancianos en dichas listas.

A pesar de que los evangelios mencionan primero a Pedro en las listas, cuando Pablo identificó a los «que eran considerados como columnas» en la iglesia en Jerusalén nombra a Pedro en segundo lugar en la lista: «Jacobo, Cefas y Juan» (Gá. 2:9). Pablo reconoce a estos tres como «los que tenían reputación de ser algo» (Gá. 2:6), pero luego añade: «Lo que hayan sido en otro tiempo nada me importa; Dios no hace acepción de personas» (Gá. 2:6). Está claro que Pablo no pensó en estos tres como los líderes jerárquicos de la iglesia universal ni en Pedro como cabeza.

¿Era Pedro el portavoz de los apóstoles?

Es cierto que Pedro generalmente era el primero en reaccionar. De joven era franco, impetuoso y confiado en sí mismo (rasgos que no son positivos según las normas bíblicas). Los resultados no siempre eran fáciles de predecir. Cuando Jesús dijo a los apóstoles que pronto iba a morir, Pedro lo llevó aparte y lo reprendió diciendo: «Señor, ten compasión de ti; en ninguna manera esto te acontezca.» Jesús respondió a Pedro: «¡Quítate de delante de mí, Satanás!; me eres tropiezo, porque no pones la mira en las cosas de Dios, sino en la de los hombres» (Mt. 16:21-23). ¡Ese no era muy buen comienzo para el que alegan que fue el primer papa!

¿Apareció primero a Pedro el Señor?

No es verdad que Cristo apareció primero a Pedro después de la resurrección. Ese honor se le concedió a María Magdalena. Primero el Señor apareció a María (Mr. 16:9-11; Jn. 20:11-18). Luego apareció a un grupo de mujeres fieles (Mt. 28:8-10). Después apareció a Pedro, el primer hombre que tuvo ese privilegio (1 Co. 15:5).

¿Escribió Pedro dos libros del Nuevo Testamento?

Pedro efectivamente recibió el honor de escribir dos libros del Nuevo Testamento. Sin embargo, eso no prueba nada acerca de ningún primado. Si así fuera, Pablo, que escribió trece libros, debería haber sido papa.

¿Fue Pedro el líder supremo en el concilio de Jerusalén?

En el Concilio de Jerusalén, los apóstoles y muchos ancianos se reunieron para resolver una controversia sobre la relación entre el judaísmo y el cristianismo (Hch. 15:1-5). Específicamente: ¿Debían circuncidarse los gentiles convertidos? Hubo mucha discusión (Hch. 15:7). Pedro hizo una contribución importante, pero no un aporte decisivo (Hch. 15:7-11). Fue Jacobo quien dio el discurso final (Hch. 15:13-21). Hablando del Antiguo Testamento, la norma autorizada de la iglesia primitiva, Jacobo pasó juicio sobre la cuestión (Hch. 15:19-21). El concilio formó un consenso y el asunto concluyó. Pedro ni rigió el concilio ni determinó el resultado.

No llaméis padre vuestro a nadie

Jesús enseñó:

«Pero vosotros no queráis que os llamen Rabí; porque uno es vuestro Maestro, el Cristo, y todos vosotros sois hermanos. Y no llaméis padre vuestro a nadie en la tierra; porque uno es vuestro Padre, el que está en los cielos. Ni seáis llamados maestros; porque uno es vuestro Maestro, el Cristo. El que es el mayor de vosotros, sea vuestro siervo» (Mt. 23:8-11).

La Iglesia Católica Romana ha organizado y asignado títulos a su jerarquía descuidando totalmente estos mandamientos. Aquí se dan algunos de los títulos más comunes que usa:

Abate: Un superior de un monasterio. De la palabra aramea *Abba*, que significa *padre*.

En resumen, cuando se considera la vida de Pedro en su totalidad, es evidente que, a pesar de que era un líder *entre* los apóstoles y la iglesia primitiva, no era el líder supremo *sobre* los apóstoles y la iglesia primitiva. El Señor Jesús era la cabeza de los apóstoles (Jn. 13:13), y el Señor Jesús, según la Biblia, es la cabeza de la iglesia universal:

> ...y él es la cabeza del cuerpo que es la iglesia, él que es el principio, el primogénito de entre los muertos, para que en todo tenga la preeminencia.
>
> —Colosenses 1:18

¡El primado pertenece a Jesús solamente!

LOS OBISPOS NO SON LOS SUCESORES DE LOS APÓSTOLES

La Iglesia Católica asevera que por derecho divino sus obispos son los sucesores de los apóstoles. Los cuatro principales argumentos de las Escrituras que presentan sus eruditos para afirmar esto son:[19]

- La indefectibilidad de la Iglesia
  La sucesión apostólica es necesaria para que la Iglesia pueda prevalecer contra las fuerzas del infierno (Mt. 16:18).
- El fin del mundo
  Cristo prometió estar con sus apóstoles «todos los días hasta el fin del mundo» (Mt. 28:20).
- Encarga a hombres fieles

Doctor: Un grupo de treinta y dos maestros canonizados como santos y reconocidos como guías dignos de confianza para los fieles. De la palabra latina para *maestro*.

Monseñor: Un título de honor otorgado a algunos sacerdotes por servicios sobresalientes. De la expresión italiana para *mi señor*.

Padre: Un título que primero se le dio a los obispos y después a todos los sacerdotes.

Santo Padre: Uno de los títulos del papa. En las Escrituras, este es el título reservado para Dios solamente (Jn. 17:11).

Papa: Título que primero se les dio a todos los obispos y que después se reservó para el obispo de Roma. De la palabra latina *papa*, que significa *padre*.

Pablo dijo a Timoteo que pasara su oficio a «hombres fieles que sean idóneos para enseñar también a otros» (2 Ti. 2:2).

- Timoteo y Tito

  Pablo ordenó a Timoteo y a Tito como obispos y les otorgó su poder apostólico.

Indefectibilidad de la Iglesia

Cristo prometió:

> ...edificaré mi iglesia; y las puertas del Hades no prevalecerán contra ella.
>
> —Mateo 16:18

Los eruditos católicos romanos razonan que para que la Iglesia prevaleciera hasta el fin del mundo era necesario que el poder de Pedro y los otros apóstoles para enseñar, santificar y gobernar también continuara hasta el fin [552]. Por esta razón, arguyen ellos, los apóstoles deben haber transferido sus poderes a los obispos y sus sucesores.

Sin embargo, al hacer semejantes aseveraciones, los eruditos católicos van más allá de lo que está escrito en las Escrituras. En Mateo 16:18 Cristo prometió que su iglesia prevalecería. No dijo nada de que lograría ese objetivo mediante una sucesión apostólica.

El fin del mundo

Antes de ascender al cielo, Jesús prometió a sus discípulos:

> ...y he aquí yo estoy con vosotros todos los días, hasta el fin del mundo. Amén.
>
> —Mateo 28:20

La Iglesia Católica dice que si Jesús iba a estar con los apóstoles hasta el fin del mundo, ellos tenían que tener sucesores [860]. Estos, según se pretende, son los obispos de la Iglesia Católica Romana.

Nuevamente, el versículo aquí citado no dice nada de sucesión apostólica. En el versículo anterior Jesús dijo a sus discípulos: «Por tanto, id, y haced discípulos a todas las naciones...» (Mt. 28:19), no que fueran y designaran obispos en todas las diócesis. En Mateo 28:20 la promesa de Jesús es estar personalmente con sus discípulos, los discípulos que ellos producirían, y así sucesivamente hasta el fin del mundo.

Encarga a hombres fieles

Pablo instruyó a Timoteo:

> Lo que has oído de mí ante muchos testigos, esto encarga a hombres fieles que sean idóneos para enseñar también a otros.
>
> —2 Timoteo 2:2

El catolicismo romano dice que este versículo enseña que así como Pablo, por la imposición de manos, había otorgado sus poderes apostólicos a Timoteo, así también Timoteo debía pasar estos poderes a otros. Timoteo debía seleccionar hombres fieles y ordenarlos como obispos. Estos obispos debían ordenar a otros, y así sucesivamente a lo largo de los siglos [861-862, 1556].

Esta extensión de 2 Timoteo 2:2 no se justifica en absoluto. Pablo, al escribir desde la prisión, esperaba que lo ejecutaran en cualquier momento (2 Ti. 4:6). Dio instrucciones a Timoteo, a quien había adiestrado, para que seleccionara hombres fieles y les encargara «lo que has oído de mí» (2 Ti. 2:2). Timoteo debía transmitir a otros esas verdades y pericias que Pablo le había enseñado. El pasaje no dice nada de que Pablo concede sus poderes a Timoteo, ni que Timoteo otorga estos poderes y el oficio de obispo a otros.

Timoteo y Tito

Los eruditos católicos afirman que Pablo ordenó a Timoteo como obispo de Éfeso y a Tito como obispo de Creta [1590]. Esto, dicen ellos, puede verse en los poderes apostólicos triples que tanto Timoteo como Tito ejercieron [1558]: poder de enseñar (2 Ti. 4:2-5; Tit. 2:1); poder de regir (1 Ti. 5:19-21; Tit. 2:15), y poder de santificar (1 Ti. 5:22; Tit. 1:5).

Sin embargo, estos versículos no establecen nada más que Timoteo y

Tito estaban involucrados en ministerios activos e importantes en asociación con Pablo. Al escribir a los corintios, Pablo les dijo que recibieran a Timoteo, no porque era un obispo, sino «porque él hace la obra del Señor así como yo» (1 Co. 16:10). Al hablar de Timoteo y Apolos, Pablo dijo a los corintios: «Os ruego que os sujetéis a personas como ellos, y a todos los que ayudan y trabajan» (1 Co. 16:16). Pablo escribió: «En cuanto a Tito, es mi compañero y colaborador para con vosotros...» (2 Co. 8:23). Las Escrituras nunca identifican a Timoteo ni a Tito como obispos. En ninguna parte los encontramos a ellos (ni a nadie, dicho sea de paso), reuniéndose con un colegio de obispos y gobernando la iglesia universal.

La Iglesia Católica ni siquiera puede establecer por las Escrituras el grado de poder que dice que tenían los apóstoles y que fue concedido a obispos. En ninguna parte la Biblia enseña que los apóstoles rigieron la Iglesia universal. Según las Escrituras, Cristo gobierna la Iglesia (Col. 1:18). En ninguna parte la Biblia enseña que los apóstoles tenían el poder de santificar. Según las Escrituras, la santificación es una obra de Dios, no de hombres (Ef. 5:26; 1 Ts. 5:23; 2 Ts. 2:13).

Los apóstoles tenían una misión muy importante de enseñar, especialmente como testigos de la resurrección de Cristo (Hch. 1:22). La enseñanza de ellos, junto con los profetas, formaba el fundamento de la fe cristiana (Ef. 2:20). Sin embargo, dicho fundamento ahora ya está colocado. En consecuencia, el oficio único en su género de los apóstoles no puede actualmente ser reclamado por otros.

EL PAPA NO ES SUCESOR DE PEDRO

La Iglesia Católica Romana no ofrece ni siquiera un solo argumento de las Escrituras para justificar la afirmación de que el obispo de Roma es sucesor de Pedro y por consiguiente el papa. No puede, porque no hay ninguno. En cambio, nuevamente debe recurrir a argumentos y conjeturas humanas.

La creencia catolicorromana de que el obispo de Roma es sucesor de Pedro no descansa en las Escrituras sino en un argumento de la historia [834, 882, 936]. Básicamente dice que el obispo de Roma es sucesor de Pedro porque, históricamente, eso es lo que sucedió.

Más específicamente, el argumento histórico dice que Cristo designó a Pedro como cabeza de los apóstoles y de la Iglesia. De esta forma, el Señor estableció una sociedad «jerárquica y monárquica»[20], la Iglesia Católica Romana. El argumento dice que, poco tiempo después de Pentecostés, los apóstoles ordenaron obispos como sucesores. Estos se sometieron a Pedro como su cabeza. Cuando Pedro se trasladó a Roma y fue su primer obispo, estableció a dicha ciudad como asiento del gobierno apostólico.

Pedro, dice la Iglesia Católica, fue sucedido por Lino (67-76) como obispo de Roma y cabeza de la Iglesia. Lino fue sucedido por Anacleto (76-88), quien fue sucedido por Clemente (88-97), Evaristo (97-105), Alejandro I (105-115), Sixto I (115-125), y así sucesivamente hasta los tiempos modernos. Los diez papas más recientes han sido Pío IX (1846-1878), León XIII (1878-1903), Pío X (1903-1914). Benedicto XV (1914-1922), Pío XI (1922-1939), Pío XII (1939-1958), Juan XXIII (1958-1963), Pablo VI (1963-1978), Juan Pablo I (1978), y Juan Pablo II (1978 hasta hoy).

Los eruditos catolicorromanos enseñan que esta continuidad de sucesión, junto con la tradición y la enseñanza infalible de los obispos, establece que es históricamente cierto que el Pontífice Romano por derecho divino es sucesor de Pedro.

Sin embargo, estas aseveraciones no pueden establecerse ni por la Biblia ni por la historia. Las Sagradas Escrituras no hacen referencia alguna a que Pedro es el obispo de Roma, que rige la iglesia universal ni que tiene un sucesor. Tampoco hay indicación en las Escrituras de que Roma fue el centro gubernamental de la iglesia primitiva. Puesto que Pedro ejerció su apostolado de forma especial a la nación judía (Gá. 2:7, 8), no esperaríamos que tuviese su asiento en Roma. A pesar de que allí vivían judíos, Roma no era el centro del judaísmo. En realidad, se sabe que alrededor del año 50, «Claudio había mandado que todos los judíos saliesen de Roma» (Hch. 18:2). Además, por los primeros quince capítulos de Hechos y del libro de Gálatas sabemos que el ministerio de Pedro, por lo menos hasta el año 49, fue en el Medio Oriente: Jerusalén, Judea, Samaria, Galilea y Antioquía.

Si Pedro estableció su ministerio en Roma en alguna fecha más tarde, uno pensaría que Pablo lo habría mencionado en su carta a los Romanos. En esta carta que fue escrita alrededor del año 58, Pablo no dirige la carta a Pedro ni hace mención alguna de él, a pesar de que saluda a otras veintiséis personas en Roma por nombre (Ro. 16:1-16). Pablo tampoco se refiere a Pedro en ninguna de sus cuatro cartas escritas desde una prisión romana alrededor del año 61: Efesios, Filipenses, Colosenses, Filemón. En su última carta desde Roma, escrita alrededor del año 66, Pablo escribe: «En mi primera defensa ninguno estuvo a mi lado, sino que todos me desampararon; no les sea tomado en cuenta» (2 Ti. 4:16). En la fecha que escribió esta carta, Pablo dice: «Sólo Lucas está conmigo» (2 Ti. 4:11).

No obstante, algunos eruditos creen que Pedro vino a Roma antes de ser martirizado allí alrededor del año 67. Señalan a los saludos de despedida de su primera carta como evidencia. Pedro escribe: «La iglesia que está en Babilonia, elegida juntamente con vosotros, y Marcos mi hijo, os saludan» (1 P. 5:13). Algunos creen que Babilonia era un nombre cifrado para Roma.

En cuanto a los alegados sucesores de Pedro, el Nuevo Testamento no dice nada al respecto. De otras fuentes históricas, poco se sabe acerca de ellos hasta los dos primeros siglos. Philip Schaff, el historiador eclesial, escribe: «Los vínculos más antiguos en la cadena de los obispos romanos están velados en oscuridad impenetrable.»[21] En consecuencia, es imposible para la Iglesia Católica Romana justificar sus pretensiones a la sucesión papal desde Pedro hasta el papa actual.

Además, aunque las listas de papas que se han publicado a lo largo de los siglos sean impresionantes, uno debería darse cuenta de que una comparación de la lista actual con las de años anteriores revela que se han hecho cambios continuos, siendo el último de ellos el que hizo en 1947 A. Mercati. Desde entonces se ha considerado necesario hacer otros cambios. Tampoco está claro cómo algunos de los hombres que aparecen en la lista afirman siquiera ser sucesores de Pedro como obispo de Roma, puesto que desde 1305 hasta 1378 hubo siete papas consecutivos que no escogieron a Roma, Italia, como residencia y asiento de gobierno sino a Aviñón, Francia.

Las disputas que involucran el linaje de los papas oscurecen más el cuadro. Los eruditos catolicorromanos identifican a más de treinta hombres como *antipapas* o falsos pretendientes. Los más notables entre los papas son los que estuvieron involucrados en un período de treinta y nueve años llamado el Gran Cisma. En 1378, los cardenales eligieron a Urbano VI como papa. Poco después de esto anunciaron que habían cometido un terrible error. En opinión de ellos, Urbano era un apóstata, por lo que eligieron a otro papa, Clemente VII. Urbano reaccionó designando un nuevo colegio de cardenales. Después de años de disputa, más sucesores y gran confusión, los cardenales de ambos bandos se congregaron y eligieron a otro hombre como papa: Alejandro V. Cuando vieron que esto tampoco solucionó la controversia, el emperador Sigismundo convocó el Concilio de Constanza (1414-1418) para tratar de resolver el problema. Cuando el humo finalmente se disipó había un tercer hombre, Martín V, sentado en el trono papal. Las listas oficiales del linaje de los papas hoy identifican a Martín V como el 206º sucesor en el linaje «ininterrumpido» de los papas.

En un sentido muy real, es engañoso que la Iglesia Católica Romana publique listas de papas para los cinco primeros siglos de historia de la iglesia. Michael Walsh, historiador eclesial, observa lo siguiente:

> La autoridad papal conforme se ejerce hoy, con su doctrina compañera de la infalibilidad papal, no puede encontrarse en las teorías acerca de la misión papal expresadas por los primeros papas y otros cristianos durante los primeros 500 años del cristianismo.
>
> —*An Illustrated History of the Popes*[22]

El papado, como se conoce hoy, tardó siglos en desarrollarse. Su origen puede encontrarse en surgimiento de obispos en el siglo II y en acontecimientos que ocurrieron en la estructura política del Imperio Romano durante los siglo IV y V. Para seguir el rastro de la evolución del papado moderno es necesario volver a la iglesia del Nuevo Testamento.

Después de Pentecostés, los apóstoles diseminaron el evangelio de un extremo a otro del mundo mediterráneo. Guiados por el Espíritu Santo instruyeron a nuevos creyentes a congregarse en reuniones para instrucción, hermandad, partimiento del pan y oración (Hch. 2:42). En cada comunidad de creyentes, los apóstoles ordenaron que se reconocieran dos grupos de siervos-líderes.

El primer grupo eran los *diakonoi*, o *diáconos*, que significa *siervos* (1 Ti. 3:8-13). La misión de ellos era proveer un servicio práctico a la iglesia en aspectos como dispensar alimentos a los necesitados (Hch. 6:1-6) y cuidar de las viudas (1 Ti. 5:9-16).

El segundo grupo eran los *presbuteroi* (1 Ti. 3:1-7; Tit. 1:5-9). La palabra literalmente significa los hombres *de más edad* y generalmente se traduce *ancianos*. El título recalca la madurez espiritual y experiencia necesarias para calificar para dicho cargo. El Nuevo Testamento también se refiere a los ancianos como los *episkopoi*, que significa *vigiladores*, *sobreveedores* u *obispos*. El título recalca la misión de un anciano en vigilar la grey o cuidar de ella. El Nuevo Testamento aclara bien que los ancianos y obispos eran un solo y mismo grupo. Una comparación de Hechos 20:17 con Hechos 20:28 y de Tito 1:5 con Tito 1:7 confirma este punto.

Durante los siglos II y III ocurrieron dos situaciones de significativa importancia. Primero, en algunas comunidades emergió un solo obispo como líder principal. Esto resultó en una jerarquía de tres niveles: un solo obispo, un grupo de ancianos y un grupo de diáconos [1554]. A pesar de la falta de una base bíblica para el cambio, este modelo de liderazgo se diseminó rápidamente.

Luego se desarrolló una jerarquía entre los obispos paralela a la estructura política del Imperio Romano. A los obispos de las iglesias urbanas se les atribuía mayor honor que a los de las iglesias rurales. Los obispos de las capitales provinciales se elevaron por encima de los de las ciudades más pequeñas. En el oriente, a estos obispos se les llamó *metropolitanos* y en el occidente se les llamó *arzobispos*.

Durante el siglo IV, el favor imperial elevó el poder y prestigio de los obispos a alturas aun mayores. Constantino otorgó a los obispos el estado de oficiales gobernantes. Los emperadores posteriores los elevaron al cargo de príncipes imperiales. El honor más grande se concedió a los obispos de las cuatro capitales del Imperio Romano: Roma, Constantinopla, Alejandría y Antioquía. El obispo de Jerusalén, sitio de la primera iglesia, fue honrado de la misma manera. A estos obispos se les llamó *patriarcas*.

Para el siglo v, los obispos eran los principales maestros y líderes indisputables de la iglesia. El escenario ya estaba preparado para un patriarca, el obispo de Roma, que reclamara jurisdicción sobre toda la iglesia. No obstante, esta situación tomaría aun más tiempo para desarrollarse. El historiador Bruce Shelly comenta: «Hasta el tiempo de Constantino la historia no ofrece evidencia conclusiva de que el obispo de Roma ejerció jurisdicción fuera de Roma. Honor, sí; jurisdicción, no.»[23]

La ascensión que conduce al papado moderno puede rastrearse a través de ocho obispos, siendo Silvestre (314-335) el primero. Cuando en el año 330 Constantino trasladó su capital al este de Bizancio y le dio el nombre de Constantinopla (la Estambul actual), en el oeste se produjo un vacío de poder. Esto, junto con la declinación del Imperio Romano, demostró ser terreno fértil para las ambiciones de Silvestre y sus sucesores.

El siguiente en la línea de papas notables fue León I (440-461). La Iglesia no lo llama León el Grande sin razón. Cuando el Imperio Romano se estaba desmoronando se hicieron evidentes las capacidades extraordinarias de León como líder. Cuando Atila, rey de los hunos, cruzó los Alpes en el año 452, fue León quien salió a enfrentarlo y sin ninguna ayuda persuadió a ese rey bárbaro a que regresara a su tierra en paz. Cuando en el año 455 los vándalos invadieron Roma, una vez más fue León quien salvó al pueblo de una masacre y a la ciudad de la antorcha.

Muchos investigadores también atribuyen a León el ser el primer obispo que estableció eficazmente la razón del obispo de Roma para reclamar el primado como sucesor de Pedro. León sostenía que las Escrituras probaban que Pedro era la cabeza de los apóstoles. Acto seguido se persuadió de que Roma era la sede apostólica porque Pedro había sido el primer obispo de Roma. Usando la ley romana, León explicó cómo cada obispo de Roma sucesivamente era el heredero legítimo al primado de Pedro.[24]

Según la ley romana, puede que León haya tenido razón. Pero desde el punto bíblico, no había fundamento para ninguna de sus afirmaciones. Independientemente de ello, los otros obispos en Occidente no estaban en condiciones de oponerse. León disfrutaba del apoyo total del emperador Valentiniano III, quien promulgó un edicto imperial confirmando el primado del obispo de Roma. No obstante, los obispos del Oriente fueron menos complacientes. El historiador Will Durant comenta:

> Los obispos de Occidente generalmente dieron su consentimiento a esta supremacía, pero los de Oriente la resistieron. Los patriarcas de Constantinopla, Antioquía, Jerusalén y Alejandría reclamaron igual autoridad que la sede romana; y las furiosas controversias de la iglesia oriental prosiguieron con escasa reverencia al obispo de Roma.
>
> —*The Story of Civilization*[25]

La dignidad y el poder del papa aumentaron todavía más durante el papado de Gregorio el Grande (590-604). Algunos historiadores piensan que este fue realmente el primer papa de la iglesia occidental. A pesar de que criticó ásperamente a Juan IV, patriarca de Constantinopla, por su arrogancia en reclamar el título de obispo universal, Gregorio mismo aprovechó todas las oportunidades para extender el poder de su propio oficio. Para finales de su reinado había establecido el curso de la teología de la iglesia hasta finales de la Edad Media, desarrolló una forma de liturgia musical distintiva (el cántico gregoriano), inauguró la conversión de los anglosajones en las Islas Británicas, y estableció la iglesia romana como el mayor terrateniente en Italia.

Hasta esa época el pueblo se había dirigido a todos los obispos con el título de *papa* (latín) o *papas* (griego), que significa padre, un título de honor que reconocía la paternidad espiritual de ellos. Sin embargo, para fines del siglo VII en la iglesia occidental, el título se estaba reservando para el obispo de Roma.

Otro hito en la evolución del papado se logró el día de Navidad del año 800. Eso fue cuando el papa León III (795-816) colocó una corona de oro sobre la cabeza de Carlomagno, rey de los francos, y lo declaró emperador del restaurado imperio cristiano. ¡Cómo habían cambiado las cosas! Durant comenta: «...de ahí en adelante ningún hombre podría ser un emperador aceptado en Occidente sin la unción de un papa».[26] Carlomagno reciprocó asegurando que la liturgia y disciplina romanas se observaran en todo el imperio.

En el siglo XI las ambiciones del papado se dirigieron a la conquista militar. En 1095 el papa Urbano II tomó la espada y convocó la primera cruzada para libertar la Tierra Santa de los musulmanes. Durante los 200 años siguientes, los papas enviaron miles de cruzados para matar y ser matados en ocho cruzadas fútiles. El daño que estas cruzadas hicieron alienando a millones de personas del evangelio de Jesucristo no puede medirse.

Para el reinado del papa Gregorio IX (1227-1241), era al Papa a quien estaban coronando:

> Al papa ya no lo consagraban solamente. Lo coronaban con una tiara, un sombrero en forma de casco originalmente usado por los gobernadores deificados de Persia. El rito de coronación, tan impregnado de prerrogativas imperiales, se usó en el otorgamiento del papado desde ese tiempo hasta 1978....
>
> —*Catolicismo*[27]

Con el poder de gobernar del papa ahora bien establecido, Gregorio IX dirigió su atención a fortalecer la autoridad de su enseñanza. En 1231 instituyó la inquisición romana para purgar la Iglesia de herejes. Esta y la inquisición española más tarde (1478-1820) resultaron en el juicio, tortura y encarcelamiento de miles de personas. Los que rehusaron retractarse fueron ejecutados —generalmente quemados en la hoguera— por las autoridades civiles que actuaban en favor de la Iglesia. El papa Bonifacio VIII (1294-1303) defendió esta relación entre la Iglesia y el estado diciendo que hay

> ... dos espadas, es decir la espiritual y la temporal.... cada una está en poder de la Iglesia, es decir, una [espada] espiritual y una espada material. Pero la última, ciertamente, debe ser ejercida para la Iglesia, la primera por la Iglesia. La primera [por mano] del sacerdote, la última por mano de reyes y soldados, pero a la voluntad y por tolerancia del sacerdote. Porque es necesario que una espada esté bajo una espada y la autoridad temporal esté sujeta al poder espiritual....
>
> —*Unam Sanctam*[28]

Muchos de los que perecieron durante la inquisición eran cristianos que trataban de practicar una simple fe bíblica.

La cumbre del papado moderno se alcanzó durante el reinado del papa Pío IX (1846-1878). Fue entonces que el Primer Concilio Vaticano (1869-1870) declaró que el papa, en vista de su suprema autoridad apostólica, era infalible, divinamente protegido del error en su enseñanza oficial.

A pesar de que en los recientes años el papado ha disminuido considerablemente su imagen pública, no se ha retractado de sus afirmaciones anteriores. Al contrario, el Concilio Vaticano II las ha reafirmado.[29]

¿POR QUÉ LOS CATÓLICOS SE SOMETEN?

Como hemos visto, los intentos de la jerarquía catolicorromana de establecer su autoridad en las Escrituras son asombrosamente débiles. La aseveración de la Iglesia Católica de que Cristo hizo a Pedro cabeza de la iglesia universal descansa casi completamente en su propia interpretación de Mateo 16:18, 19. La afirmación de que los obispos católicos son los sucesores de los apóstoles se basa en las implicaciones más tenues. La Iglesia Católica ni siquiera ofrece un solo caso bíblico para apoyar su pretensión de que, puesto que el papa es el obispo de Roma es también sucesor de Pedro.

Estas afirmaciones forman el fundamento sobre el cual descansa la autoridad de la jerarquía del catolicismo romano. No obstante, no puede probar ninguna de ellas por la Biblia. Por lo tanto, ¿por qué los católicos se someten al gobierno del papa y los obispos?

Muchos católicos suponen erróneamente que existe un fuerte apoyo bíblico para la jerarquía romana. «Tú eres Pedro, y sobre esta roca edificaré mi iglesia» (Mt. 16:18, RVR), es uno de los pocos versículos que pueden citar los católicos. Sin embargo, no muchos se han detenido alguna vez a preguntar lo que este versículo tiene que ver con el papa y los obispos catolicorromanos.

Otros católicos están satisfechos con los argumentos basados en la tradición y la enseñanza autorizada de los papas y los obispos.

Hay aún otros que se han sometido a la jerarquía catolicorromana sin jamás haberse preguntado por qué. Creen que sería deslealtad a Dios siquiera pensar en dudar de las credenciales del papa y los obispos. Sin embargo, Cristo elogió a los efesios por hacer esencialmente lo mismo «...y has probado a los que se dicen ser apóstoles, y no lo son, y los has hallado mentirosos» (Ap. 2:2).

Finalmente, muchos católicos se someten al papa y los obispos porque están impresionados por el tamaño y la antigüedad de la Iglesia Católica Romana. «Dios —razonan ellos— debe ser la fuerza que los autoriza. ¿De qué otra forma —se preguntan— podrían tan pocos hombres llegar a gobernar sobre tantas personas y una riqueza tan grande?»

Pero si hubiera sido la intención de Dios que el papa catolicorromano y los obispos gobernaran sobre la iglesia, Él hubiera establecido ese hecho con claridad en las Escrituras. Puesto que es obvio que este no es el caso, debemos llegar a la conclusión de que el poder del papa y los obispos no viene de Dios.

NOTAS

1. La Iglesia Católica Romana reconoce a Miltiades (311-314) como el obispo de Roma en el tiempo de la conversión de Constantino. Silvestre (314-335) fue el primer obispo que gozó de todos los beneficios del favor imperial.
2. Algunos historiadores reconocen el 19 de junio del año 325 como la fecha de apertura del concilio.
3. Las cifras son al 31 de diciembre de 1991. Publicado por Felician A. Foy, ed., 1994 *Catholic Almanac* (Huntington, IA: Our Sunday Visitor Publishing Division, 1993), p. 367.
4. Concilio Vaticano II, «Decreto sobre la oficina pastoral de obispos en la Iglesia», nº 8.
5. Concilio Vaticano II, «Constitución dogmática sobre la Iglesia», nº 20.
6. Concilio Vaticano II, «Decreto sobre la oficina pastoral de obispos en la Iglesia», nº 2.
7. *Ibid.*
8. *Ibid.*, nº 4.
9. Primer Concilio Vaticano, sesión 4, «Primera constitución dogmática de la Iglesia de Cristo», capítulo 1.
10. Las cifras son al 31 de diciembre de 1991. Publicado por Felician A. Foy, ed., *1994 Catholic Almanac* (Huntington, IA: Our Sunday Visitor Publishing Division, 1993), p. 367.

11. Primer Concilio Vaticano, sesión 4, «Primera constitución dogmática de la Iglesia de Cristo», capítulo 1.
12. *Ibid*, capítulo 3.
13. *Ibid.*, capítulo 1.
14. El *Catecismo de la Iglesia Católica* declara que Pedro es la roca sobre la cual Cristo edificaría su iglesia [552, 586, 881]. Esta es la posición catolicorromana oficial. No obstante, es curioso que también declare:

    > Movidos por la gracia del Espíritu Santo y atraídos por el Padre nosotros creemos y confesamos a propósito de Jesús: «Tú eres el Cristo, el Hijo del Dios vivo» (Mt. 16:16). Sobre la roca de esta fe, confesada por San Pedro, Cristo ha construido su Iglesia.
    >
    > —*Catecismo de la Iglesia Católica* [424]

15. G. Campbell Morgan, *The Gospel According to Matthew* (Nueva York: Fleming H. Revell Co.), p. 211.
16. Ejemplos de palabras arameas en el Nuevo Testamento griego incluyen *raca* (Mt. 5:22), *Eloi* (Mr. 15:34), y *Raboni* (Jn. 20:16).
17. Juan 1:42; 1 Corintios 1:12; 3:22; 9:5; 15:5; Gálatas 1:18; 2:9, 11, 14.
18. A. Tanquerey, *A Manual of Dogmatic Theology* (Nueva York: Desclee, 1959), tomo 1, p. 120.
19. La doctrina catolicorromana de la sucesión apostólica es la creencia de que los apóstoles designaron obispos como sucesores y les dieron el triple poder de enseñar, santificar y gobernar. No es la creencia de que los obispos son nuevos apóstoles [860]. Por lo tanto, la Iglesia no apela a Hechos 1:15-26, la elección de Matías, para reemplazar a Judas Iscariote como uno de los Doce, para justificar sus afirmaciones.
20. A. Tanquerey, *A Manual of Dogmatic...*, p. 104.
21. Philip Schaff, *History of the Christian Church* (Grand Rapids: Eerdmans, 1910), tomo 2, pp. 164-165.
22. Michael Walsh, *An Illustrated History of the Popes: Saint Peter to John Paul II* (Nueva York: St. Martin's Press, 1980), p. 9.
23. Bruce L. Shelley, *Church History in Plain Language* (Waco, TX: Word, 1982), p. 151.
24. Para un explicación completa de cómo León I aplicó la ley romana a las afirmaciones que hacía sobre el papado, refiérase a «Papacy», de F. A. Sullivan, en *The New Catholic Encyclopedia* (Nueva York: McGraw-Hill, 1967), tomo 10, pp. 952-953.
25. Will Durant, «The Age of Faith» en *The Story of Civilization*, (Nueva York: Simon and Schuster, 1950), tomo 4, p. 50.
26. *Ibid.*, p. 525.
27. Richard P. McBrien, *Catholicism* (San Francisco, CA: HarperCollins, 1994), tomo 2, p. 622. A pesar de que el autor es un sacerdote católico romano y presidente del Departamento de Teología de la Universidad de Notre Dame, este libro no lleva las declaraciones oficiales de la Iglesia: *Nihil Obstat* e *Imprimatur*.
28. Papa Bonifacio VIII, *Unam Sanctam*.
29. Concilio Vaticano II, «Constitución dogmática sobre la Iglesia», nº 18.

11

EL MAGISTERIO

Roma, 11 de julio de 1870

Con el Primer Concilio Vaticano a punto de reunirse de nuevo, los obispos provenientes de todo el mundo comenzaron a entrar desfilando en la Basílica de San Pedro.[1] Estando ya sentado, el obispo Vincent Ferrer Gasser, príncipe de Austria, tierra de la corona, estaba dando los últimos toques a un discurso que estaba a punto de pronunciar ante el concilio. En ese discurso explicaría los méritos de una propuesta presentada al concilio de que la Iglesia declaraba oficialmente que el papa era infalible, incapaz de enseñar error. Algunos obispos ya habían expresado su oposición.

El obispo Gasser revisó rápidamente su discurso. Comenzó a ensayar silenciosamente la introducción: «Eminentísimos presidentes, eminentes y reverendos padres: Me levanto para hablar hoy con gran tristeza y aun mayor temor ... no sea que una gran causa sea malograda por su defensor. Sin embargo, prosigo, contando con la gracia divina y la buena voluntad de ustedes.»[2]

Ninguno de los miembros del comité que había preparado el borrador de la propuesta compartía los temores del obispo Gasser de que la causa de ellos sufriría pérdida en sus manos. En opinión de ellos, él era un portavoz ideal: ex profesor de teología dogmática, un respetado erudito, hábil polemista.

El objetivo del obispo Gasser era demostrar que la infalibilidad papal formaba parte de la fe católica recibida de Cristo. Gasser explicaría su objetivo al principio de su discurso: «Puesto que la infalibilidad es una verdad revelada, debe ser probada de las fuentes de revelación, es decir, de las Sagradas Escrituras y la tradición.»[3]

Como le faltaba poco tiempo, Gasser dio un vistazo a la lista de autoridades que citaría. Empezaría con las Escrituras, haciendo referencia a los cuatro Evangelios y a las cartas de Pablo. Luego pasaría a los testigos de la sagrada tradición. De entre ellos citaría a dos antiguos padres de la Iglesia, Ireneo y Epifanio, y tres Doctores de la Iglesia: Jerónimo, Agustín y Ambrosio. Seguidamente iría al siglo XVI, empleando los escritos de teólogos como el cardenal Cayetano y Melchior Cano. También les recordaría a los obispos la muy conocida inscripción que había dentro de la Basílica de San Pedro: «Desde este lugar brilla una fe sobre el mundo.» Finalmente, citaría de tres concilios ecuménicos: Constantinopla IV, Lyons y Florencia.

Cuando el último obispo ocupó su asiento, Gasser revisó cuidadosamente sus dos principales argumentos. El primero era que Cristo dio a Pedro la capacidad de enseñar sin error. Esto, argüiría Gasser, ocurrió cuando el Señor hizo a Pedro cabeza de los apóstoles y de la iglesia universal. El segundo punto sería una conclusión lógica: puesto que el papa es el sucesor de Pedro es también heredero del don de infalibilidad de Pedro.

El toque de una campanilla hizo que Gasser terminara la preparación. El Primer Concilio Vaticano estaba en sesión.

El obispo Gasser habló elocuentemente y con convicción ese día y su discurso duró cuatro horas. Cuando terminó tomó asiento, plenamente consciente del significado histórico del momento.

Del discurso se suscitaron amargas controversias. Los obispos rechazaron el primer borrador del decreto en un voto privado; ochenta y ocho obispos se opusieron. El documento fue enviado de vuelta al comité para revisión.

Cinco días más tarde, después de mucho debate, los obispos votaron otra vez. En esta ocasión aprobaron el decreto: 533 a favor, 2 en contra. De ahí en adelante la Iglesia Católica Romana enseñaría dogmáticamente que Dios había revelado que el Pontífice Romano es inmune hasta a la posibilidad de enseñar error. La decisión sería irreversible, irreformable y obligatoria a todos los católicos en todas partes. *Roma locuta est; causa finita es* (Roma ha hablado; el caso está cerrado).

AUTORIDAD PARA ENSEÑAR

[85-90, 168-171, 888-892, 2032-2040, 2049-2051]

El catolicismo romano enseña que Dios ha designado obispos como maestros de la fe católica [77, 888-892]:

Para que este Evangelio se conservara siempre vivo y entero en la Iglesia,

> los apóstoles nombraron como sucesores a los obispos, dejándoles su cargo en el Magisterio.
>
> —Concilio Vaticano II[4]

La autoridad magisterial de la Iglesia Católica reside en los obispos y se le llama *Magisterium*, de la palabra latina para *maestro*. Sólo los obispos de dicha iglesia tienen derecho a juzgar el verdadero sentido de la revelación y de enseñarlo con autoridad [85, 100, 939]:

> El oficio de interpretar auténticamente la Palabra de Dios ha sido confiado únicamente al Magisterio de la Iglesia, al papa y a los obispos en comunión con él. Su autoridad en este asunto la ejercita en el nombre de Jesucristo.
>
> —Concilio Vaticano II[5]

Por lo tanto, los católicos deben obedecer a los obispos de la misma forma que obedecerían a Cristo mismo [87, 862]:

> ... por institución divina los obispos han sucedido a los apóstoles como pastores de la Iglesia. El que los escucha, escucha a Cristo; el que, en cambio, los desprecia, desprecia a Cristo y al que lo envió [cp. Lc. 16:16].
>
> —Concilio Vaticano II[6]

Como consecuencia [891, 2034, 2037, 2041, 2050]:

> ...los fieles, por su parte, tienen obligación de aceptar y adherirse con religioso respeto al parecer de su obispo en materias de fe y de costumbres cuando las expone en nombre de Cristo. Esta religiosa sumisión de la voluntad y del entendimiento....
>
> —Concilio Vaticano II[7]

Materias de *fe* aquí se refiere a las creencias doctrinales de la religión catolicorromana como la presencia real de Cristo en la Eucaristía y la Inmaculada Concepción de María. Materias de *costumbre* se refiere a la *conducta* apropiada, como el amar al prójimo y la obediencia a los mandamientos.

La doctrina de la Iglesia que se relaciona con la *fe y la moral* debe distinguirse de la *disciplina y práctica* de la Iglesia. La última involucra aspectos de la religión catolicorromana que pueden ser opcionales, como rezar el rosario, o que puedan cambiar, como la abstinencia de comer carne los viernes. A la inversa, la enseñanza del catolicismo romano en cuestiones de fe y moral, dice la Iglesia Católica, no cambia:

> De ahí que también hay que mantener perpetuamente aquel sentido de los sagrados dogmas que una vez declaró la santa madre Iglesia y jamás hay que apartarse de ese sentido so pretexto y nombre de una más alta inteligencia.
>
> —Primer Concilio Vaticano[8]

La Iglesia Católica afirma que el catolicismo romano es siempre el mismo: «... el mismo dogma, en el mismo sentido, y la misma sentencia»[9] [84]. De ahí el axioma en latín *Semper Eadem* (Siempre la misma).

LA INFALIBILIDAD
[890-891, 2032-2040, 2051]

Los obispos

El catolicismo romano enseña que Dios protege sobrenaturalmente al Magisterio de enseñar falsedad. Los obispos no se equivocan y no pueden equivocarse cuando enseñan doctrina relacionada con asuntos de fe y moral. Se dice que poseen el don de *infalibilidad.*

Se cree que los obispos son infalibles en su enseñanza, no como individuos sino colectivamente. En otras palabras, esas creencias que sostienen en común unos con otros y en armonía con el papa representan la auténtica e infalible fe católica [890-891, 939]. Este principio se aplica a la enseñanza de los obispos sin tener en cuenta si se expresa por decreto de un concilio ecuménico o mediante sus ministerios cotidianos [2033-2034, 2049].[10]

El papa

El catolicismo romano enseña que el don de infalibilidad se extiende hasta la enseñanza del obispo de Roma de una manera especial. El Primer Concilio Vaticano (1869-1870) decretó:

> ... enseñamos y definimos ser dogma divinamente revelado: Que el Romano Pontífice, cuando habla *ex cáthedra*, esto es, cuando cumpliendo su cargo de pastor y doctor de todos los cristianos define por su suprema autoridad apostólica que una doctrina sobre la fe y costumbres debe ser sostenida por la Iglesia universal, y por la asistencia divina que le fue prometida en la persona del bienaventurado Pedro, goza de aquella infalibilidad de que el Redentor divino quiso que estuviera provista su Iglesia en la definición de la doctrina sobre la fe y costumbres.
>
> —Primer Concilio Vaticano[11]

Hablar *ex cáthedra* literalmente significa hablar *desde la silla* de autoridad. Esto quiere decir que cuando el papa habla como maestro supremo de la Iglesia, el catolicismo romano sostiene que no enseña ni puede enseñar falsa doctrina. Por esa razón, la enseñanza dogmática del papa no puede ponerse en duda:

> Esta infalibilidad compete al Romano Pontífice, Cabeza del Colegio episcopal, en razón de su oficio cuando proclama como definitiva la doctrina de la fe o de la moral en su calidad de supremo pastor y maestro de todos los fieles.... Por lo cual con razón se dice que sus definiciones por sí y no por el consentimiento de la Iglesia son irreformables, puesto que han sido proclamadas bajo la asistencia del Espíritu Santo prometida a él en San Pedro, y así no necesitan de ninguna aprobación de otros ni admiten tampoco la apelación a ningún otro tribunal.
>
> —Concilio Vaticano II[12]

No obstante, aun cuando el papa no esté haciendo declaraciones dogmáticas y por tanto infalibles, se espera que los católicos le obedezcan sin dudar [892, 2037, 2050]:

> Esta sumisión leal de la voluntad e intelecto debe ser dada, de manera especial, a la auténtica autoridad magisterial del Romano Pontífice, aun cuando él no hable *ex cáthedra* en este sentido, y que su suprema autoridad magisterial sea por cierto reconocida con respeto, y que uno se adhiera sinceramente a las decisiones hechas por él....
>
> —Concilio Vaticano II[13]

UNA RESPUESTA BÍBLICA

A pesar de que los obispos afirman tener una autoridad magisterial absoluta sobre la Iglesia, los católicos hoy están pensando por su propia cuenta como nunca antes. Muchos son muy instruidos, libres de prejuicio e independientes. Con respecto a la fe y moral, las creencias de algunos son tan diversas que se ha acuñado el término *católicos de cafetería* para describir la forma en que eligen y escogen lo que quieren creer. Alguien ha dicho: «Soy católico por *mi* propia definición, que es la única que vale.»

A pesar de todo, el Vaticano no tiene intención de renunciar a la «suprema autoridad magisterial».[14] Muy al contrario, en años recientes la jerarquía de la Iglesia Católica ha sido más enfática que nunca en que su definición del catolicismo es la única que cuenta [2039]. Y dicha definición se está volviendo cada vez más conservadora y tradicional.

La presente dirección de la Iglesia Católica es mayormente debida al liderazgo de Juan Pablo II. Durante los primeros quince años de su pontificado, Juan Pablo II designó a más de 1.600 obispos nuevos, alrededor de un cuarenta por ciento del actual número de obispos y arzobispos. Recientemente se divulgó sin autorización a la prensa un documento interno de la Iglesia que describe las pautas que el Vaticano ha estado usando para seleccionar candidatos a fin de promoverlos al oficio de obispo. Entre los criterios estaban «la celebración cotidiana de la misa», «la piedad mariana», «la adherencia convencida y fiel a la enseñanza y al Magisterio de la iglesia», «la obediencia al Santo Padre», «la fidelidad a la tradición de la iglesia», «el compromiso al Vaticano II y la renovación que le siguió, según las instrucciones papales», y apoyo a la *Humanae Vitae*, la encíclica de 1968 del papa Pablo VI que prohibe el uso de medios artificiales para el control de la natalidad [2366-2372].[15]

En vista de la dirección conservadora del Vaticano y de que la jerarquía de la Iglesia Católica alega tener una autoridad magisterial absoluta, el enfoque que se eligió para este libro, conforme se declaró en el prólogo, es el catolicismo romano tradicional conforme lo enseña el Magisterio. En este capítulo se mostrará que, contrario a la doctrina catolicorromana, la Biblia enseña que

- Las Escrituras, no el Magisterio, son la guía infalible del creyente para la interpretación de las mismas.
- El Espíritu Santo, no el Magisterio, es el maestro infalible y autorizado del creyente.

LAS ESCRITURAS SON LA ÚNICA GUÍA INFALIBLE DEL CRISTIANO

El principal argumento que la Iglesia Católica Romana usa para presentar su caso en apoyo de la autoridad de enseñanza infalible del Magisterio es la herencia. Descansa sobre dos premisas. Primero, Cristo dio a los apóstoles, con Pedro como cabeza de ellos, autoridad magisterial sobre la Iglesia y el don de infalibilidad [890-891]. Segundo, los apóstoles nombraron como sucesores a los obispos, «dejándoles su cargo [de autoridad] en el Magisterio»[16] [77].

Con respecto a la primera premisa, todos pueden estar de acuerdo al menos en esto: los apóstoles enseñaron con autoridad. Las Escrituras nos dicen que los primeros cristianos «perseveraban en la doctrina de los apóstoles» (Hch. 2:42). No obstante, las Escrituras no sugieren que los apóstoles eran *infalibles* excepto en sus escritos inspirados.

La Iglesia Católica Romana señala a una larga lista de versículos en su intento por demostrar la infalibilidad apostólica.[17] Sin embargo, la mayoría de esos pasajes de las Escrituras están tan indirectamente relacionados con el tema que sin una explicación adecuada sería difícil ver alguna conexión en absoluto.

El apóstol Pablo, por cierto, no pensaba que era infalible. Ni tampoco quiso que otras personas pensaran que él era incapaz de cometer error. A los gálatas les dijo:

> Mas si aun nosotros, o un ángel del cielo, os anunciare otro evangelio diferente del que os hemos anunciado, sea anatema.
>
> —Gálatas 1:8

Luego añadió, dejando poco lugar para la infalibilidad de Pedro o de cualquier otro:

> Como antes hemos dicho, también ahora lo repito: Si alguno os predica diferente evangelio del que habéis recibido, sea anatema.
>
> —Gálatas 1:9

Pablo enseñó que ninguna enseñanza de nadie debía aceptarse sin una cuidadosa evaluación: «Examinadlo todo; retened lo bueno» (1 Ts. 5:21). Juan enseñó a los primeros cristianos a sospechar de cualquiera que pretendiera hablar por Dios:

> Amados, no creáis a todo espíritu, sino probad los espíritus si son de Dios; porque muchos falsos profetas han salido por el mundo.
>
> —1 Juan 4:1

La norma de medida para examinar la enseñanza en la iglesia primitiva no era Pedro ni los apóstoles sino las Escrituras. Originalmente, el Antiguo Testamento cumplía ese propósito. Después los escritos inspirados de los apóstoles y sus asociados ocuparon su lugar al lado de las Escrituras hebreas.

Aun los apóstoles mismos se sometieron a la autoridad suprema de las Escrituras. Por ejemplo, en el Concilio de Jerusalén, después de mucho debate, Pedro dio su opinión. Jacobo estuvo de acuerdo diciendo: «Y con esto concuerdan las palabras de los profetas, como está escrito» (Hch. 15:15). Luego citó de Amós 9:11, 12. Jacobo comparó el consejo de Pedro con la profecía del Antiguo Testamento, halló que estaba de acuerdo, y se dio cuenta de que el consenso que los apóstoles y ancianos habían logrado era correcto. Sólo entonces estuvo Jacobo dispuesto a declarar su conclusión (Hch. 15:19).

La sumisión de los apóstoles a las Escrituras también puede verse en la enseñanza de Pablo. Aunque era apóstol y había recibido revelación directa del Señor (Gá. 1:12; Ef. 3:3), no obstante añadía regularmente las palabras «como está escrito» a sus propios escritos. Luego citaba un texto apropiado del Antiguo Testamento como confirmación de que lo que estaba diciendo era verdad de Dios. En su carta a los Romanos, Pablo se refiere cuarenta y cinco veces a las Escrituras. Sabía que los cristianos del primer siglo en Roma esperaban que toda nueva enseñanza estuviera confirmada mediante una comparación con alguna revelación anterior.

Tal era el patrimonio que los primeros cristianos heredaron de sus raíces judías. La experiencia de Pablo en la ciudad de Berea en Macedonia, demuestra este punto. Cuando Pablo predicó el evangelio por primera vez a los judíos de esa ciudad, ellos inmediatamente se dirigieron a su guía infalible: las Escrituras del Antiguo Testamento. Lucas dice:

> Y éstos eran más nobles que los que estaban en Tesalónica, pues recibieron la palabra con toda solicitud, escudriñando cada día las Escrituras para ver si estas cosas eran así.
>
> —Hechos 17:11

Al encontrar una clara correspondencia entre la enseñanza de Pablo y la Palabra de Dios, «creyeron muchos de ellos, y mujeres griegas de distinción» (Hch. 17:12).

Con respecto a la segunda premisa de que los obispos católicos romanos heredaron la autoridad de enseñanza infalible de los apóstoles, ésta descansa totalmente en la teoría de la sucesión apostólica. Como se demostrara en el capítulo anterior, esta teoría en sí no puede establecerse por las Escrituras: Pedro no era la cabeza de los apóstoles ni de la iglesia; los obispos católicos romanos no son sucesores de los apóstoles; y el papa no es sucesor de Pedro. Por consiguiente, el Magisterio, no puede alegar el ministerio de enseñanza de Pedro ni de los apóstoles, hayan sido infalibles o no.

EL ESPÍRITU SANTO ES EL ÚNICO MAESTRO INFALIBLE Y AUTORIZADO DEL CRISTIANO

Un segundo argumento que los eruditos católicos romanos usan para defender el Magisterio es la «necesidad moral».[18] Básicamente dice que, a fin de que la fe pudiera preservarse, defenderse y explicarse, era sumamente necesario contar con una autoridad magisterial fuerte e infalible. [77, 889]. Según dicho argumento, el caos reinaría en una cacofonía de opiniones. Los proponentes católicos señalan al número cada vez mayor de denominaciones protestantes como la única prueba que se requiere para mostrar que es necesario contar con un solo cuerpo autorizado para la enseñanza. Un erudito católico llega a la siguiente conclusión:

> En toda probabilidad, por lo tanto, debemos creer que Cristo, que quería

> que su evangelio se predicara a toda criatura, escogió como autoridad religiosa al Magisterio vivo e infalible.
>
> —*A Manual of Dogmatic Theology*[19]

A primera vista, el concepto de un Magisterio podría parecer atractivo. Si Dios ha establecido un cuerpo de enseñanza autorizado y ha prometido protegerlo sobrenaturalmente de todo error, la vida cristiana en algunos aspectos sería mucho más simple. Pero debido a que las Escrituras no enseñan que Dios estableció dicho cuerpo, inventar uno debido a una «necesidad moral» y tratar su enseñanza como infalible sólo puede conducir a un trágico error doctrinal.

Además, aun con su Magisterio, la Iglesia Católica Romana difícilmente podría considerarse un oasis de armonía doctrinal en un mundo que está lleno de dificultades teológicas. Precisamente, el propósito mismo del *Catecismo de la Iglesia Católica* es atenuar al disentimiento cada vez más creciente dentro de esa institución. En un libro que explica la necesidad del *Catecismo*, el monseñor Michael J. Wrenn, consultor especial sobre educación religiosa del cardenal John O'Connor, da una lista de sólo algunas de las áreas doctrinales en las que los sacerdotes y teólogos catolicorromanos de ideas independientes están desafiando la enseñanza oficial de la Iglesia Católica: la existencia de ángeles, la creación directa del alma humana, la caída del hombre en Adán, el nacimiento virginal de Cristo, el sacrificio expiatorio de Cristo, la perpetuación de la cruz en la misa, la presencia real de Cristo en la Eucaristía, la infalibilidad del Magisterio, la autoridad jerárquica del papa y los obispos, la eficacia de los sacramentos, la Trinidad, el purgatorio, la ética sexual.[20]

El Magisterio tampoco ha podido producir una fe común entre los laicos. Muchos católicos se oponen a la prohibición de anticonceptivos y a la exclusión de las mujeres de la ordenación al sacerdocio. Simpatizan con el creciente número de clérigos que creen que el celibato sacerdotal obligatorio está haciendo más daño que bien. Algunos católicos han dejado totalmente de escuchar al Magisterio.

Por último, el Magisterio no es una necesidad moral. Cristo prometió a sus discípulos: «No os dejaré huérfanos…. Mas el Consolador, el Espíritu Santo, a quien el Padre enviará en mi nombre, él os enseñará todas las cosas, y os recordará todo lo que yo os he dicho» (Jn. 14:18, 26).

El Espíritu Santo, no el papa ni los obispos, es la autoridad de enseñanza viva de la Iglesia (Jn. 16:13-15). En su misión de consejero y consolador, el Espíritu mora en cada creyente (Jn. 14:16-18; Ef. 1:13). El Espíritu guía en la conducta de los creyentes (Ro. 8:14). Dirige en el ministerio de los creyentes (Hch. 8:29).

El Espíritu Santo también otorga a algunos cristianos capacidad especial para enseñar las Escrituras con claridad y autoridad (1 Co. 12:28).

No obstante, la autoridad no reside en dichos maestros personalmente, sino que se deriva de la fuente de su enseñanza, la inspirada Palabra de Dios.

Además, el Espíritu Santo levanta ancianos para supervisar la iglesia local, para pastorear la grey y para proteger a los creyentes de las doctrinas equivocadas. Por esta razón, el anciano debe ser «retenedor de la palabra fiel tal como ha sido enseñada, para que también pueda exhortar con sana enseñanza y convencer a los que contradicen» (Tit. 1:9).

El principal instrumento del Espíritu Santo para enseñar a la Iglesia es la Palabra de Dios. La Biblia es «la espada del Espíritu» (Ef. 6:17). Cuando los creyentes leen y estudian las Escrituras, el Espíritu ilumina sus mentes, dándoles entendimiento y hablándoles como personas (1 Co. 2:10-16; He. 4:12).

En la confiada seguridad del ministerio de enseñanza del Espíritu, el cristianismo bíblico trata la Biblia como un libro abierto, un libro que está al alcance del pueblo. Esto alienta al estudio, la interpretación y la aplicación personal de sus enseñanzas.

Lo mismo sucedía en la iglesia primitiva. Mucho antes de que alguien oyera del Magisterio y sus aseveraciones, los cristianos estaban leyendo y obedeciendo las Escrituras. Después de todo, el Espíritu Santo dirigió los libros del Nuevo Testamento a *personas comunes*, no a apóstoles, ni a obispos, ni a un papa, ni tampoco a un Magisterio. Ni siquiera la carta de Pablo a los Romanos fue dirigida a la Iglesia Católica Romana sino «a todos los … amados de Dios, llamados a ser santos» (Ro. 1:7). Tampoco confió Dios la fe cristiana al papa y los obispos. Más bien, la entregó «a los santos» (Jud. v. 3). De igual manera, la tarea de defender la fe no fue asignada a los obispos sino a cada creyente (Jud. v. 3). La Iglesia, la asamblea de los elegidos de Dios, es la verdadera «columna y baluarte de la verdad» (1 Ti. 3:15).

Con el Espíritu Santo como Maestro y las Escrituras inspiradas como texto, la iglesia de Jesucristo no tiene necesidad del Magisterio romano. El Espíritu Santo, quien ha ungido a todo creyente, es el único maestro autorizado que se necesita:

> Pero la unción que vosotros recibisteis de él permanece en vosotros, y no tenéis necesidad de que nadie os enseñe; así como la unción misma os enseña todas las cosas, y es verdadera, y no es mentira, según ella os ha enseñado, permaneced en él.
>
> —1 Juan 2:27

La Biblia y el Magisterio

La Iglesia Católica Romana reconoce el ministerio de enseñanza del Espíritu Santo y la autoridad de la Biblia [101-108, 737-741, 788]. Sin embargo, sostiene que el Magisterio y no la Biblia es el principal medio de enseñanza del Espíritu [108, 113, 119]. El sacerdote Matías Premm explica:

> ... el ministerio de enseñanza de la Iglesia es más importante que la Biblia: sólo una Iglesia infalible puede decirnos qué libros pertenecen a las Escrituras, y sólo una Iglesia infalible puede interpretar el verdadero significado de las Sagradas Escrituras; nadie puede hacer esto por sí mismo. Por lo tanto, el católico puede leer sólo una Biblia, la Biblia que es publicada por la Iglesia. En otras palabras: *La regla inmediata y más elevada de la fe es el ministerio vivo de la Iglesia.*
>
> —*Dogmatic Theology for the Laity*[21]

Algunos creen que el papel subordinado de la Biblia en el catolicismo romano actualmente está cambiando. Como evidencia de esto señalan a la enseñanza del Concilio Vaticano II. «Desconocer la Escritura es desconocer a Cristo»,[22] dijo el Concilio, citando a San Jerónimo [133]. Ordenó que «los fieles han de tener fácil acceso a la Sagrada Escritura»[23] [131, 2653]. Al clero también se le exhortó a que «se impregnen de las Escrituras con la lectura asidua y estudio diligente»[24] [132]. Un comentarista católico escribió: «Desde los primeros siglos de la Iglesia no había habido un solo documento oficial instando la disponibilidad de las Escrituras para todos.»[25]

Después del Concilio Vaticano II, las parroquias católicas comenzaron a patrocinar estudios bíblicos y las escuelas parroquiales empezaron a recalcar el estudio de las Escrituras en su lista de estudios. Como resultado, muchos católicos han aumentado su apreciación y conocimiento de la Biblia.

Sin embargo, la Biblia catolicorromana todavía no es un libro del pueblo sino un libro de la Iglesia. La revelación, dice Vaticano II, ha sido «confiada a la Iglesia».[26] La tarea de determinar la interpretación auténtica de la Palabra también «ha sido confiada únicamente al Magisterio vivo de la Iglesia».[27] El Primer Concilio Vaticano declaró:

> ... en materias de fe y costumbres que atañen a la edificación de la doctrina cristiana ha de tenerse por verdadero sentido de las Sagradas Escrituras aquel que sostuvo y sostiene la santa madre Iglesia, a quien toca juzgar del verdadero sentido e interpretación de las Escrituras santas; y, por tanto, a nadie es lícito interpretar la misma Escritura Sagrada contra este sentido ni tampoco contra el sentir unánime de los Padres.
>
> —Primer Concilio Vaticano[28]

Por consiguiente, aunque a los católicos se les aliente a leer la Biblia no tienen la libertad de determinar lo que significa [113, 119]. La interpretación es el derecho exclusivo del Magisterio [85, 100, 890]. Para asegurar que los católicos que leen la Biblia lleguen a las conclusiones previamente aprobadas, Vaticano II ordenó que se prepararan Biblias con «notas adecuadas».[29] La ley canónica dicta que las Biblias catolicorromanas estén «anotadas con las explicaciones necesarias y suficientes».[30]

Las mismas reglas se aplican a los eruditos y teólogos católicos. Trabajan siempre «bajo la mirada vigilante del sagrado Magisterio».[31] Pueden ayudar a la Iglesia «hacia un mejor entendimiento y explicación del significado de la Sagrada Escritura»,[32] pero es el Magisterio solamente que tiene el derecho de formar un juicio e interpretar la Biblia. El papa Pío XII escribió:

> ... el oficio nobilísimo de la teología es manifestar cómo la doctrina definida por la Iglesia está contenida en las fuentes de revelación... «en ese sentido en que ha sido definida».
>
> —*Humani Generis*[33]

En otras palabras, el propósito de la Biblia catolicorromana no es necesariamente entender las Escrituras con el mismo sentido con que se escribió originalmente, sino entenderla en el sentido en que la Iglesia la entiende. Se espera que el erudito católico comience con la presuposición de que la interpretación de la Iglesia es correcta y luego prosiga en el estudio de la Biblia para descubrir por qué.

Una prueba: Éxodo 20:4, 5

¿Cuál es el resultado de rendirse a la autoridad magisterial de un grupo de hombres y tratar sus interpretaciones como auténticas y hasta infalibles? La respuesta puede hallarse cuando miramos cómo la Iglesia Católica maneja las Escrituras que presentan un desafío para establecer creencias o prácticas catolicorromanas. Por ejemplo, consideremos la siguiente porción de los Diez Mandamientos:

> No te harás imagen, ni ninguna semejanza de lo que esté arriba en el cielo, ni abajo en la tierra, ni en las aguas debajo de la tierra. No te inclinarás a ellas, ni las honrarás....
>
> —Éxodo 20:4, 5

Este mandamiento prohibe la fabricación de imágenes para uso religioso. También prohibe la adoración de dichos objetos. El significado primordial de la palabra hebrea que connota adoración es *inclinarse* (Éx. 20:5).[34] Debido a este mandamiento, tanto los judíos como la mayoría de los cristianos no católicos evitan el uso de objetos sagrados, como las estatuas, en la práctica de la fe que profesan.

La Iglesia Católica Romana tiene su propia interpretación de los mandamientos de Éxodo 20:4, 5 [2129-2132]:[35]

> Los mandamientos no prohiben imágenes de Cristo y de los santos. Hacer y honrar las imágenes de Cristo nuestro Señor y de su santa y virgen Madre, y de los Santos, los cuales fueron vestidos de naturaleza humana y aparecieron en forma humana, no sólo no es prohibido por este mandamiento, sino que siempre se ha considerado una práctica santa y una muy segura forma de gratitud. Esta posición está confirmada por los monumentos de la época apostólica, los concilios generales de la Iglesia y los escritos de muchos de los Padres, de igual eminencia en santidad y erudición, los cuales son todos de una misma opinión sobre el tema.
>
> —*El catecismo romano*[36]

Nótese cómo en esta explicación la práctica de la Iglesia Católica se usa para confirmar la interpretación de las Escrituras. El mismo enfoque fue usado por el Concilio Vaticano II en su aprobación del uso continuo de las estatuas:

> Desde los primeros días de la Iglesia ha habido una tradición por la cual las imágenes de nuestro Señor, de su santa Madre, y de los santos se han desplegado en las iglesias para veneración de los fieles.
>
> —Concilio Vaticano II[37]

La interpretación católica de Éxodo 20:4, 5 es el producto de aplicar la regla suprema de interpretación bíblica catolicorromana: El significado auténtico de cualquier versículo de las Escrituras es lo que el Magisterio de la Iglesia siempre ha dicho que significa [119]. O, para decirlo de otra forma: lo que la Iglesia *cree* y *practica* determina lo que las Escrituras *enseñan* y *significan*. Por lo tanto, los católicos han de interpretar las Escrituras dentro de «la Tradición viva de toda la Iglesia».[113]

Este enfoque al estudio de las Escrituras es infructuoso. Sólo puede dar como resultado que la Iglesia se valide a sí misma. La corrección sería imposible porque la norma de la verdad no es el claro significado de las Escrituras conforme se verifica de la comparación con otras Escrituras, sino la enseñanza autorizada de la Iglesia según se confirma por las creencias y prácticas de la misma. La suave voz del Espíritu Santo que habla a través de las Escrituras inspiradas no puede oírse sobre las aseveraciones dogmáticas del Magisterio romano.

NOTAS

1. Este relato se basa en los registros del acontecimiento por James T. O'Conner, *The Gift of Infallibility* (Boston: Daughters of St. Paul, 1986), y por Dom Cuthbert Butler, *The Vatican Council* (Westminster, MD: Newman Press, 1962).
2. James T. O'Conner, *The Gift of Infallibility* (Boston: Daughters of St. Paul, 1986), p. 10.
3. *Ibid.*, pp. 19-20.
4. Concilio Vaticano II, «Constitución dogmática sobre revelación divina», nº 7; citando a Ireneo, *Contra Herejías*, III, 3, 1.
5. *Ibid.*, nº 10.
6. Concilio Vaticano II, «Constitución dogmática sobre la Iglesia», nº 20.
7. *Ibid.*, nº 25.
8. Concilio Vaticano II, «Constitución dogmática sobre la fe católica», capítulo 4, «Sobre la fe y la razón».
9. *Ibid.*
10. Concilio Vaticano II, «Constitución dogmática sobre la Iglesia», nº 25.
11. Primer Concilio Vaticano, «Primera constitución dogmática sobre la Iglesia de Cristo», sesión 4, capítulo 4.
12. Concilio Vaticano II, «Constitución dogmática sobre la Iglesia», nº 25.
13. *Ibid.*; véase también la ley canónica 752.
14. Concilio Vaticano II, «Constitución dogmática sobre la Iglesia», nº 25.
15. *National Catholic Reporter*, 4 de febrero de 1994, p. 14.
16. Concilio Vaticano II, «Constitución dogmática sobre revelación divina», nº 7, citando a Ireneo, *Contra herejías*, III, 3, 1.
17. Los principales versículos que la Iglesia Católica usa para debatir a favor de la infalibilidad de Pedro y los apóstoles son: Isaías 59:21; Mateo 16:18, 19; 28:18-20; Marcos 16:20; Lucas 10:16; 22:31, 32; Juan 14:16-26; 16:13; 21:15-17; Hechos 1:8; 5:32; 15:28; 2 Corintios 10:5, 6; 1 Timoteo 3:15; 6:20, 21; 2 Timoteo 1:13, 14; 2 Tesalonicenses 2:14.
18. Véase, por ejemplo A. Tanquerey, *A Manual of Dogmatic Theology* (Nueva York: Desclee, 1959), tomo 1, pp. 99-103.
19. *Ibid.*, p. 103.
20. Michael J. Wrenn, *Catechisms and Controversies* (San Francisco: Ignatius Press, 1991), pp. 144-147.
21. Matthias Premm, *Dogmatic Theology for the Laity* (Rockford, IL: Tan Books, 1967), p. 29.
22. Concilio Vaticano II, «Constitución dogmática sobre revelación divina», nº 25.
23. *Ibid.*, nº 22.
24. *Ibid.*, nº 25.
25. Walter M. Abbott, S. J., ed., *The Documents of Vatican II* (Nueva York: 1966), p. 125, nota nº 50.
26. Concilio Vaticano II, «Constitución dogmática sobre revelación divina», nº 10.
27. *Ibid.*

28. Primer Concilio Vaticano, «Primera constitución dogmática sobre la fe católica», capítulo 2, «Sobre revelación».
29. Concilio Vaticano II, «Constitución dogmática sobre revelación divina», nº 25.
30. Código de la Ley Canónica, canon 825.
31. Concilio Vaticano II, «Constitución dogmática sobre revelación divina», nº 23.
32. *Ibid.*, nº 12.
33. Papa Pío XII, *Humani Generis*, nº 21: citanto al papa Pío IX.
34. Harris, Archer, Waltke, eds., *Theological Wordbook of the Old Testament* (Chicago: Moody, 1980), tomo 2, pp. 914-915.
35. Los protestantes consideran que Éxodo 20:4-6: «No te harás imagen....» es el segundo mandamiento. La Iglesia Católica trata este mandamiento como parte del primer mandamiento, «Yo soy Jehová tu Dios.... No tendrás dioses ajenos delante de mí» (Éxodo 20: 2, 3) [2066, 2084-2141]. El agrupamiento catolicorromano de los mandamientos menoscaba la prohibición contra la fabricación de imágenes, es decir estatuas. Como resultado, muchos catecismos católicos ignoran totalmente el pasaje de Éxodo 20:4-6. Los catecismos que sí comentan sobre Éxodo 20:4-6, como el *Catecismo de la Iglesia Católica*, explican cómo eso no se aplica a las prácticas católicas [2129-2132, 2141]:

    > El culto cristiano de las imágenes no es contrario al primer mandamiento que proscribe los ídolos. En efecto, «el honor dado a una imagen se remonta al modelo original» ..., «el que venera una imagen, venera en ella la persona que en ella está representada....»
    >
    > —*Catecismo de la Iglesia Católica* [2132]

    Puesto que en el catolicismo romano los dos primeros mandamientos de Éxodo 20 se cuentan como un solo mandamiento, la Iglesia debe dividir Éxodo 20:17 en dos mandamientos a fin de tener un total de diez. Éxodo 20:17 declara:

    > No codiciarás la casa de tu prójimo, no codiciarás la mujer de tu prójimo, ni su siervo, ni su criada, ni su buey, ni su asno, ni cosa alguna de tu prójimo.

    Según los cálculos católicos romanos, el noveno mandamiento es «No codiciarás la mujer de tu prójimo», y el décimo mandamiento es «No codiciarás cosa alguna de tu prójimo» [2514-2557].
36. John A. McHugh, O.P. y Charles J. Callan, O.P., trads., *The Roman Catechism: The Catechism of the Council of Trent* (Rockford, IL: Tan Books and Publishers, 1982), pp. 375-376.
37. Concilio Vaticano II, «Liturgia sagrada», «Instrucción general sobre el misal romano», nº 278.

12

LAS ESCRITURAS Y LA TRADICIÓN

Roma, 1º de noviembre de 1950

El papa Pío XII, sentado sobre un trono rojo en el centro de la Plaza de San Pedro, miraba con satisfacción los documentos ante él. Aquello representaba la culminación de un proceso que había comenzado casi 100 años antes y la realización de una promesa personal que él había hecho a la Bendita Virgen María. Más de 700.000 católicos habían ido al Vaticano para ver personalmente la firma del documento.

La elección del papa Pío XII en 1939, cuyo nombre de nacimiento era Eugenio María Giuseppe Pacelli, no había sorprendido a nadie. La familia Pacelli había servido al Vaticano durante décadas. Su abuelo había sido el Subsecretario del Interior del Vaticano. Su padre y su hermano eran distinguidos abogados del Vaticano. El mismo Eugenio era experto en ley canónica y diplomático de experiencia. El papa anterior, Pío XI, lo había escogido para servir como Secretario de Estado del Vaticano. Pronto se hizo patente que el papa estaba preparando a Eugenio para que fuera su sucesor. A la muerte de Pío XI, los cardenales eligieron a Eugenio como el nuevo papa en el cónclave más breve de la historia moderna. En honor a su mentor, Eugenio adoptó el nombre de Pío XII.

Uno de los primeros objetivos del nuevo papa fue promover la devoción a María, pero el comienzo de la Segunda Guerra Mundial demoró sus planes. Sin embargo, después de terminada la guerra, Pío XII envió una encíclica, *Deiparae Virginis Mariae*, a los obispos de todo el mundo en 1946. En ella reseñó cómo durante casi cien años los católicos habían estado pidiendo al Vaticano que declarara formalmente que Dios había llevado a María corporalmente al cielo. El papa Pío XII luego solicitó la opinión de los obispos sobre el asunto:

> ... Deseamos saber si ustedes, Venerables Hermanos, con vuestra erudición y prudencia consideran que la Asunción corporal de la Bendita Virgen puede proponerse y definirse como dogma de fe, y si en adición a vuestros deseos este es también el deseo de vuestros clérigos y el pueblo.
>
> —*Deiparae Virginis Mariae* [1]

La respuesta a dicha carta sobrepasó las expectativas del papa. Las peticiones alentando a que Pío XII prosiguiera con el proyecto inundaron el Vaticano.

Sin embargo, el conocimiento legal de Pío XII lo hizo titubear un poco antes de actuar. Un principio bien establecido de la Iglesia Católica Romana era que la doctrina debe estar contenida en el depósito de la fe, es decir, en las Escrituras y en la Tradición. La Biblia no dice nada acerca de la muerte, ni de la sepultura, ni de la llamada Asunción de María. Los testigos de la Tradición de los primeros siglos también guardaban silencio. En tal caso, no estaba claro si el papa tenía o no la prerrogativa para definir una doctrina. Pío XII estudió cuidadosamente el asunto y decidió que era demasiado pronto para hacer algo con las peticiones que tenía delante de él. Primero necesitaría aclarar el alcance de la autoridad de la enseñanza de la Iglesia Católica.

El 12 de agosto de 1950, el papa Pío XII emitió otra encíclica a los obispos, *Humani Generis*. Esta parecía ser una advertencia pastoral de rutina advirtiendo sobre los peligros de las tendencias teológicas modernas. No obstante, algunos eruditos católicos notaron algo diferente:

> Pronto se hizo evidente que detrás de la encíclica había un sustrato más profundo de pensamiento papal. En un pasaje del documento se reconocía el aparente avance en el desarrollo doctrinal.
>
> —*The Papacy Today* [2]

El pasaje en la carta del papa Pío XII que llamó la atención de los teólogos era corto pero significativo:

> ... Dios ha dado a su Iglesia el Magisterio vivo, aun para ilustrar y declarar lo que en el depósito de la fe se contiene sólo oscura e implícitamente. El Divino Redentor no encomendó la auténtica interpretación de ese depósito a cada uno de los fieles ni a los mismos teólogos, sino sólo al Magisterio de la Iglesia.
>
> —*Humani Generis* [3]

Estaba claro que Pío XII se estaba preparando para definir

dogmáticamente la Asunción de María. Es decir, iba a «ilustrar y a declarar» que la Asunción de María estaba contenida «en el depósito de la fe», a pesar de que se admitía que era «sólo oscura e implícitamente».[4] Lo haría a pesar de la clara falta de apoyo de las Escrituras o de los primeros testigos de la Tradición.

Tres meses después, el 1° de noviembre de 1950, el papa Pío XII tomó asiento ante una multitud desbordante en la Plaza de San Pedro. Ante él estaba el borrador final de un documento titulado *Munificentissimus Deus*, es decir, *Generosísimo Dios*. El documento rastreaba la historia de la creencia católica generalizada en la Asunción de María. El documento concluía con una declaración que decía lo siguiente:

> ... por la autoridad de nuestro Señor Jesucristo, de los bienaventurados apóstoles Pedro y Pablo y nuestra, proclamamos, declaramos y definimos ser dogma divinamente revelado: Que la Inmaculada Madre de Dios, siempre Virgen María, cumplido el curso de su vida terrenal, fue asunta en cuerpo y alma a la gloria celestial.
>
> —*Munificentissimus Deus*[5]

Con característica precisión, el papa Pío XII firmó el documento: «Yo, Pío, obispo de la Iglesia Católica, lo he firmado y definido así.»[6] Las campanas de las 400 iglesias de Roma tronaron su aprobación a medida que la multitud gritaba y aplaudía de entusiasmo.

Ese día, el papa Pío XII no sólo lograba su objetivo de honrar a María, sino que al hacerlo también establecía un nuevo precedente para el desarrollo de la doctrina dentro del catolicismo romano. No obstante, para poder comprender el significado de este acontecimiento, debemos primero considerar la forma en que la Iglesia Católica Romana entiende lo que es la revelación divina y su transmisión a lo largo de los siglos.

LA REVELACIÓN DIVINA

[50-141]

Su origen en Jesucristo

[65-67, 73, 75]

Según la Iglesia Católica Romana, el Señor Jesucristo, por su presencia y manifestación personal reveló a sus apóstoles la fe católica [65, 75]. Eso lo hizo mediante sus

> ... palabras y obras, señales y milagros, pero sobre todo por su muerte y gloriosa resurrección de los muertos, y finalmente al enviar el Espíritu de verdad.
>
> —Concilio Vaticano II[7]

Cristo fue la revelación final de Dios. Él «completó y perfeccionó la Revelación».[8] La Iglesia Católica dice que «no hay que esperar otra revelación pública antes de la gloriosa manifestación de nuestro Señor Jesucristo»[9] [66, 73].

La transmisión mediante las Escrituras y la Tradición

[74-83]

La Iglesia Católica enseña que a fin de que el cúmulo de la verdad revelada por Cristo «se conservara por siempre íntegro y fuera transmitido a todas las edades»,[10] el Señor mandó a los apóstoles que transmitieran la revelación a otros [74, 75, 96]. Esto se llevó a cabo de dos maneras.

Primero, los apóstoles transmitieron la fe en forma no escrita, *oralmente*, es decir, «con su predicación, sus ejemplos, sus instituciones»[11] [76] que ellos establecieron. La Iglesia Católica Romana se refiere a la revelación transmitida por los apóstoles a los sucesores en forma oral como *Tradición* [81].

La segunda forma fue *por escrito*: «los mismos apóstoles y otros de su generación pusieron por escrito el mensaje de la salvación inspirados por el Espíritu Santo»[12] [76]. Estos escritos llegaron a ser las *Sagradas Escrituras* del Nuevo Testamento [81].

Los teólogos católicos piensan que la revelación divina es como una fuente. Describen la transmisión de revelación a la Iglesia moderna como dos corrientes que fluyen de la fuente. Una corriente representa las Escrituras, la otra la Tradición. Juntas preservan y transmiten la revelación que Cristo confió a los apóstoles.

Una de las metas del Concilio Vaticano II (1962-1965) era «exponer la verdadera doctrina sobre la Revelación divina y su transmisión».[13] En el primer borrador del decreto del concilio, «La constitución dogmática sobre revelación divina», los escritores continuaron el uso de la metáfora de la fuente y las corrientes. No obstante, en la versión final de la constitución las dos corrientes se habían vuelto una.[14] A la revelación todavía se la describe como una sola fuente, un «depósito sagrado»,[15] pero el concilio había combinado Escrituras y Tradición en una sola corriente [84, 86, 97]. De esta forma, la Iglesia podía recalcar la unidad de los órganos por los cuales la revelación se transmite a la Iglesia actual [80]:

> Así, pues, la Sagrada Tradición y la Sagrada Escritura están íntima-

mente unidas y compenetradas. Porque surgiendo ambas de la misma fuente, se funden en un mismo caudal y tienden a un mismo fin.

—Concilio Vaticano II[16]

LA PALABRA DE DIOS

[80-85]

Las Iglesia Católica llama *Palabra de Dios* a esta «sola cosa»[17] formada por las Escrituras y la Tradición [84-85, 97, 182]:

> La Tradición y la Escritura constituyen, pues, un solo depósito sagrado de la Palabra de Dios, confiado a la Iglesia.
>
> —Concilio Vaticano II[18]

Aquí el catolicismo romano define las Escrituras y la Tradición *juntas* como la Palabra de Dios. Cuando un teólogo católico romano se refiere a la Palabra de Dios *escrita*, está hablando de las Escrituras. Si habla de la Palabra de Dios *no escrita,* está hablando de la Tradición. Pero si se refiere simplemente a la *Palabra de Dios*, probablemente está hablando de las Escrituras y la Tradición juntas.

En otras palabras, según la Iglesia Católica Romana, la Biblia solamente no es la Palabra de Dios completa. Hay revelación esencial preservada en la Tradición que no está claramente enseñada en las Escrituras [81-82]. Por lo tanto, para entender la revelación completa de Jesucristo, uno debe estudiar ambas cosas: las Escrituras y la Tradición [113-114]. En palabras del Magisterio [82]:

> ... la Iglesia, ... no saca exclusivamente de las Escrituras la certeza de todo lo revelado. Y así se han de recibir y respetar con el mismo espíritu de devoción.
>
> —Concilio Vaticano II[19]

Con respecto a las Sagradas Escrituras, nuevamente:

> La Iglesia «siempre la ha considerado y considera, juntamente con la Tradición, como la regla suprema de su fe».
>
> —Concilio Vaticano II[20]

Figura 12.1
El fundamento del evangelio según Roma

Según el Concilio Vaticano II, «la sagrada teología se apoya, como en cimiento perenne, en la Palabra de Dios escrita, al mismo tiempo que en la sagrada Tradición».[21]

UNA RESPUESTA BÍBLICA

Este último capítulo nos lleva a la razón fundamental del por qué el catolicismo romano es lo que es, y por qué difiere tan significativamente del cristianismo basado sólo en las Escrituras. Para entender la importancia de nuestro tópico, imaginemos por un momento a una persona en algún lejano rincón de la tierra. Dicha persona no tiene conocimiento de Cristo, ni de la historia cristiana, ni del catolicismo romano. Sin embargo, estimulada por el Espíritu Santo anhela conocer a Dios. Si dicha persona recibiera una Biblia y sinceramente comenzara a buscar a Dios en sus páginas, ¿qué descubriría?

En los cuatro Evangelios, nuestro investigador encontraría un registro exacto «de la verdad» (Lc. 1:4) acerca de la vida y enseñanzas de Cristo. A medida que continuase el estudio del libro de Hechos y las epístolas, descubriría un registro de la predicación de los apóstoles. En poco tiempo habría obtenido la sabiduría de las Sagradas Escrituras que le «pueden hacer sabio para la salvación por la fe que es en Cristo Jesús» (2 Ti. 3:15).

Supongamos luego que nuestro investigador solitario, habiendo encontrado a Cristo y la salvación por la fe en Él, continúa su estudio de las Escrituras. Su meta entonces sería descubrir todo lo que puede sobre cómo servir y adorar a Dios y cómo ordenar su vida. ¿Qué aprendería?

En el libro de Hechos leería la historia inspirada de los primeros treinta años de la iglesia. En las cartas de Pedro, Pablo, Juan, Santiago y Judas encontraría más plenamente explicadas las doctrinas de la fe cristiana. Aprendería a cómo comportarse (1 Ti. 3:15), cómo ministrar a otros (1 Co. 12—14), cómo habían adorado los primeros cristianos (1 Co. 11:17-34; 14:26-40), y cómo debían gobernarse las iglesias locales (1 Ti. 3:1-13; Tit. 1:5-9). En síntesis, encontraría todo lo que necesita para saber cómo vivir la vida cristiana. Este, escribe Pablo, es el propósito de la Biblia:

> Toda la Escritura es inspirada por Dios, y útil para enseñar, para redargüir, para corregir, para instruir en justicia, a fin de que el hombre de Dios sea perfecto, enteramente preparado para toda buena obra.
>
> —2 Timoteo 3:16, 17

Ahora, supongamos que este nuevo creyente, habiendo aprendido las bases de la fe cristiana sale en búsqueda de otros cristianos. Después de muchos días de viaje llega a una ciudad un domingo, temprano en la mañana, y descubre en el centro una gran iglesia católica romana. Entra y se sienta en uno de los bancos que están disponibles, donde se queda por muchas horas mirando cómo los sacerdotes celebran la misa, oyen confesiones, y dirigen en la oración del rosario ante la estatua de María. Luego, habiendo aprendido todo lo que podía mediante la observación, le pide al sacerdote que le explique las doctrinas básicas del catolicismo romano. ¿Qué conclusión sacaría nuestro nuevo creyente?

Estamos seguros de que nuestro investigador imaginario descubriría que el catolicismo romano es muy extraño. De su propio estudio de las Escrituras no habría aprendido absolutamente nada acerca de la regeneración y justificación bautismal, programas de años de duración como preparación para la justificación, los siete sacramentos, la gracia santificante, la transubstanciación, el castigo temporal, las indulgencias, el purgatorio, la recompensa eterna meritoria, la ordenación sacerdotal, el papado, los obispos gobernantes, el Magisterio, o la Inmaculada Concepción de María, su Asunción al cielo, su obra corredentora y su mediación de todas las gracias. Dándose cuenta de que estas creencias no sólo no se enseñan en las Escrituras sino que realmente contradicen la Palabra de Dios, nuestro investigador seguramente llegaría a la conclusión de que cualquiera que sea lo que haya encontrado, no era lo que estaba buscando, y continuaría su camino.

Desde la perspectiva de la Iglesia Católica Romana, la conclusión anterior a la que llegó dicha persona no tendría sentido. La catequesis del hombre, su instrucción en la fe católica, es terriblemente deficiente [875]. «Nadie puede creer solo —dice la Iglesia— así como nadie puede vivir solo»[166] [166-171, 1253]. No importa cuán bien piense que conoce las

Escrituras, el hombre ha oído sólo parte de la historia [81]. Específicamente, no tiene conocimiento de la revelación divina transmitida como Tradición. Carece del discernimiento y de la información que se necesitan para entender las Escrituras [113]. En consecuencia, no puede apreciar las creencias y prácticas catolicorromanas que no se encuentran llanamente en la Biblia. Asimismo, es totalmente ignorante de la interpretación auténtica de la revelación asignada a ella por el Magisterio de Dios [85]. Dicho hombre no tiene ni el conocimiento ni la autoridad para juzgar a la Iglesia.

Esta historia presenta ante nosotros dos puntos de vista opuestos sobre la forma en que debe entenderse y practicarse la fe que se recibe de Cristo. El catolicismo romano enseña que la fe católica está contenida en las Escrituras y en la Tradición. Las dos juntas, conforme son interpretadas por el papa y los obispos, son la regla suprema de la Iglesia. El cristianismo Bíblico sostiene que la simple enseñanza de las Escrituras, con la iluminación del Espíritu Santo, contiene toda la doctrina que es esencial para la salvación y la vida cristiana. Reconoce que únicamente las Escrituras son la regla de fe suprema. A pesar de que valora la información que el estudio de los idiomas, la arqueología e historia bíblicas y los escritos de los primeros escritores cristianos pueden aportar al estudio de las Escrituras, el cristianismo bíblico rechaza el colocar la Tradición al lado de las Escrituras como regla de fe. La razón de ese rechazo es que las Escrituras son la inspirada Palabra de Dios, mientras que la Tradición son las palabras falibles de los hombres.

LAS ESCRITURAS SON INSPIRADAS; LA TRADICIÓN NO

La diferencia entre las Escrituras y la Tradición se hace evidente cuando uno entiende lo que la Iglesia Católica Romana realmente quiere decir por Tradición. Este es un concepto difícil de comprender, pero esencial para poder entender el catolicismo romano. Primero, considérense dos cosas que la tradición catolicorromana *no es.*

Cuando la Iglesia Católica habla de Tradición no se está refiriendo a la cultura que se ha heredado ni a las prácticas que se originaron de fuentes meramente humanas o de la disciplina y política de la Iglesia [83]. La Sagrada Tradición no se refiere a asuntos como el celibato sacerdotal (obligatorio desde el siglo XI), la dirección en la que debe mirar el sacerdote cuando está diciendo misa (que se cambió desde Vaticano II), o si las jovencitas pueden ser monaguillos como los jovencitos (que se aprobó en 1994). Estas cosas pueden llamarse correctamente *tradiciones* en el hecho de que involucran prácticas que han sido *transmitidas* desde generaciones anteriores, pero no son Tradición sagrada porque la Iglesia considera que no han tenido origen en la revelación divina. Para distinguir entre las tradiciones humanas y la sagrada Tradición, la literatura católica generalmente escribe la última con «T» mayúscula.

La Tradición catolicorromana tampoco son las conclusiones a las que han llegado los eruditos que han estudiado los documentos, la historia y la arqueología de los primeros siglos en búsqueda de la fe cristiana primitiva. La Tradición no son los escritos de los primeros líderes cristianos, las liturgias antiguas, ni aun los decretos de sínodos y concilios ecuménicos. Estos pueden ser *expresiones* parciales o *testigos* de la Tradición, pero no Tradición sagrada propiamente dicha.

Por lo tanto, ¿exactamente *qué es* Tradición? «Tradición es la palabra que vive continuamente en los corazones de los fieles»,[22] «la memoria viva de la Palabra de Dios»[113] [78, 113, 2650, 2661]. La tradición catolicorromana no es algo que uno puede leer o sobre la cual podemos imponer las manos.

> [La Tradición] ... no es una cosa inanimada que se pasa de una mano a otra; no es, correctamente hablando, un conjunto de doctrinas e instituciones consignadas a libros u otros monumentos.... debe ser representada como una corriente de vida y verdad que viene de Dios a través de Cristo y a través de los apóstoles hasta el último fiel que repite su credo y aprende el catecismo.
>
> —*The Catholic Encyclopedia*[23]

La Tradición, conforme la explican los eruditos católicos, no está contenida en libros sino en la gente, en la vida de la Iglesia. Es la *experiencia de la vida* de los fieles católicos. Es revelación escrita que «está más en el corazón de la Iglesia que en la materialidad de los libros escritos».[113]

El catolicismo romano describe la Tradición como una «transmisión viva»[78] mediante la cual «la Iglesia, en su doctrina, en su vida y en su culto perpetúa y transmite a todas las generaciones todo lo que ella es, todo lo que cree»[24] [78, 98]. Es la *fe viva* producida por «realidades y palabras que se están transmitiendo».[25] Los eruditos católicos explican que esto se logra de varias maneras:

> La manera en que se transmite la fe puede adoptar casi cualquier forma en la Iglesia: la señal de la cruz que una madre traza en la frente de su hijo; la enseñanza de las oraciones básicas del cristianismo, especialmente el «Padre Nuestro», en el hogar y en la instrucción religiosa; la vida, la oración y el canto en la congregación local en los que crece una persona joven; el ejemplo cristiano en la vida diaria y la acción cristiana hasta el punto del martirio; el testimonio dado por la música cristiana (especialmente himnos y corales), por la arquitectura y las artes plásticas (especialmente las representaciones de la cruz, lo

cual se considera un símbolo cristiano privilegiado); y, no la menos importante, por la liturgia de la Iglesia.

—*The Church's Confession of Faith*[26]

Uno podría razonablemente preguntar: ¿Cómo podría cualquier información transmitida durante siglos mediante métodos tan informales mantener su integridad? La Iglesia responde [78, 81]:

Mas, para que el Evangelio se conservara constantemente íntegro y vivo en la Iglesia, los apóstoles establecieron como sucesores suyos a los obispos, entregándoles su propio cargo del Magisterio.

—Concilio Vaticano II[27]

El catolicismo romano enseña que mediante los obispos, la Tradición «debía conservarse hasta el fin de los tiempos por una sucesión continua»[28] [77]. En vez de corromperse con el tiempo, la Iglesia enseña que la Tradición en realidad se vuelve más clara mediante la enseñanza del Magisterio [66, 79, 94]:

Esta Tradición, que deriva de los apóstoles, progresa en la Iglesia con la asistencia del Espíritu Santo: puesto que va creciendo en la comprensión de las cosas y de las palabras transmitidas.

—Concilio Vaticano II[29]

El verdadero significado de la tradición catolicorromana y del proceso por el cual progresa en la Iglesia puede explicarse mejor mediante un ejemplo. Considérese una vez más la definición dogmática de la Asunción de María en 1950.

LA TRADICIÓN COMO FUENTE DE DOGMA: LA ASUNCIÓN DE MARÍA

Como hemos visto, en 1946 el Papa Pío XII envió una carta a los obispos de todo el mundo con respecto a la Asunción de María:

... Deseamos saber si ustedes, Venerables Hermanos, con vuestra erudición y prudencia consideran que la Asunción corporal de la Bendita Virgen puede proponerse y definirse como dogma de fe, y si en adición a vuestros deseos este es también el deseo de vuestros clérigos y el pueblo.

—*Deiparae Virginis Mariae*[30]

Esta no era una invitación casual para que los obispos expresaran su opinión, sino el comienzo de un proceso colegial formal mediante el cual se desarrolla una doctrina catolicorromana [877, 888-892]. El papa quería saber si los obispos consideraban que era apropiado clasificar la creencia en la Asunción de María como un dogma de la fe catolicorromana, una doctrina definida infaliblemente que los católicos deben creer [88-90]. El negar una creencia de la Iglesia que ha sido formalmente definida es equivalente a apostatar de la fe [2089].

Para responder al papa, los obispos necesitaban determinar la fuente de la creencia en la Asunción de María. ¿Era ella meramente una leyenda creída por unos cuantos católicos piadosos? ¿O formaba parte del depósito de fe, la revelación transmitida desde los apóstoles? Sólo si se demostraba que era la última podía la Iglesia definirla como dogma [88, 891]. Por lo tanto, los obispos investigaron los dos canales a través de los cuales la Iglesia Católica enseña que la fe apostólica ha sido transmitida: Escritura y Tradición.

Primero acudieron a las Escrituras. Allí no encontraron una clara enseñanza sobre la muerte, sepultura y resurrección de María ni de la Asunción.[31]

Los obispos luego acudieron a la Tradición. ¿Era la Asunción de María parte del depósito de fe transmitido en forma no escrita?

Esta era una pregunta más difícil de contestar. La Tradición reside en la vida de la Iglesia. Transmite revelación como «cosas y palabras»[32], palabras *no escritas*. Los obispos no podían simplemente escoger un índice de creencias y prácticas contenidas en la Tradición y ver si la Asunción estaba allí. Más bien, los obispos tendrían que examinar la fe católica según la habían vivido y la estaban viviendo los papas, los obispos y los fieles. Se considera que estos tres grupos son los *órganos* o *instrumentos* mediante los cuales la Tradición se *expresa* o *describe*. La investigación para hallar evidencia en apoyo de la creencia en la Asunción se centraría en siete áreas:

- Los decretos dogmáticos del Magisterio
- Los credos de la Iglesia
- La enseñanza de los padres de la Iglesia
- La enseñanza de los Doctores de la Iglesia
- La enseñanza unánime de los obispos
- La práctica universal de la Iglesia
- El entendimiento común de los fieles

¿Qué descubrieron el papa y los obispos? El papa Pío XII analizó las conclusiones de los obispos en *Munificentissimus Deus*, el documento que finalmente definía la asunción de María como dogma de la Iglesia. Los resultados pueden resumirse como sigue:

¿Era la asunción parte de la enseñanza dogmática del Magisterio?

La respuesta, por supuesto, era no. Precisamente la cuestión que el Magisterio estaba tratando de resolver en 1946 era si la Asunción de María debía formar parte de la enseñanza dogmática de la Iglesia Católica o no.

El catolicismo romano enseña que los decretos solemnes de los obispos reunidos en un concilio ecuménico son infalibles y obligatorios a los católicos en todas partes [88, 891]. Pero ninguno de los veinte primeros concilios ecuménicos reconocidos por la Iglesia Católica Romana había declarado alguna vez que María había ascendido al cielo. Asimismo, ninguno de los papas había enseñado dogmáticamente dicha doctrina. Estos son ejemplos de lo que la Iglesia llama el *Magisterio extraordinario*. En esa ocasión, por lo tanto, la certeza de la Asunción quedaba pendiente.

¿Se había expresado en alguno de los credos de la Iglesia la creencia en la Asunción?

Los credos son resúmenes de las creencias fundamentales de la fe [185-192]. La Iglesia Católica otorga reconocimiento especial a dos credos: El credo de los apóstoles y el credo de Nicea [193-195]. Ninguno decía nada con respecto a la Asunción de María. Lo mismo puede decirse de todos los otros credos aceptados de la iglesia primitiva.

¿Era la Asunción parte de la enseñanza de los Padres de la Iglesia?

El catolicismo reconoce a ochenta y ocho hombres como Padres de la Iglesia. La mayoría eran obispos. Diez eran papas. Otros eran abates, sacerdotes, monjes y apologistas. Todos vivieron en cierta época durante los ocho primeros siglos y casi todos habían sido canonizados por la Iglesia Católica como santos. Entre ellos estaban Clemente de Roma, Policarpo, Ignacio, Ireneo, Tertuliano, Orígenes, Eusebio de Cesarea, Benedicto, el papa León el Grande, y el papa Inocente I.

La Iglesia Católica estima de mucho valor los escritos de los Padres de la Iglesia, pero no los considera infalibles. Al contrario, no sólo reconoce que los Padres a veces no concuerdan unos con otros, sino también que ocasionalmente enseñan error. El papa León XIII escribió que los Padres de la Iglesia «a veces han expresado las ideas de sus propios tiempos y, por lo tanto, han hecho declaraciones que en estos días se han abandonado por incorrectas».[33]

¿De qué valor, entonces, son los escritos de los Padres de la Iglesia? William A. Jurgens, erudito católico, explica [688]:

> El valor de los Padres y escritores es este: que en el agregado demuestran lo que la Iglesia hizo y todavía cree y enseña. En el agregado proveen un testigo para el contenido de la Tradición, esa Tradición que en sí misma es el vehículo de la revelación.
>
> —*The Faith of the Early Fathers*[34]

O, en palabras del último concilio [78]:

> Las palabras de los Santos Padres atestiguan la presencia viva de esta Tradición, cuyas riquezas van pasando a la práctica y a la vida de la Iglesia que cree y ora.
>
> —Concilio Vaticano II[35]

¿Qué tenían que decir los Padres de la Iglesia con respecto a la Asunción de María? El hecho extraordinario es que los obispos hallaron apoyo para la creencia en los escritos de sólo dos de los Padres.[36] Ambos eran del siglo VII: Germano de Constantinopla (634-733) y Juan Damasceno (675-749).

Sin embargo, el hecho de que los obispos no pudieron hallar evidencia en apoyo de la creencia en la Asunción de María en los escritos de los otros ochenta y seis Padres de la Iglesia no los disuadió ni a ellos ni al papa. A pesar de que la Iglesia respeta los escritos de los Padres, mantiene sin embargo «suprema independencia hacia esos escritos; los juzga más de lo que ellos la juzgan a ella».[37] Por esta misma razón, el hecho de que dos Padres de la Iglesia creían en la Asunción de María no probaba que la creencia era doctrina auténtica. Jurgen comenta:

> ... debemos recalcar que un texto patrístico aislado en ningún caso debe considerarse como una «prueba» de una doctrina determinada. Los dogmas no se «prueban» por declaraciones patrísticas sino por los instrumentos de enseñanza infalible de la Iglesia.
>
> —*The Faith of the Early Fathers*[38]

¿Era la Asunción parte de la enseñanza de los Doctores de la Iglesia?

La Iglesia Católica Romana ha honrado con el título de Doctor de la Iglesia a unos cuantos maestros a quienes considera como guías excepcionalmente fidedignos de la fe católica. Algunos son de las filas de los Padres de la Iglesia. Todos son santos canonizados.

Los ocho primeros hombres que recibieron el título de Doctor de la Iglesia fueron: Atanasio (297-373), Basilio el Grande (329-379), Gregorio de Nazianzo (330-390), Ambrosio (340-397), Jerónimo (343-420), Juan Crisóstomo (347-407), Agustín de Hippo (354-430), y el papa Gregorio el Grande (540-604). Estos ocho son los *Doctores mayores de la Iglesia*. En el siglo XVI, Tomás de Aquino (1225-1274), el «Doctor angelical», y Bonaventura (1217-1274), el «Doctor seráfico», fueron reconocidos como *doctores menores de la Iglesia*. En la actualidad hay un total de treinta y dos doctores de la Iglesia Católica Romana incluyendo dos mujeres, ambas místicas: Caterina de Siena (1347-1380) y Teresa de Ávila (1515-1582).

Al igual que con los Padres de la Iglesia, el catolicismo romano no considera que la enseñanza de los Doctores de la Iglesia es infalible ni obligatoria para los fieles.

¿Qué tenían que decir los Doctores de la Iglesia acerca de la Asunción de María? El papa y los obispos no hallaron apoyo en favor de dicha doctrina entre ninguno de los Doctores mayores de la Iglesia. Asimismo, ninguno de los Doctores menores de la Iglesia de los primeros once siglos enseñó esa doctrina, con una excepción: Juan Damasceno (675-749), quien, siendo también uno de los Padres de la Iglesia, ya se había mencionado.

Entre los Doctores de siglos posteriores, el papa Pío XII hizo una lista de apoyo a favor de la creencia en la Asunción a partir de Antonio de Padua (1195-1231), Alberto el Grande (1200-1280), Bonaventura (1217-1274), Tomás de Aquino (1225-1274), Robert Bellarmine (1542-1621), Francisco de Sales (1567-1622) y Alfonso de Liguori (1696-1787).[39]

¿Era la Asunción parte de la enseñanza unánime de los obispos?

A la enseñanza oficial de los obispos por medios normales y cotidianos como catecismos, homilías y cartas se le llama el Magisterio ordinario [2032-2034, 2049]. La Iglesia Católica considera que la fe común de los obispos expresada por estos medios de instrucción corrientes es una guía infalible para la fe católica [890, 892].

El motivo principal de la carta del papa Pío XII era el de reunir la opinión de los obispos como la voz del Magisterio ordinario. Les formuló dos preguntas: «¿...juzgan ustedes que la Asunción corporal de la bendita Virgen puede proponerse y definirse como un dogma de fe? ¿Lo desean ustedes, junto con sus clérigos y el pueblo?»[40]

La respuesta de los obispos fue clara: Dieron «una respuesta afirmativa casi unánime a estas dos preguntas....»[41]

¿Se expresaba en la práctica universal de la Iglesia Católica la creencia en la Asunción?

Puesto que lo que la Iglesia hace refleja lo que la Iglesia cree, la práctica universal de la Iglesia también se considera un testigo de confianza de la fe católica romana. En la encíclica *Munificentissimus Deus*, el papa Pío XII analizó cómo la Iglesia había dedicado «innumerables templos ... a la Virgen María que ascendió al cielo», había instalado en sus iglesias «imágenes sagradas» de la Asunción, y había dedicado regiones «al patronato y cuidado especiales de la Virgen Madre de Dios que ascendió al cielo».[42] Además, el cuarto misterio glorioso del rosario conmemoraba la Asunción de María,[43] y el calendario de la Iglesia Católica honraba la fiesta de la Asunción de María el 15 de agosto.[44]

Además, la liturgia de la Iglesia Católica hacía varias referencias a la Asunción de María al cielo.[45] La liturgia, el culto público de la Iglesia, se considera una expresión especialmente fidedigna de la fe católica, puesto que requiere la aprobación del Magisterio [1069-1070, 1124-1125]. El papa Pío XII escribió que la liturgia «tiene como su contenido la fe católica, por cuanto es testigo público de la fe de la Iglesia».[46]

En conjunto, estas prácticas demostraban una creencia en la Asunción de la Virgen entre los católicos romanos que se remontaba a varios siglos en el pasado.

¿Era la Asunción parte de la comprensión común de los fieles?

En 1946, la devoción a María entre los católicos llegó al nivel más alto de todos los tiempos. La imaginación del pueblo se vio cautivada por los relatos de sus apariciones y milagros relacionados con las mismas. Las recientes enseñanzas de la Iglesia Católica habían recalcado la misión de María en la redención. Además, la definición de la Inmaculada Concepción de María en 1854 había alentado a los católicos devotos a María para que elevaran peticiones al Vaticano a fin de que declarara que la Asunción también formaba parte de la fe.

Desde la perspectiva de la Iglesia, estos adelantos eran un progreso saludable en la fiel comprensión de la Tradición [94]. El pueblo no estaba inventando una nueva doctrina acerca de María. Al contrario, se estaba familiarizando con una antigua creencia, una que había estado viviendo dentro de la Iglesia Católica durante siglos. Ahora, mediante un nuevo discernimiento, la creencia venía a la luz y se expresaba [66, 93, 99]. Esta, dice la Iglesia, es una de las maneras en que la Tradición progresa en la Iglesia [94].

> Esta tradición … va creciendo … ya por la contemplación y el estudio de los creyentes, que las meditan en su corazón (cp. Lc. 2:19, 51), ya por la percepción íntima que experimentan de las cosas espirituales.
>
> —Concilio Vaticano II[47]

El hecho de que tantos católicos ya habían aceptado la Asunción de María como parte de su fe era extraordinario. El catolicismo romano enseña que los fieles tienen el «sentido sobrenatural de la fe».[48] A esto le llaman *sensus fidelium*, el *sentir de los fieles* [67, 91-93, 785, 904]. Esto es una «sensibilidad y discriminación instintivas que los miembros de la Iglesia poseen en asuntos de fe».[49] [889].

No está claro cómo los fieles pueden reconocer infaliblemente la verdad. La mayoría de los católicos laicos no tiene más que un conocimiento superficial de las Escrituras o de la teología catolicorromana.

Sin embargo, el papa Pío XII, de acuerdo con la creencia catolicorromana consideró que la piedad del pueblo era un testigo fidedigno de la auténtica fe católica. Por esa razón, en su carta de 1946 el papa también pidió que los obispos le informaran en cuanto a «la devoción de vuestro clero y pueblo (teniendo en cuenta su fe y piedad) hacia la Asunción de la Santísima Virgen María».[50] La meta del papa aquí era determinar el sentimiento común del pueblo.

Alentado por su solicitud en cuanto al aporte de ellos, el clérigo y el laicado respondieron con entusiasmo. Para 1950, el Vaticano había recibido, incluyendo las peticiones anteriores, respuestas de 32.000 sacerdotes y hermanos, de 50.000 monjas, y de 8.000.000 de laicos.[51] El papa Pío XII consideró que la respuesta había sido «verdaderamente extraordinaria».[52]

Después de considerar toda la evidencia en favor de la creencia en la Asunción de María y de la investigación de los teólogos de la Iglesia, el papa Pío XII declaró:

> Estos estudios e investigaciones han traído a una luz aun más clara el hecho de que el dogma de la Asunción de la Virgen María al cielo está contenido en el depósito de la fe cristiana confiada a la Iglesia.
>
> —*Munificentissimus Deus*[53]

Al tomar esta decisión, el papa era consciente de que las Escrituras enseñaban claramente que como consecuencia del pecado, Dios había declarado a Adán y a sus descendientes: «Polvo eres, y al polvo volverás» (Gn. 3:19). Sin embargo, el papa determinó que «Dios ha querido que la Bendita Virgen María fuese exenta de esta regla general».[54] Por lo tanto, el 1° de noviembre de 1950, como maestro supremo de la Iglesia, declaró que la Asunción de María era «un dogma revelado divinamente».[55]

LAS ESCRITURAS, LA TRADICIÓN Y EL MAGISTERIO

El proceso por el cual la Asunción de María se hizo dogma demuestra tres puntos importantes. El primero es que las definiciones católicas que consideran que la Tradición es idéntica a las enseñanzas orales de los apóstoles son engañosas [81, 83, 96]. Por ejemplo, el Concilio Vaticano II describió la Tradición como revelación que los apóstoles habían transmitido «oralmente: ... con su predicación, sus ejemplos, sus instituciones...»[56] [76]. En apoyo de esta definición, el concilio se refirió a la instrucción de Pablo a los tesalonicenses:[57]

> Así que, hermanos, estad firmes, y retened la doctrina que habéis aprendido, sea por palabra, o por carta nuestra.
>
> —2 Tesalonicenses 2:15

Al citar este versículo, la Iglesia Católica quisiera hacernos creer que la tradición catolicorromana es equivalente a las enseñanzas orales de Pablo. No obstante, esto es engañoso, porque, como hemos visto, la tradición catolicorromana es un concepto muchísimo más complejo. No es la enseñanza oral directa de los apóstoles como se menciona en 2 Tesalonicenses 2:15. Más bien, la tradición catolicorromana es «una corriente de vida y verdad».[58] Puede ser algo tan etéreo como una idea que, después de haber estado dormida durante siglos, como en el caso de la Asunción de María, puede surgir a la vida en tiempos modernos mediante la contemplación piadosa. No puede lograrse ninguna comparación razonable entre la Tradición catolicorromana y el apóstol Pablo personal y directamente instruyendo a los tesalonicenses en la fe cristiana.

Segundo, las Escrituras y la Tradición catolicorromana no son iguales. La Iglesia Católica Romana enseña que «tanto las Escrituras como la Tradición deben aceptarse y honrarse con iguales sentimientos de devoción y reverencia»[59] [82]. Pero las Escrituras son un registro *escrito* de la revelación. Son tangibles, inalterables y accesibles a todos. Además son un registro *inspirado*, «inspirad[o] por Dios» (2 Ti. 3:16), «santos hombres de Dios hablaron siendo inspirados por el Espíritu Santo» (2 P. 1:21). Por lo tanto, las Escrituras son justamente llamadas la Palabra de Dios.

La Tradición catolicorromana, por otra parte, es un cuerpo amorfo de creencias y prácticas que la Iglesia asevera que han sido transmitidas a lo largo de unas sesenta generaciones en «fórmulas humanas»:[60] un obispo enseñando, un sacerdote predicando una homilía dominical, un teólogo escribiendo, una madre recitando oraciones con sus hijos, un himno, una ventana con vidrios de colores, o las «realidades espirituales» no habladas[61] compartidas por los fieles. Aunque un niño podría ver la diferencia entre esto y las Escrituras, la Iglesia Católica no la puede ver ni la quiere ver.

Tercero, el Magisterio, al aseverar que habla por Dios mismo, es una ley en sí mismo. No le rinde cuentas a nadie en la tierra. Lo que dice es la única regla de fe que casi todos los católicos conocen, porque el Magisterio se ha colocado a sí mismo entre la Palabra de Dios y el pueblo católico:

> Los *católicos* admiten una regla de fe doble, una regla remota y una regla cercana. La regla *remota* es la Palabra de Dios, escrita o transmitida por tradición. La regla *cercana* es el Magisterio vivo e infalible de la Iglesia, Magisterio que establece la palabra de Dios en una manera autorizada y fidedigna.
>
> —*A Manual of Dogmatic Theology*[62]

En otras palabras, puesto que se espera que los católicos se sometan a la enseñanza oficial de la Iglesia, el Magisterio mismo es la regla de fe [119, 169-171, 182]. Esta es la regla *cercana*, porque está más disponible y más cerca del pueblo que la regla *remota*, la Palabra de Dios.

El Magisterio tampoco rinde cuentas ni al hombre ni a la simple enseñanza de las Escrituras. En su encíclica que preparaba el camino para definir la Asunción de María como dogma, el papa Pío XII escribió que el Magisterio puede «elucidar y explicar lo que está contenido en el

Figura 12.2
El fundamento completo del evangelio según Roma

Según el Concilio Vaticano II, «la sagrada Tradición, la sagrada Escritura y el Magisterio de la Iglesia están tan entrelazados y asociados entre sí que uno no puede sostenerse sin los otros. Juntos, funcionando cada uno a su propia manera bajo la acción del Espíritu Santo, contribuyen eficazmente a la salvación de las almas».[63] [95]

depósito de la fe sólo de manera oscura e implícita»[64] [66, 88, 2035, 2051]. El erudito católico sacerdote John Hardon comenta:

> El grado de oscuridad, podríamos agregar, no es importante. Dada esta facultad por su fundador, cuyo Espíritu de verdad mora con ella en todo momento, la Iglesia puede discernir infaliblemente qué pertenece a la revelación independientemente de cuán enigmático puedan ser los contenidos.
>
> En consecuencia, cuando Pío XII definió la Asunción, hizo más que proponer la doctrina para que fuese aceptada por los fieles o darles un nuevo motivo de devoción a la Bendita Madre. Indicó el derecho de la Iglesia a autorizar un desarrollo legítimo en doctrina y piedad que escandaliza a los protestantes y hasta puede sorprender a los católicos creyentes.
>
> —*The Catholic Catechism*[65]

Aquí vemos la verdadera relación entre la enseñanza del Magisterio y la revelación. A pesar de que tanto las Escrituras como la evidencia documental desde antes del siglo VII no dicen nada en cuanto a la Asunción de María, sin embargo, como un acto del Magisterio Extraordinario de la Iglesia, el papa Pío XII declaró que era un dogma revelado divinamente. Al hacerlo, afirmaba la independencia de la Iglesia tanto de las Escrituras como de la fe católica de la iglesia primitiva.

UN VEREDICTO BÍBLICO

Pueden trazarse paralelos extraordinarios entre la estructura de la autoridad del catolicismo romano actual y la del judaísmo del primer siglo. Jerusalén, la ciudad central de la autoridad judía, similar al papa y los obispos de Roma, era la base de un «concilio de ancianos del pueblo» (Lc. 22:66), «los ancianos de los hijos de Israel» (Hch. 5:21) conocido como *sanedrín*. El sumo sacerdote judío presidía sobre este concilio y servía como cabeza (Mt. 26:3, 57, 62-65; Hch. 5:21, 27; 7:1; 9:1; 22:5; 23:2-5). Con ciertas restricciones, el gobierno romano permitía que el sanedrín funcionara como cuerpo supremo político, religioso y judicial de los judíos en Judea (Mt. 5:22; Jn. 3:1; 7:26; 7:48; Hch. 3:17; 4:5, 8).

Por lo menos dos escuelas de pensamiento estaban representadas entre los miembros del sanedrín (Hch. 23:6-8). Las familias sumosacerdotales aristocráticas y sus asociados eran de la secta de los saduceos (Hch. 5:17). Otros eran del partido de los fariseos. Los fariseos era conocidos por su interpretación estricta y detallada de la ley (Mt. 5:20; 23:23), y estaban acostumbrados a recibir «las primeras sillas en las sinagogas, y las salutaciones en las plazas» (Lc. 11:43). Algunos de ellos eran escribas que copiaban, interpretaban y enseñaban la ley (Mt. 5:20; 12:38; 15:1; 22:35; 23:2; Mr. 2:16; Lc. 5:17, 21). En muchas cosas que eran parecidas al Magisterio romano, los escribas y los fariseos consideraban que ellos eran los maestros autorizados de la ley y procuraban dictar a la gente común la observancia apropiada de cada aspecto de la fe judía (Mt. 9:11; 12:2; 23:2-36).

Al igual que el catolicismo romano actual, los escribas y fariseos se aferraban a la autoridad conjunta de las Escrituras y la Tradición (Mt. 15:2; Mr. 7:3, 5, 9, 13). Enseñaban que Moisés había transmitido la ley recibida en el monte Sinaí de dos maneras. La primera era mediante su enseñanza oral. A esta le llamaban la *Torá no escrita* o *Tradición oral.*[64] La segunda era la *Torá escrita* o *Escritura*. Enseñaban que la ley escrita y la ley no escrita juntas componían la Torá completa, la Palabra de Dios.

Los escribas y fariseos no habían recibido su autoridad de Dios. Por el contrario, Jesús dijo: «En la cátedra de Moisés se sientas los escribas y los fariseos» (Mt. 23:2). En ninguna parte instruyen las Escrituras hebreas a los judíos a establecer el sanedrín, someterse a la enseñanza de los escribas y fariseos, o reconocer la autoridad de la tradición oral junto con las Escrituras. Sin embargo, así eran las cosas en el primer siglo, y casi todos los judíos se sometían sin preguntar.

Jesús era la excepción. Rehusó someter su ministerio al sanedrín, a los escribas y a los fariseos, o a la tradición. A medida que aumentó su popularidad entre la gente, se hizo inevitable un enfrentamiento.

Esto ocurrió durante el último año del ministerio del Señor en Galilea y se registra en Mateo 15:1-9 y en Marcos 7:1-13. Un grupo de escribas y fariseos vino de Jerusalén para enfrentar a Jesús, aparentemente en nombre del sanedrín. Con el fin de entrar en controversia con Cristo, lo desafiaron con una pregunta: «¿Por qué tus discípulos no andan conforme a la tradición de los ancianos, sino que comen pan con las manos inmundas?» (Mr. 7:5).

Las manos inmundas no era la cuestión sino la observancia de un estricto procedimiento que la ley oral, o tradición, dictaba. La tradición de los ancianos, que hoy está preservada en la *Misná*, especificaba cada detalle en cuanto a cómo las manos de uno debían lavarse antes de comer. Los fariseos habían visto a algunos de los discípulos de Cristo «comer pan con manos inmundas, esto es, no lavadas» (Mr. 7:2). En esta ocasión, los maestros autorizados de la nación judía exigían una explicación.

Jesús no se dejó intimidar. En vez de someterse a la autoridad de ellos, como esperaban, los reprendió por su hipocresía:

> Respondiendo él, les dijo: Hipócritas,
> bien profetizó de vosotros Isaías, como está escrito:
> Este pueblo de labios me honra,
> Mas su corazón está lejos de mí.
> Pues en vano me honran,
> Enseñando como doctrinas mandamientos de hombres.
> —Marcos 7:6, 7

Los escribas y los fariseos daban apariencia de ser devotos en su celo por la observancia apropiada de la tradición, pero el Señor sabía que eso era un engaño piadoso. Sus corazones estaban lejos de Dios. La adoración de ellos era vana, indigna en la presencia de Dios.

El Señor acusó a los fariseos de que estaban «enseñando como doctrinas mandamientos de hombres» (Mr. 7:7). Las Escrituras no dicen absolutamente nada acerca de lavarse las manos antes de comer. Sin embargo, los fariseos ponían en vigor la ceremonia del lavado de manos como si Dios mismo lo hubiera ordenado. De esta manera habían elevado las enseñanzas de hombres al mismo nivel de autoridad que las Escrituras inspiradas por Dios.

El Señor, con ardor intencional, continuó su reprensión refiriéndose a la *Torá* o ley oral como «la tradición de los hombres» (Mr. 7:8). Jesús los acusó de poner palabras de hombres antes que la Palabra de Dios: «Porque dejando el mandamiento de Dios, os aferráis a la tradición de los hombres ... Bien invalidáis el mandamiento de Dios para guardar vuestra tradición» (Mr. 7:8, 9). En otras palabras, cuando los fariseos desobedecían las Escrituras lo hacían con gran estilo. Lo hacían «bien» (Mr. 7:9). Jesús les dio crédito por la forma astuta en que podían dejar de lado los mandamientos de Dios de forma que el camino estuviera libre para obedecer estrictamente a sus propias tradiciones. Jesús les dijo que con sus propias tradiciones estaban «invalidando la palabra de Dios» (Mr. 7:13), estampando las Escrituras como nulas y sin efecto.

¡Sola Scriptura!

«¡La Escritura solamente!» fue el grito de batalla de la Reforma. Nadie defendió la causa mejor que Martín Lutero. Lutero era un sacerdote agustiniano y profesor de teología católica en la universidad de Wittenberg. Lutero se opuso a que los representantes papales vendieran indulgencias para ayudar a financiar la construcción de la Basílica de San Pedro. En 1517 hizo una lista de 95 razones por las que eso estaba mal y las clavó en la puerta de la iglesia en Wittenberg. Cuando le ordenaron que se retractara, Lutero respondió: «Mi conciencia está cautiva a la Palabra de Dios.» Rechazó la tradición y la autoridad magisterial del papa y los obispos como guías infalibles de la fe cristiana. Proclamó las Escrituras solamente como la regla o norma de la fe cristiana. (Véase el Apéndice B para una respuesta a algunos de los desafíos modernos contra la *Sola Scriptura*.)

De esta manera, Jesús rechazó la estructura de la autoridad humana de los judíos del primer siglo. Rehusó someterse a la tradición, la autoridad magisterial de los escribas y fariseos y la autoridad gobernante del sanedrín que ellos representaban.

Lo que Jesús rechazó, la Iglesia Católica Romana ahora lo ha restaurado. Ha elevado la tradición al mismo nivel de autoridad que las Escrituras inspiradas por Dios. El papa y los obispos han reclamado la jurisdicción universal y única autoridad de enseñanza. Continuamente, la jerarquía catolicorromana, así como los fariseos, honra a Dios con sus labios, afirmando [86]:

> Este Magisterio, evidentemente, no está sobre la palabra de Dios, sino que la sirve, enseñando solamente lo que le ha sido confiado.
>
> —Concilio Vaticano II[65]

AUTORIDAD ESPIRITUAL: ERROR VERSUS VERDAD

La Iglesia Católica enseña que	Pero la Biblia enseña que
1. Pedro era la cabeza de los apóstoles [552, 765, 880].	Cristo era la cabeza de los apóstoles (Jn. 13:13).
2. Los obispos son los sucesores de los apóstoles [861-862, 938].	Los apóstoles no tuvieron sucesores, porque para sucederlos uno debía ser testigo de la resurrección de Cristo (Hch. 1:21, 22).
3. El papa, como el obispo de Roma, es el sucesor de Pedro [882, 936].	Pedro no tuvo sucesor.
4. Los obispos, con el papa como cabeza, rigen la Iglesia universal [883, 894-896].	Cristo, la cabeza del cuerpo, rige la Iglesia universal (Col. 1:18).
5. Dios ha confiado la revelación a los obispos catolicorromanos [81, 86].	Dios ha confiado la revelación a los santos (Jud. v. 3).
6. El Magisterio es el maestro autorizado de la Iglesia [85,-87].	El Espíritu Santo es el maestro autorizado de la iglesia (Jn. 14:26; 16:13; 1 Jn. 2:27).
7. El Magisterio es el intérprete infalible de la Escritura [890-891, 2034-2035].	Las Escrituras son el único intérprete de las Escrituras (Hch. 17:11).
8. El Papa es infalible en su enseñanza autorizada [891].	Sólo Dios es infalible (Nm. 23:19).
9. Solamente el Magisterio tiene la capacidad y el derecho de interpretar las Escrituras [85, 100, 939].	Todo cristiano, ayudado por el Espíritu Santo, tiene la capacidad y el derecho de interpretar las Escrituras (Hch. 17:11; 1 Co. 2:12-16).
10. Las Escrituras deben interpretarse en el sentido en que ha sido definido por el Magisterio [113, 119].	Las Escrituras deben interpretarse en el sentido que el Espíritu Santo le designó originalmente (2 P. 3:14-16).

11. El Magisterio tiene el derecho de definir la verdad que se encuentra sólo oscura o implícitamente en la revelación [66, 88, 2035, 2051].	Nadie tiene el derecho de ir más allá de lo que está escrito en las Escrituras (1 Co. 4:6; Pr. 30:6).
12. Las Escrituras y la Tradición juntas son la Palabra de Dios [81, 85, 97, 182].	Las Escrituras son la Palabra de Dios (Jn. 10:35; 2 Ti. 3:16, 17; 2 P. 1:20, 21). La Tradición son palabras de hombres (Mr. 7:1-13).
13. Las Escrituras y la Tradición juntas son la regla de fe suprema de la Iglesia [80, 82].	Las Escrituras son la única regla de fe de la Iglesia (Mr. 7:7-13; 2 Ti. 3:16, 17).

NOTAS

1. Papa Pío XII, *Deiparae Virginis Mariae*, nº 4.
2. Francis X. Murphy, *The Papacy Today* (Nueva York: Macmillan, 1981), p. 69.
3. Papa Pío XII, *Humani Generis*, nº 21.
4. *Ibid.*
5. Papa Pío XII, *Munificentissimus Deus*, nº 44.
6. *Ibid.*, nº 48.
7. Concilio Vaticano II, «Constitución dogmática sobre revelación divina», nº 4.
8. *Ibid.*
9. *Ibid.*
10. *Ibid.*, nº 7.
11. *Ibid.*
12. *Ibid.*
13. *Ibid.*, nº 1.
14. La redacción de la «Constitución dogmática sobre revelación divina» provocó algunos de los debates más acalorados del Concilio Vaticano II. El papa Juan XXIII finalmente tuvo que mediar en la disputa. Para un relato de este suceso refiérase a dos tomos por Xavier Rynne, *Letters from Vatican City* (Nueva York: Farrar, Straus and Co., 1963), pp. 1409-173; y *The Third Session* (Nueva York: Farrar, Straus and Giroux, 1965), pp. 35-48.
15. Concilio Vaticano II, «Constitución dogmática sobre revelación divina», nº 10.
16. *Ibid.*, nº 9.
17. *Ibid.*
18. *Ibid.*, nº 10.
19. *Ibid.*, nº 9.
20. *Ibid.*, nº 21. El Concilio de Trento también declaró: «la verdad y la norma están contenidas en libros escritos y tradiciones no escritas...» (Concilio

de Trento, sesión 4, «Primer decreto: Aceptación de los Libros Sagrados y tradiciones apostólicas»).

21. Concilio Vaticano II, «Constitución dogmática sobre revelación divina», nº 24.
22. Conferencia de obispos alemanes, *The Church's Confession of Faith* (San Francisco: Ignatius Press, 1987), p. 45, citando a J. A. Möhler. Véase también del Concilio Vaticano II, la «Constitución dogmática sobre revelación divina», nº 8; y del Concilio de Trento, sesión 4, «Primer decreto: Aceptación de los Libros Sagrados y las tradiciones apostólicas».
23. Jean Bainvel, *The Catholic Encyclopedia* (Nueva York: Robert Appleton Co., 1912), «Tradition», tomo 15, p. 9.
24. Concilio Vaticano II, «Constitución dogmática sobre revelación divina», nº 8.
25. *Ibid.*
26. Conferencia de obispos alemanes, *The Church's Confession of Faith* (San Francisco: Ignatius Press, 1987), p. 46, citando a J. A. Möhler.
27. Concilio Vaticano II, «Constitución dogmática sobre revelación divina», nº 7; citando a Ireneo, *Contra herejías*, III, 3, 1.
28. *Ibid.*, nº 8.
29. *Ibid.*
30. Papa Pío XII, *Deiparae Virginis Mariae*, nº 4.
31. Para una discusión más detallada de los argumentos bíblicos presentados en apoyo de la Asunción de María, referirse a la presentación de la Asunción en el Capítulo 8, *La Madre de Dios.*
32. Concilio Vaticano II, «Constitución dogmática sobre revelación divina», nº 8.
33. Papa León XIII, *Sobre el estudio de la Sagrada Escritura*, St. Paul Editions, p. 24.
34. W. A. Jurgens, *The Faith of the Early Fathers* (Collegeville, MN: The Liturgical Press, 1970), tomo 3, p. 359.
35. Concilio Vaticano II, «Constitución dogmática sobre revelación divina», nº 8.
36. Papa Pío XII, *Munificentissimus Deus*, nos. 21-22.
37. Jean Bainvel, *The Catholic Encyclopedia...*, p. 10.
38. W. A. Jurgens, *The Faith of the Early Fathers...*, p. 359.
39. Papa Pío XII, *Munificentissimus Deus*, nos. 27-35.
40. *Ibid.*, nº 11.
41. *Ibid.*, nº 12.
42. *Ibid.*, nº 15.
43. *Ibid.*
44. *Ibid.*, nº 19.
45. *Ibid.*, nos. 16-18.
46. Papa Pío XII, *Mediator Dei*, nº 47.
47. Concilio Vaticano II, «Constitución dogmática sobre revelación divina», nº 8.
48. Concilio Vaticano II, «Constitución dogmática sobre la Iglesia», nº 12.

49. Christopher O'Donnell, O. Carm., nota del traductor, Austin Flannery, ed., *Vatican Council II: The Conciliar and Post Conciliar Documents, Study Edition* (Northport, NY: Costello Publishing company, 1986), p. 363.
50. Papa Pío XII, *Deiparae Virginis Mariae*, nº 4.
51. Michael O'Carroll, C.S.Sp., *Theotokos: A Theological Encyclopedia of the Blessed Virgin Mary* (Wilmington, DE: Michael Glazier, Inc., 1982), p. 56.
52. Papa Pío XII, *Munificentissimus Deus*, nº 9.
53. *Ibid.*, nº 8.
54. *Ibid.*, nº 5.
55. *Ibid.*, nº 44.
56. Concilio Vaticano II, «Constitución dogmática sobre revelación divina», nº 7.
57. *Ibid.*, nº 8.
58. Jean Bainvel, *The Catholic Encyclopedia...*, p. 9.
59. Concilio Vaticano II, «Constitución dogmática sobre revelación divina», nº 9.
60. Jean Bainvel, *The Catholic Encyclopedia...*, p. 11.
61. Concilio Vaticano II, «Constitución dogmática sobre revelación divina», nº 8.
62. A. Tanquerey, *A Manual of Dogmatic Theology* (Nueva York: Desclee, 1959), tomo 1, p. 102.
63. Concilio Vaticano II, «Constitución dogmática sobre revelación divina», nº 10.
64. Papa Pío XII, *Humani Generis*, nº 21.
65. John A. Hardon, S. J., *The Catholic Catechism* (Garden City, NY: Doubleday and Company, 1975), p. 161.
64. Después de la destrucción de Jerusalén en el año 70 d.C., los judíos sobrevivientes, dándose cuenta de que su patrimonio nacional se veía amenazado, iniciaron un movimiento para establecer un registro escrito de la Tradición oral de ellos. Esto se completó alrededor del año 200 d.C. y hoy se conoce como la *Misná*.
65. Concilio Vaticano II, «Constitución dogmática sobre revelación divina», nº 10.

Epílogo

La encrucijada

AL LECTOR CATÓLICO

Hace casi veinte años me encontraba en una encrucijada donde usted quizás se encuentre ahora o posiblemente se encontrará pronto. Ante mí estaba la decisión más difícil de mi vida. En una dirección estaba la fe de mi juventud, mi patrimonio religioso y mi iglesia. En la otra estaba el cristianismo como había llegado a conocerlo de la Palabra de Dios. Complicando la decisión estaba el conocimiento de que mi familia se sentiría terriblemente herida si yo dejaba la Iglesia Católica. No obstante, al no creer ya más que la Iglesia Católica Romana era la única iglesia santa, católica y apostólica fundada por Cristo, yo sabía que tenía que salir de ella. Tenía que obedecer a Dios antes que a los hombres (Hch. 4:19; 5:29).

Mi oración es que Dios lo guíe, así como me guió a mí, en ese momento tan difícil. Le ofrezco los siguientes principios bíblicos para que lo guíen a medida que usted considera el asunto por su propia cuenta.

Siga el ejemplo de los hermanos de Berea, a quienes la Biblia encomia como «más nobles … pues recibieron la palabra con toda solicitud, escudriñando cada día las Escrituras para ver si estas cosas eran así» (Hch. 17:11). En un acto de fe, pida a Dios que le conceda sabiduría para entender la Biblia (Stg. 1:5-8). Si está dispuesto a hacer la voluntad de Dios, Él promete darle la información y el discernimiento que usted necesite (Jn. 7:17). Siempre que aprenda algo de la Palabra de Dios póngalo en práctica inmediatamente (Stg. 1:22-25). A medida que lo haga, el Señor le enseñará otras verdades más (Lc. 19:26). Le recomiendo que empiece leyendo el Evangelio de Juan, los Hechos de los Apóstoles y las cartas de Pablo a los Gálatas y a los Romanos.

Crea en Dios y en sus promesas (He. 11:6). Más importante todavía, coloque su confianza totalmente en Cristo para que lo salve (Ro. 10:8-13).

Renuncie a la dependencia de la Iglesia Católica, los sacramentos, sus buenas obras y María para su salvación (Hch. 4:12; Fil. 3:7-11).

No piense que por quedarse en la Iglesia Católica Romana va a poder cambiarla. A pesar de que otros ya les han señalado hace mucho tiempo cada error catalogado en este libro, la Iglesia rehúsa escuchar. Jamás ha reconocido un solo error doctrinal. Efectivamente, no puede, porque corre el riesgo de que la gente descubra que la pretensión de que la Iglesia es infalible es una farsa. Lejos de admitir error, la Iglesia Católica Romana desvergonzadamente se ha opuesto a sus críticos manchando sus manos con la sangre de ellos a lo largo de los siglos.

El consejo de Dios a un creyente que se encuentra en una institución religiosa que no es bíblica es que la abandone:

> Y oí otra voz del cielo, que decía: Salid de ella, pueblo mío, para que no seáis partícipes de sus pecados, ni recibáis parte de sus plagas; porque sus pecados han llegado hasta el cielo, y Dios se ha acordado de sus maldades.
>
> —Apocalipsis 18:4-5

> Por lo cual, salid de en medio de ellos, y apartaos, dice el Señor, y no toquéis lo inmundo....
>
> —2 Corintios 6:17

El Señor añade esta promesa para los que le obedecen:

> ...Y yo os recibiré.
> Y seré para vosotros por Padre.
> Y vosotros me seréis hijos e hijas,
> dice el Señor Todopoderoso.
> —2 Corintios 6:17, 18

Una vez que se escape de la niebla del catolicismo romano podrá ver las verdades de las Escrituras con más claridad. Encuentre una iglesia donde los creyentes aman al Señor y reconocen la Biblia solamente como la suprema autoridad y participe en la comunión con ellos. Allí podrá progresar en su conocimiento de Dios sin el impedimento de falsas doctrinas. También encontrará oportunidades para servir al Señor y hacer que otros lo conozcan.

¿Y con respecto a su familia y amigos católicos? Lo mejor que puede hacer por ellos es que usted mismo salga de la Iglesia Católica Romana y forme parte de una iglesia que tenga una base bíblica fuerte. A medida que aprenda a vivir más como Cristo, su vida se volverá una exposición del poder transformador del evangelio. Crecerá en su entendimiento de la verdad y en su capacidad para explicarlo. También estará en condiciones de ministrar a otros que están buscando a Dios. Cuando abandone la Iglesia Católica Romana, su familia querrá saber por qué. Use la oportunidad para explicarles lo que ha encontrado, pero hágalo «con mansedumbre y reverencia» (1 P. 3:15), hablando y «siguiendo la verdad en amor» (Ef. 4:15).

AL LECTOR CRISTIANO NO CATÓLICO

En la parte más alta del altar principal de la Basílica de San Pedro hay una inscripción alrededor de la base interior de la gran bóveda central. La inscripción es lo suficientemente grande como para que todos puedan leerla, y es el versículo estandarte del catolicismo romano: «Tú eres Pedro, y sobre esta roca edificaré mi iglesia» (Mt. 16:18).

¡Qué adecuado que la afirmación más característica la Iglesia Católica Romana sea que es una institución edificada sobre un hombre! Y así es. Otorguémosle a la Iglesia esta categoría que ella busca. Como lo demuestra su teología, el catolicismo romano descansa sobre un fundamento muy humano, una combinación del camino de Dios y el camino del hombre, una mezcla de verdad y error. Un sistema de creencias que se basa en las Escrituras (la Palabra de Dios) más la Tradición (las palabras de hombres). Dicho sistema ofrece expiación mediante el sacrificio de Jesús más el sacrificio de sacerdotes. Enseña la salvación por la obra de Cristo más las obras de los hombres. Le dice a la gente que se acerquen a Dios a través de la mediación del Señor Jesucristo más la mediación de la Bendita Virgen María. En cada una de sus doctrinas distintivas, el catolicismo romano es un «camino que al hombre le parece derecho; pero su fin es camino de muerte» (Pr. 14:12). La Iglesia ha edificado apropiadamente el altar principal de la Basílica de San Pedro sobre una cripta llena de huesos de hombres muertos, incluyendo, según se alega, los del mismo Pedro.

Aun así, uno podría preguntar: ¿cómo puede tanto error coexistir junto con tanta verdad cristiana? La perspectiva no debería asombrarnos. La profecía bíblica advierte que la apostasía, un alejamiento o separación de la fe cristiana, precederá a la segunda venida de Cristo (2 Ts. 2:3). Las Escrituras nos dicen que en los últimos días se levantarán «falsos maestros, que introducirán encubiertamente herejías destructoras, y aun negarán al Señor que los rescató» (2 P. 2:1). Estos falsos maestros no se van a oponer abiertamente a la fe cristiana. Todo lo contrario, ofrecerán oraciones en el nombre de Cristo, usarán las Escrituras en sus ceremonias, y prometerán salvación a los que sigan sus enseñanzas. Se sujetarán a una «apariencia de piedad, pero negarán la eficacia de ella» (2 Ti. 3:5), se opondrán a la verdad, «de la manera que Janes y Jambres resistieron a Moisés» (2 Ti. 3:8). Estos eran dos magos de la corte de Faraón que desafiaron la autoridad de Moisés imitando lo que él hizo (Éx. 7:11, 22; 8:7). De igual forma, los falsos maestros de los últimos tiempos engañarán a muchos con una insidiosa imitación del cristianismo. La Biblia dice: «Y muchos seguirán sus disoluciones, por causa de los cuales el camino de la verdad será blasfemado, y por avaricia harán mercadería de vosotros con palabras fingidas...» (2 P. 2:2, 3).

¿Quién está detrás de este gran engaño? Según la Biblia, «el Espíritu dice claramente que en los postreros tiempos algunos apostatarán de la fe, escuchando a espíritus engañadores y a doctrinas de demonios» (1 Ti. 4:1). Finalmente, la mentira puede rastrearse hasta Satanás mismo, el engañador de la antigüedad, «el padre de mentira» (Jn. 8:44).

Esto no quiere decir que el Papa, los obispos y sacerdotes de la Iglesia Católica Romana se dan cuenta conscientemente de que están sirviendo los propósitos de Satanás. Es indudable que muchos son sinceros. La mayoría de ellos, así como Pablo antes de su conversión, están actuando «por ignorancia, en incredulidad» (1 Ti. 1:13); están «extraviados» (Tit. 3:3). A pesar de todo esto, son responsables ante Dios, porque no han prestado atención a la Palabra de Dios. Habiendo creído en un falso evangelio continúan en sus pecados. Como consecuencia, excepto por un gran derramamiento del Espíritu Santo en estos últimos días, la vasta mayoría de los católicos romanos que hoy viven en el mundo, el clero y el laicado por igual morirán en sus pecados.

Nosotros debemos clamar a Dios. Debemos tratar de alcanzar a los perdidos.

Ore por los católicos

La Biblia nos dice: «Pero si nuestro evangelio está aún encubierto, entre los que se pierden está encubierto; en los cuales el dios de este siglo cegó el entendimiento de los incrédulos, para que no les resplandezca la luz del evangelio de la gloria de Cristo, el cual es la imagen de Dios» (2 Co. 4:3, 4). Ore para que Dios abra los ojos de los católicos romanos, «por si quizá Dios les conceda que se arrepientan para conocer la verdad, y escapen del lazo del diablo, en que están cautivos a voluntad de él» (2 Ti. 2:25, 26).

Fomente amistades

Puesto que el catolicismo tiende a correr a lo largo de la familia y de las líneas étnicas, muchos católicos ni siquiera tienen un solo amigo cristiano no católico romano. Relativamente hablando, muy pocos han escuchado alguna vez una clara presentación del evangelio.

Pídale a Dios que aumente su amor y compasión por los católicos. Luego busque formas de fomentar amistades con ellos. Descubrirá que sus mejores oportunidades de compartir su fe generalmente vienen al principio de una nueva relación. Por lo tanto, aprovéchelas bien. Los católicos actualmente son más abiertos a la predicación de lo que la mayoría de las personas se imagina. Cada año miles de ellos se convierten a Cristo. Y no tenga miedo de testificar a sacerdotes y a monjas. Muchos se sienten solos y están tratando de encontrar respuestas para sus inquietudes espirituales.

Estimúlelos a que piensen

Muchos católicos son más obedientes que devotos. No piden mucho de la Iglesia y la Iglesia no pide mucho de ellos. Las expectativas de la familia se satisfacen y la conciencia se tranquiliza en un equilibrio de coexistencia pacífica con la Iglesia.

Si el amor de Dios habita en nosotros, no podemos esperar sentados sin hacer nada. Tome la iniciativa. Haga que su amigo católico piense en su condición espiritual. Por ejemplo, trate de ofrecerle alguna literatura cristiana o un videocasete. Pregúntele si sabe con certeza lo que le sucederá a su alma cuando muera.

No se preocupe por el temor de ofender a nadie. El confrontar a su amigo católico con los errores de la Iglesia Católica quizá sea lo mejor que usted pueda hacer por él. Algunos católicos se ofenderán antes de ser salvos, pero después se lo van a agradecer por haberles mostrado suficiente cariño como para presentarles la verdad del evangelio.

Promueva los estudios bíblicos

El católico promedio confía en que la Iglesia cuidará de su alma y le dirá lo que tiene que creer acerca de Dios y de la salvación. Cuando acepte a Cristo, dicha persona deberá aprender a pensar por sí sola, a asumir la responsabilidad personal de su alma, y basar su fe únicamente en la Palabra de Dios. Esto requiere un cambio importante en su forma de pensar.

Usted puede ayudar a su amigo católico a que comience este proceso alentándolo a leer las Escrituras. Asegúrese de que tiene una Biblia de letras grandes y fácil de usar, no una edición familiar de tamaño enorme. Explíquele cómo está estructurada la Biblia y cómo encontrar un pasaje bíblico. Sugiérale un lugar para empezar a leer. Invite a su amigo a un estudio bíblico. Un estudio al estilo discusión (donde los visitantes pueden simplemente observar si así lo desean) sería el más conveniente. Una vez que la persona que busca a Dios descubra que puede aprender directamente de las Escrituras, nadie lo va a detener.

Enfoque el verdadero problema

El mayor problema de su amigo no es la Iglesia Católica Romana; es su pecado. Por lo tanto, no permita que el catolicismo romano se vuelva el centro de sus discusiones. Como se explicó en el Capítulo 4, muchos católicos tienen una comprensión deficiente de la seriedad del pecado y de sus consecuencias. Piensan que debido a que han sido bautizados y están viviendo vidas relativamente buenas, moralmente hablando, todo está bien. Ayude a su amigo a que vea lo que Dios dice acerca del pecado en la Biblia. Ore para que se sienta genuinamente convencido de su pecado.

Explíquele el camino de la salvación. Hágalo directamente de las Escrituras. Esto contribuirá a que su amigo católico vea que la autoridad para lo que le está diciendo no descansa en usted ni en su iglesia, sino en la Palabra inspirada por Dios. Asegúrese de que entiende lo que la Biblia dice haciendo que él se lo explique a usted. Puesto que los católicos y no católicos usan muchas de las mismas palabras pero con diferentes significados, cuídese de definir sus términos.

¡No se apure! No trate de guiar prematuramente a su amigo a una oración para aceptar a Cristo. Como hemos visto, el catolicismo es una serie interminable de ritos y oraciones. Cuanto más cosas haya, mejor será, o así piensan ellos. Su amigo podría interpretar su invitación de orar para recibir a Cristo como un ritual más, y repetiría sus palabras aunque no entienda lo que está haciendo. Espere hasta que la persona esté claramente bajo la convicción de pecado y entienda bien el evangelio. Luego aliéntelo a que tome una decisión para aceptar a Cristo y a que hable a Dios en sus propias palabras.

Aliente un rompimiento definitivo

El Señor Jesús nos ha comisionado para hacer discípulos, bautizarlos, e instruirlos minuciosamente en la fe cristiana (Mt. 28:19, 20). Por lo tanto, su obra de evangelismo no habrá terminado hasta que su amigo católico sea salvo, lo hayan bautizado, y sea miembro de una iglesia de sana enseñanza bíblica.

Exhórtelo a que rompa definitivamente con la Iglesia Católica Romana. Puede que sea necesaria una minuciosa limpieza de casa. Explique el valor de deshacerse de todas las cosas que estén asociadas con creencias y prácticas antibíblicas: estatuas, rosarios, escapularios, medallas milagrosas, tarjetas bendecidas, agua bendita, etc. (Hch. 19:17-20; Judas v. 23). No subestime cuán profundamente arraigado puede estar el catolicismo romano aun en católicos rezagados. Ore por la liberación espiritual de esa persona y aliéntelo con frecuencia.

Si un católico salvado recientemente está teniendo dificultad para abandonar la Iglesia Católica Romana, trate de explicar con más detalle lo que el catolicismo romano enseña y por qué es antibíblico. Comience con la misa. Si la persona es realmente salva, pronto se dará cuenta de que no debe participar más en un sacrificio continuo de Cristo ni en la adoración del pan y el vino. Si el problema es la devoción a María, haga énfasis en las glorias del Señor Jesucristo y su suficiencia. Al igual que cuando halagamos a un niño para que suelte un objeto peligroso que tiene en la mano, el mejor método es ofrecer algo mejor en su lugar.

Espere pruebas

Jesús enseñó que seguirlo a Él a menudo involucra oposición, particularmente de los miembros de la familia (Mt. 10:34-39). Prepare al católico recién salvado para que espere pruebas. Las pruebas generalmente empiezan cuando la persona abandona la Iglesia Católica Romana o decide hacerse bautizar. Aconseje a la persona para que evite discusiones ásperas y esfuerzos constantes e importunos para tratar de convertir a los miembros de la familia. Más bien, exhorte al católico recién convertido a que testifique a su familia viviendo como Cristo, haciendo actos de bondad, y siendo humilde y paciente.

Continúe aprendiendo

Cuando mejor entienda el catolicismo romano, tanto mejor podrá comunicar eficazmente el evangelio a los católicos. Considere la lectura del nuevo *Catecismo de la Iglesia Católica*. Luego úselo en el evangelismo para señalar a los católicos lo que el catolicismo romano enseña y muestre el contraste que existe con la verdad de la Biblia. Quizás usted quiera obtener un catecismo simplificado y un diccionario católico. Finalmente, considere suscribirse a un periódico o revista católico para mantenerse al día con las tendencias actuales dentro de la Iglesia Católica Romana.

Apéndices
Índice de textos bíblicos
Índice de asuntos

Apéndice A

La Biblia catolicorromana

EL ANTIGUO TESTAMENTO

[120-123, 138]

El Antiguo Testamento catolicorromano es veinte por ciento más grande que el de las Biblias no católicas. Las adiciones, más de 4.000 versículos, vienen de un grupo de quince escritos conocidos desde la antigüedad como los libros apócrifos, que significa *ocultos* o *difíciles de entender*.

Los libros apócrifos contienen valiosa información histórica de los 400 años entre el Antiguo y el Nuevo Testamento. Los primeros escritores cristianos citan de los libros apócrifos; y algunos, como Agustín, consideran que ciertas porciones son Escritura inspirada. Hay manuscritos de la Septuaginta del siglo IV, una traducción al griego del Antiguo Testamento, que se hizo en el siglo III antes de Cristo que también incluyen los libros apócrifos. No se sabe la fecha en que los libros apócrifos fueron enmendados a dicha traducción.

En el año 1546, la Iglesia Católica Romana declaró oficialmente que Dios había inspirado doce de los quince escritos de los libros apócrifos, especialmente siete libros:

- Tobías
- Judit
- 1 Macabeos
- 2 Macabeos
- Sabiduría de Salomón
- Siríaco (Eclesiástico)
- Baruc

y cinco pasajes:

- ♦ La carta de Jeremías, que después se cambió al capítulo 6 de Baruc.
- ♦ Una ampliación de 107 versículos del libro de Ester.
- ♦ La oración de Azarías, que después se cambió a Daniel 3:24-90.
- ♦ Susana, que después se cambió a Daniel 13.
- ♦ Bel y el Dragón, que después se cambió a Daniel 14.

La afirmación de la Iglesia Católica Romana de que estos escritos de los libros apócrifos son inspirados debe rechazarse por las razones siguientes:

1. Los libros apócrifos no se presentan a sí mismos como inspirados. El autor de 2 Macabeos dice que su libro es una condensación de la obra de otro hombre (2 Macabeos 2:23). Concluye el libro diciendo: «Si está bien y como conviene a la narración histórica, eso quisiera yo; pero si imperfecta y mediocre, perdóneseme» (2 Macabeos 15:39). Mediocre es una buena descripción de los libros apócrifos. A pesar de su valor histórico promueven éticas cuestionables (Judit 9—11), leyendas extravagantes (Tobías), y doctrina que contradice las Escrituras (Tobías 4:10; 12:19).

2. Los judíos de Palestina nunca aceptaron los libros apócrifos como parte de las Sagradas Escrituras. Tampoco había un profeta judío viviendo en el tiempo en que se escribieron los libros apócrifos (300-30 a.C.).

3. Jesús y los escritores del Nuevo Testamento no trataron a los libros apócrifos como inspirados. A pesar de que el Nuevo Testamento cita de virtualmente todos los libros del Antiguo Testamento, no hay una sola cita de los libros apócrifos en ellos.

4. Las iglesia primitiva en su totalidad nunca aceptó los libros apócrifos como inspirados. Además, muchos líderes cristianos hablaron en contra de los libros apócrifos, incluyendo Jerónimo, Orígenes, Atanasio, y Cirilo de Jerusalén.

5. La Iglesia Católica Romana misma no declaró dogmáticamente que los libros apócrifos eran inspirados hasta el Concilio de Trento en el siglo XVI. El sacerdote catolicorromano, Padre H. J. Schroeder, un traductor de los decretos del Concilio de Trento, escribe: «La lista o decreto tridentino fue la primera declaración infalible y eficazmente promulgada sobre el Canon de las Santas Escrituras.»[1] El propósito del Concilio de Trento era contrarrestar la Reforma Protestante. Los protestantes habían rechazado los libros apócrifos. Roma reaccionó declarando dogmáticamente que la mayor parte de los libros apócrifos eran inspirados. Los libros apócrifos incluían enseñanzas que podían ayudar a Roma a defender su doctrina contra la creciente crítica protestante. Por ejemplo, Martín Lutero había presentado fuertes argumentos contra la práctica de Roma de vender indulgencias. Pero Tobías 12:9 apoya dicha práctica declarando: «Pues la

limosna libra de la muerte y limpia de todo pecado....» Algunos escritores católicos reconocen que la decisión de Trento de aceptar los libros apócrifos como inspirados es problemática.[2]

EL NUEVO TESTAMENTO

[120, 124-127, 138-139]

Los libros del Nuevo Testamento catolicorromano son los mismos que los de la Biblia protestante y las traducciones son generalmente fidedignas. No obstante, algunos versículos están traducidos con un prejuicio notablemente católico. Por ejemplo, la Biblia católica *New American Bible* traduce una advertencia de Jesús a los judíos diciendo: «Pero yo os digo, que a menos que os reforméis, todos llegaréis al mismo fin» (Lc. 13:5, NAB). Aquí al griego *metanoeo*, que significa *cambiar de idea* o *arrepentirse*, lo traducen «reformar», que significa *cambiar hacia una forma nueva o reformada*. Para empeorar las cosas, el título del capítulo de Lucas 13 añadido por los editores de esa Biblia católica, *New American Bible*, dice: «Llamados providenciales a la penitencia».

NOTAS

1. H. J. Schroeder, traductor, *Canons and Decrees of the Council of Trent* (Rockford, IL: Tan Books and Publishers, 1978), p. 17, nota nº 4.
2. Para una discusión imparcial sobre los libros apócrifos por eruditos católicos romanos véase Raymond E. Brown, Joseph A. Fitzmyer, S.J., Roland E. Murphy, O. Carm., eds., *The Jerome Biblical Commentary* (Englewood Cliffs, NJ: Prentice Hall, 1968), tomo 2, pp. 523-524.

Apéndice B

SOLA SCRIPTURA

Actualmente, así como en el tiempo de la Reforma, miles de católicos en todo el mundo están abandonando el catolicismo romano por el cristianismo bíblico. Y una vez más hoy puede oírse el llamamiento del siglo XVI, *Sola Scriptura*, las Escrituras solamente.

Los defensores catolicorromanos han respondido a este desafío tomando la ofensiva. Uno de los argumentos típicos reza más o menos así:

> La Biblia no puede ser la única regla de fe porque los primeros cristianos no tenían el Nuevo Testamento. Inicialmente, la Tradición, la enseñanza oral de los apóstoles, era la regla de fe de la Iglesia. El Nuevo Testamento vino más tarde, cuando una porción de la Tradición ya se había escrito. La Iglesia Católica Romana fue la que produjo el Nuevo Testamento, y fue la Iglesia que nos dijo infaliblemente qué libros pertenecen a la Biblia. Por lo tanto, la Iglesia es el maestro autorizado de las Escrituras. *Sola Scriptura* ni siquiera se enseña en la Biblia. Por consiguiente, la regla de fe de la Iglesia Católica Romana es, correctamente, las Escrituras y la Tradición juntas.

Los cristianos que se enfrentan con tales argumentos deben tener en cuenta los siguientes puntos:

LOS CRISTIANOS NUNCA HAN ESTADO SIN LAS ESCRITURAS

La inolvidable experiencia de dos de los primeros discípulos muestra la falacia de pensar que los primeros cristianos estuvieron alguna vez sin las Escrituras como regla de fe. Tres días después de la crucifixión, dos de los discípulos de Jesús iban camino a sus casas. Un compañero de viaje, que ellos pensaron que era un extraño, se unió a ellos en el camino. La conversación en seguida se dirigió a los acontecimientos que recién habían sucedido en Jerusalén. Con profundo pesar, los discípulos contaron la historia de cómo los sumos sacerdotes y gobernantes de la nación habían condenado a muerte a Jesús y lo habían hecho crucificar por las autoridades civiles.

Para asombro de los discípulos, el extraño los reprendió diciendo: «¡Oh insensatos, y tardos de corazón para creer todo lo que los profetas han dicho!» (Lc. 24:25). Luego, comenzando desde Moisés y siguiendo por todos los profetas, el extraño les explicó las verdades concernientes a Jesús en las Escrituras del Antiguo Testamento.

Finalmente, los dos discípulos se dieron cuenta de que el compañero de viaje de ellos no era ningún extraño, sino el Señor Jesús en persona. Más tarde comentaban: «¿No ardía nuestro corazón en nosotros, mientras nos hablaba en el camino, y cuando nos abría las Escrituras?» (Lc. 24:32).

La experiencia de esos dos discípulos no era única en su género. Con la venida del Espíritu Santo el día de Pentecostés y con la ayuda de la enseñanza de los apóstoles, los cristianos judíos descubrieron de nuevo sus propias Escrituras. La convicción general fue que el Antiguo Testamento, entendido correctamente, era una revelación de Cristo. Allí encontraron un registro profético de la vida, enseñanza, muerte y resurrección de Jesús.

Las Escrituras del Antiguo Testamento sirvieron como una norma de la verdad para la infante iglesia, a judíos y gentiles por igual. Poco tiempo después, las Escrituras del Nuevo Testamento ocuparon su lugar al lado de las del Antiguo Testamento. En consecuencia, la iglesia primitiva nunca estuvo sin la Palabra de Dios escrita.

LAS ESCRITURAS NO SON SIMPLEMENTE TRADICIÓN ESCRITA

Las descripciones catolicorromanas del origen del Nuevo Testamento recalcan que las enseñanzas orales de los apóstoles, la Tradición, precedieron al registro escrito de esas enseñanzas, las Escrituras. A menudo presentan el Nuevo Testamento como poco más que un registro escrito de la Tradición, los recuerdos del escritor, y una explicación parcial de las enseñanzas de Cristo [126]. [1] Esto, como es lógico, eleva la Tradición al mismo nivel de autoridad que las Escrituras, o, más precisamente, rebaja las Escrituras al nivel de la Tradición.

Pero las Escrituras del Nuevo Testamento son mucho más que un registro escrito de las enseñanzas orales de los apóstoles; son un registro *inspirado*. Lo que se entiende por inspiración bíblica aclara el significado de esta distinción. Pedro escribe:

> Entendiendo primero esto, que ninguna profecía de la Escritura es de interpretación privada, porque nunca la profecía fue traída por voluntad

> humana, sino que los santos hombres de Dios hablaron siendo inspirados por el Espíritu Santo.
>
> —2 Pedro 1:20, 21

Aquí vemos que las Escrituras no son «la propia interpretación del profeta» (2 P. 1:20). La palabra traducida «interpretación» significa *resolver* o *explicar*. Pedro está diciendo que ningún escritor del Nuevo Testamento simplemente registró su propia explicación de lo que había oído y visto que Jesús enseñaba y hacía. La Escritura «nunca fue traída [originada] por voluntad humana» (2 P. 1:21). Los escritores de la Biblia no decidieron por su cuenta que escribirían una crónica profética de lo que se incluiría en las Escrituras. Más bien «hablaron siendo inspirados por el Espíritu Santo» (2 P. 1:21).

Las palabras que aquí se traducen «siendo inspirados» se encuentra en el Nuevo Testamento en Marcos 2:3. Allí se usa con referencia a un paralítico cuyos amigos lo *llevaban* para que Jesús lo sanara. De la misma forma que el paralítico no caminó por su propia fuerza, un verdadero profeta no escribe por su propio impulso. El profeta es llevado cuando es inspirado «por el Espíritu Santo» (2 P. 1:21). Fueron hombres los que escribieron el Nuevo Testamento; «hombres de Dios hablaron» (2 P. 1:21). Sus escritos reflejan sus personalidades y experiencias individuales, pero estos hombres «hablaron siendo inspirados por el Espíritu Santo», Dios mismo (2 P. 1:21). Los hombres escribieron, pero Dios era el autor.

Por estas razones, la Escritura es revelación perfectamente comunicada en palabras dadas por Dios:

> Toda la Escritura es inspirada por Dios, y útil para enseñar, para redargüir, para corregir, para instruir en justicia, a fin de que el hombre de Dios sea perfecto, enteramente preparado para toda buena obra.
>
> —2 Timoteo 3:16

La frase «inspirada por Dios» es la traducción de un término compuesto de las palabras *Dios* y *exhalar*. Este versículo podría traducirse: «Toda la Escritura es exhalada por Dios....» Por esta razón a la Escritura se le llama *Palabra de Dios*.

Al reducir la Escritura a simple Tradición escrita, los proponentes católicos pueden realzar la importancia de la Tradición. Pero al hacerlo tergiversan el significado de la inspiración bíblica y restan importancia a la principal diferencia entre Escritura y Tradición.

LA IGLESIA CATÓLICA ROMANA NO NOS DIO LA BIBLIA

Algunos defensores de la Iglesia Católica Romana arguyen que el Magisterio es el intérprete legítimo y maestro autorizado de las Escrituras porque la Iglesia dio la Biblia al cristianismo. Si no fuera por la Iglesia, dicen ellos, nadie podría saber con certeza cuáles libros pertenecen a la Biblia.

Este argumento se basa en suposiciones falsas. Los primeros cristianos no recibieron la Biblia de la Iglesia Católica Romana. Recibieron la Biblia del Espíritu Santo, quien la inspiró. Los católicos que arguyen lo contrario no están representando la enseñanza oficial de la Iglesia Católica Romana. Al hablar de los libros de ambos testamentos, el Primer Concilio Vaticano declaró:

> Ahora bien, la Iglesia los tiene por sagrados y canónicos, no porque fueron compuestos por sola industria humana, hayan sido luego aprobados por ella; ni solamente porque contengan la revelación sin error; sino porque escritos por inspiración del Espíritu Santo tienen a Dios por autor, y como tales han sido transmitidos a la misma Iglesia.
>
> —Primer Concilio Vaticano [2]

El proceso de escribir y reconocer los libros del Nuevo Testamento comenzó mucho antes de que la Iglesia Católica Romana llegara a existir. La noche antes que el Señor fuera crucificado, Él les dijo a sus discípulos que ellos, capacitados por el Espíritu Santo, darían testimonio de su vida y enseñanza:

> Pero cuando venga el Consolador, a quien yo os enviaré del Padre, el Espíritu de verdad, el cual procede del Padre, él dará testimonio acerca de mí. Y vosotros daréis testimonio también, porque habéis estado conmigo desde el principio.
>
> —Juan 15:26, 27

Los discípulos recibirían otras revelaciones también mediante el Espíritu Santo:

> Aún tengo muchas cosas que deciros, pero ahora no las podéis sobrellevar. Pero cuando venga el Espíritu de verdad, él os guiará a toda la verdad; porque no hablará por su propia cuenta, sino que hablará todo lo que oyere, y os hará saber las cosas que habrán de venir. El me glorificará; porque tomará de lo mío y os lo hará saber.
>
> —Juan 16:12-14

En ciertos escritos de los apóstoles y sus asociados, los primeros cristianos reconocieron la enseñanza profética y autorizada del Espíritu Santo. Jesús había enseñado: «Mis ovejas oyen mi voz ... y me siguen» (Jn. 10:27). En estos escritos los primeros cristianos oyeron la voz del

Salvador. Compararon el contenido doctrinal de estos nuevos escritos con las Escrituras del Antiguo Testamento y descubrieron que concordaban. Aplicaron las enseñanzas a sus vidas y experimentaron su poder transformador. En dichos escritos reconocieron la interacción dinámica entre libro y lector que es singular a las Escrituras:

> Porque la Palabra de Dios es viva y eficaz, y más cortante que toda espada de dos filos; y penetra hasta partir el alma y el espíritu, las coyunturas y los tuétanos, y discierne los pensamientos y las intenciones del corazón.
>
> —Hebreos 4:12

Los escritos se autenticaban a sí mismos. Por su sabiduría y poder singularmente divinos demostraban que Dios era el autor.

En consecuencia, los primeros cristianos leyeron, copiaron e hicieron circular los libros por todas partes. Los maestros comenzaron a citar de los libros como autorizados en sus propios sermones y cartas. Durante los años de vida de los apóstoles, algunos de los escritos ya se consideraban como «sabiduría» dada por Dios (2 P. 3:15) a la par con «las otras Escrituras» (2 P. 3:16).

La historia de los acontecimientos que culminaron con la aceptación universal de los veintisiete libros del Nuevo Testamento como Escrituras inspiradas abarca varios siglos y está más allá del alcance de este libro. No obstante, debería notarse que los católicos romanos a menudo exageran el papel que los concilios de la Iglesia desempeñaron en dicho proceso.

Los primeros concilios que abocaron la cuestión tocante a cuáles libros eran inspirados y genuinamente formaban parte de la Biblia parecen haber sido los Concilios de Hippo en el Norte de África (393) y Cartago (397). La lista de libros que aceptó el Concilio de Hippo ya no existe más. Sin embargo, se cree que el Concilio de Cartago repitió la misma lista y que el decreto sobre el asunto todavía existe.

Ambos concilios eran sínodos regionales. No eran concilios universales ni ecuménicos. Unos cincuenta obispos de las provincias del África asistieron a cada uno de ellos. Estos concilios no tenían autoridad para hablar por toda la iglesia del siglo IV.

También es importante notar que para la fecha en que estos concilios abocaron el problema a fines del siglo IV, el canon o lista de los libros que eran reconocidos como el Nuevo Testamento ya estaba bien establecida. F. F. Bruce comenta:

> Lo que es particularmente importante de notar es que el canon del Nuevo Testamento no estaba demarcado por el decreto arbitrario de ningún

> concilio eclesial. Cuando por fin un concilio eclesial —el Sínodo de Cartago en 397 d.C.— decidió la lista de los veintisiete libros del Nuevo Testamento, no les confirió ninguna autoridad que ellos ya no poseían, sino que simplemente registraron la canonicidad que los mismos habían establecido previamente.
>
> —*The Books and the Parchments*[3]

Además, la decisión que tomaron estos concilios jamás fue universalmente aceptada. La controversia se centra en torno a los escritos a los que los eruditos catolicorromanos se refieren como *deuterocanónicos* y los protestantes como *apócrifos*. Puesto que los no católicos jamás apoyaron la decisión de los concilios de aceptar los libros apócrifos como parte de la Biblia, difícilmente pueda argüirse que si no fuera por la Iglesia Católica Romana nadie sabría con certeza cuáles libros pertenecen a la Biblia. (Véase el Apéndice A para una explicación de por qué los no católicos dicen que los libros apócrifos no son inspirados.)

LA BIBLIA CONTIENE TODA LA REVELACIÓN QUE ES ESENCIAL

Es verdad que el Nuevo Testamento no contiene un registro de todo lo que Jesús hizo. El apóstol Juan aclara este punto al final de su evangelio:

> Y hay también otras muchas cosas que hizo Jesús, las cuales si se escribieran una por una, pienso que ni aun en el mundo cabrían los libros que se habrían de escribir. Amén.
>
> —Juan 21:25

El propósito de Juan al concluir su evangelio con este comentario fue reconocer que la vida del Señor Jesús era extremadamente maravillosa como para que fuese contenida íntegramente en cualquier libro. Juan no comentaba sobre el propósito general de las Escrituras ni en la necesidad de la Tradición. Tampoco estaba infiriendo que no había incluido en su libro alguna revelación esencial recibida de Cristo. Lo cierto es que, anteriormente en su evangelio, Juan infiere lo opuesto.

> Hizo además Jesús muchas otras señales en presencia de sus discípulos, las cuales no están escritas en este libro. Pero éstas se han escrito para que creáis que Jesús es el Cristo, el Hijo de Dios, y para que creyendo, tengáis vida en su nombre.
>
> —Juan 20:30, 31

De esta declaración podemos deducir que Juan incluyó en su evangelio todas las enseñanzas de Cristo que son necesarias para la salvación. Es importante notar que Juan no menciona ninguna referencia a siete sacramentos, el sacrificio de la misa, la gracia santificante, la penitencia, el purgatorio, ni a una institución como la Iglesia Católica Romana, todas necesarias para la salvación, según el catolicismo romano.

Las Escrituras logran su propósito declarado: «A fin de que el hombre de Dios sea perfecto, enteramente preparado para toda buena obra» (2 Ti. 3:17). Ellas son la guía perfecta para la fe cristiana. A diferencia de la Tradición, las Escrituras son accesibles y están abiertas a todos. Se han hecho traducciones de toda la Biblia en todos los principales idiomas del mundo, 276 en total.[4] Es el libro más leído y ampliamente diseminado de toda la historia.

Definir la Tradición catolicorromana como una fuente de revelación ajena a la Biblia es añadir a la Palabra de Dios. Las Escrituras nos advierten «a no pensar más de lo que está escrito» (1 Co. 4:6); «No añadas a sus palabras, para que no te reprenda, y seas hallado mentiroso» (Pr. 30:6). El último libro del Nuevo Testamento termina con esta solemne advertencia:

> Yo testifico a todo aquel que oye las palabras de la profecía de este libro: Si alguno añadiere a estas cosas, Dios traerá sobre él las plagas que están escritas en este libro. Y si alguno quitare de las palabras del libro de esta profecía, Dios quitará su parte del libro de la vida, y de la santa ciudad y de las cosas que están escritas en este libro.
>
> —Apocalipsis 22:18, 19

LO QUE ESTÁ EN DUDA ES LA AUTORIDAD DE LA TRADICIÓN, NO DE LAS ESCRITURAS

En la Biblia hay cientos de versículos que establecen la verdad de que la Palabra de Dios es la regla de fe suficiente y suprema de la iglesia. El Salmo 119 solamente dedica 176 versículos al valor inigualable de la Palabra de Dios. El Señor Jesús enseñó:

> No sólo de pan vivirá el hombre, sino de toda palabra que sale de la boca de Dios.
>
> —Mateo 4:4

Aunque muchos versículos de las Escrituras podrían multiplicarse sobre este tema, no es necesario que lo hagamos. La Iglesia Católica Romana concuerda en que la Biblia enseña que la Palabra de Dios es la regla de fe suprema y que toda la teología debe descansar sobre ella.[5] No hay duda alguna en cuanto a la suficiencia ni la autoridad de la Palabra de Dios.

La controversia gira en torno a la *identidad* de la Palabra de Dios. Es decir, ¿es la Palabra de Dios Escritura más Tradición? ¿O es la Palabra de Dios Escritura solamente?

En la siguiente discusión, los proponentes catolicorromanos se gozan en tomar la ofensiva desafiando a los no católicos a probar que la intención de Dios era que las Escrituras solamente habrían de servir como la regla de fe de la iglesia. Ellos preguntan: «¿Dónde enseña la Biblia *Sola Scriptura*?»

A pesar de que esta táctica es eficaz para poner a sus oponentes a la defensiva, en realidad es engañosa. Ambas partes concuerdan en que las Escrituras son la Palabra de Dios y que como tales hablan con autoridad divina. El Señor Jesús mismo, en Juan 10:35, identifica claramente la Palabra de Dios como Escritura.

El punto de controversia es la Tradición. La Iglesia Católica Romana afirma que la Tradición también es la Palabra de Dios.

La pregunta que la Iglesia Católica Romana debe contestar entonces es: ¿Dónde dice que Jesús, los profetas o los apóstoles enseñan que la Tradición es la Palabra de Dios? O, más precisamente: ¿Dónde puede encontrarse en la Biblia que las Escrituras y la Tradición juntas, conforme las interpretan el papa y los obispos de la Iglesia Católica Romana, deben ser la regla de fe de la iglesia? Esto es lo que el catolicismo romano está realmente afirmando y debería ser el tema de la discusión. Y puesto que la Iglesia Católica Romana es la que reclama la autoridad de la Tradición y el Magisterio, el peso de la prueba está en Roma.

NOTAS

1. Compárese: «Constitución dogmática sobre revelación divina», nº 19, del Concilio Vaticano II.
2. Primer Concilio Vaticano, sesión 3, capítulo 2.
3. F. F. Bruce, *The Books and the Parchments* (Londres: Pickering Inglis, 1950), p. III.
4. Patrick Johnstone, *Operation World* (Grand Rapids: Zondervan, 1993), p. 22.
5. Concilio Vaticano II, «Constitución dogmática sobre revelación divina», nos. 21, 24.

ÍNDICE DE TEXTOS BÍBLICOS

ANTIGUO TESTAMENTO

NUEVO TESTAMENTO

Hechos

Romanos

1 Corintios

ÍNDICE DE ASUNTOS

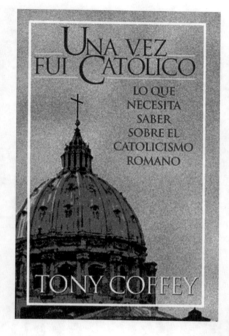

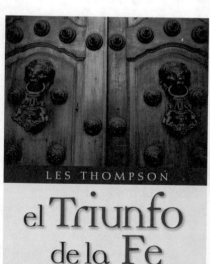

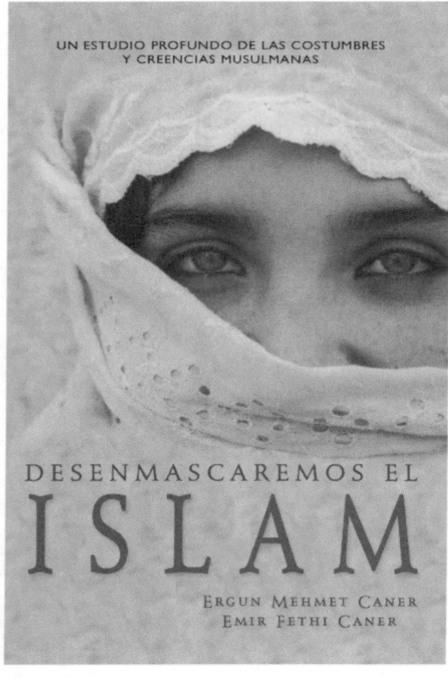

Escrito por dos hermanos musulmanes convertidos a Cristo. La obra trata acerca de las prácticas, creencias y ética del Islam.

ISBN: 0-8254-1109-2 / rústica
Categoría: Sectas

Una exposición de la religión de mayor crecimiento en el mundo. Compara la Biblia y el Corán, a Jesús y Mahoma, a Dios y Alá.

ISBN: 0-8254-1479-2 / rústica
Categoría: Apologética